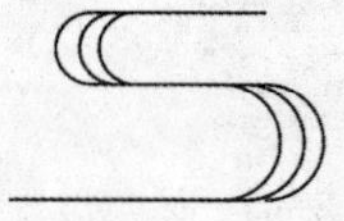

中国文化企业报告
2017

CHINESE CULTURE ENTERPRISES REPORT

陈少峰 张立波 王建平◎主编

清華大學出版社
北 京

图书在版编目(CIP)数据

中国文化企业报告. 2017 / 陈少峰，张立波，王建平 主编. —北京：清华大学出版社，2017
ISBN 978-7-302-48601-5

Ⅰ. ①中… Ⅱ. ①陈… ②张… ③王… Ⅲ. ①文化产业—企业发展—研究报告—中国—2017
Ⅳ. ①G124

中国版本图书馆 CIP 数据核字(2017)第 255119 号

责任编辑：王桑娉 张雪群
封面设计：赵晋锋
版式设计：方加青
责任校对：曹 阳
责任印制：王静怡

出版发行：清华大学出版社
网 址：http://www.tup.com.cn，http://www.wqbook.com
地 址：北京清华大学学研大厦 A 座 邮 编：100084
社 总 机：010-62770175 邮 购：010-62786544
投稿与读者服务：010-62776969，c-service@tup.tsinghua.edu.cn
质 量 反 馈：010-62772015，zhiliang@tup.tsinghua.edu.cn
印 装 者：三河市金元印装有限公司
经 销：全国新华书店
开 本：180mm×250mm 印 张：16.75 字 数：324 千字
版 次：2017 年 12 月第 1 版 印 次：2017 年 12 月第 1 次印刷
定 价：98.00 元

产品编号：074891-01

本报告为“教育部哲学社会科学系列发展报告”资助项目“中国文化产业年度发展报告”(批准号：10JBG001)相关研究成果。

前　言

2016年是“十三五”规划的开局之年，也是供给侧结构性改革的深化之年。在宏观经济下行压力加大的背景下，中国文化产业发展整体呈现逆势而上之势，文化产业增加值首次突破3万亿元，占GDP的比重首次突破4%。首先，文化产业链结构不断优化，附加值显著提高，创意创新能力显著增强，IP跨界成为内容原创动力。其次，受“互联网+”等技术革命推动，互联网文化产业新业态层出不穷，VR、MR、AI在文化产业各个领域开花或萌发，与文化之间的交互和融合更加深入。再次，“文化+”模式融合发展也渗透各个垂直领域，推动了文化、旅游、科技和创意设计融合发展，形成“文化+科技”“文化+创意”“文化+旅游”“文化+特色小镇”等产业新业态，成为文化产业新增长区间。2017年，中国文化产业立足于国民经济支柱性产业发展方向，从文化产业内部和外部进行产业结构、业态的调整与融合，人才、资金、版权等文化产业要素市场进一步完善，从而为文化企业发展提供新的机遇并注入新的动力。

《中国文化企业报告》是以国内文化企业为对象的专题研究报告，主要以促进和提高文化企业经营管理为基本指向，致力于做成在国内最具影响力的文化企业研究平台和智库。自2011年创立以来，《中国文化企业报告》已出版6期，在业界和学界形成一定影响力。《中国文化企业报告2017》主要是对2016—2017年(含2016年全年和2017年初)文化企业发展状况、存在问题、趋势前景、对策思考等进行分析以及相关案例进行剖析，突出产业发展趋势研究和企业经营管理问题的对策性研究，借此为国内文化企业及相关投资机构了解中国文化产业发展动态、把握企业发展定位、进行战略决策提供有价值的指导或参考。

本报告在保持整体风格和体例相对稳定的同时，结合产业格局和企业经营面临实践问题的新变化，对内容框架进行适当调整和完善，力图从产业实践的视角来关注和探讨文化企业的具体发展路径，由此形成更具问题导向且更为充分地反映文化企业发展实际的研究维度。第一，对互联网文化产业发展脉络进行了更为精细的研究，从宏观发展到微观新兴文化企业经营如VR/AR文化企业和自媒体文化企业(含直播企业)等作了分层次剖析。第二，重视对传统文化产业转型升级的基本走向和路径的探讨，特别是在“一带一路”的背景下对文化旅游、演艺等行业领域转型升级的问题进行了专题探讨。第三，进一步加强了与文化企业微观管理密切相关的经营案例研究的比重，除了在每一章中坚持理论分析和案例引证相结合的分析方法之外，还特别选择了传统文化企业转型发展比较有借鉴意义的业务板块专门进行深入调研，形成后面的电视文化企业转型经营案例板块，旨在从具体而微的角度提供更为丰富的可资借鉴的思路和启示。

本报告作为“教育部哲学社会科学系列发展报告”相关研究成果，由北京大学文化产业研究院主办，并由北京大学中国文化企业研究中心、北京峰火文化创意中心具体组织研究与撰写。本报告属于团队合作的结晶，整个撰稿过程是在主编反复厘定写作框架的基础上，经过团队成员数轮和数次集中研讨，前后历时半年多时间完成的。在初稿完成之后，为了保持报告的整体系统以及风格的相对统一，主编对本报告各章做了相应的修改润饰和内容调整及删削的统稿工作。需要说明的是，报告写作成员所主笔的各部分内容，不同程度参考了有关领域已经发表的统计结果和有关专题报告的研究成果。在此，对于各有关机构和个人前期研究的辛勤付出及其对报告所作出的基础性贡献一并表示诚挚的谢忱。报告中某些观点和对策思路或有不当之处，诚望各位同仁和读者在阅读之后提出建设性的批评，以期通过进一步共同深入讨论或调研使其趋于完善。

目 录

第一章 产业动态及发展趋势

- 2016年无疑是我国文化产业发展的一个重要里程碑之年，文化产业增加值达到30 254亿元，首次突破3万亿元大关，文化产业占GDP的比重为4.07%，首次突破4%。
- 随着互联网，特别是移动互联网的不断发展，互联网文化产业作为“文化+科技”跨界融合的产业形态，不断呈现出新的发展态势，尤其是网络直播、移动电竞、VR/MR以及人工智能、网络大电影、文化电商等新业态或新模式形成对文化市场的新一轮冲击波，逐渐成为公众的消费热点。
- 传统文化企业发展是以竞争为主，互联网文化企业的发展则是以合作为主。文化产业市场竞合关系多元化，一个重要的体现就在于通过资本运作、网络联盟等多种方式，垂直行业领域企业主体之间竞争与合作关系的动态变化。

一、总体格局

在由政府主导向市场主导、企业主体转变的过程中，2016—2017年文化产业发展呈现繁荣和调整相结合的稳健态势，整体上可谓稳中有升、变中有序。

（一）政策推动

从发展指标来看，2016年无疑是我国文化产业发展的一个重要里程碑之年。据国家统计局发布的数据，2016年文化产业增加值为30 254亿元，首次突破3万亿元大关，文化产业占GDP的比重为4.07%，首次突破4%。文化及相关产业10个行业的营业收入保持增长，特别是文化服务业快速增长。其中，以“互联网+”为主要形式的文化信息传输服务业收入为5 752亿元，增长30.3%，文化休闲娱乐服务业收入为1 242亿元，增长19.3%，文化艺术服务业收入为321亿元，增长22.8%。通过对全国规模以上文化及相关产业5万家企业进行调查，2016年5万家调查企业实现营业收入为80 314亿元，比2015年增长7.5%，增速比2015年加快了0.6个百分点。

在作为“十三五”规划开局之年的2016年，我国在文化产业政策方面加大了供给侧结构改革的力度，相继推出一些具有重要意义的政策法规，为文化产业结构改革和协同发展奠定了制度基础。2016年5月，文化部、国家发改委、财政部、国家文物局联合发布了《关于推动文化文物单位文化创意产品开发的若干意见》，将各级各类博物馆、美术馆、图书馆、文化馆、群众艺术馆、纪念馆、非物质文化遗产保护中心及其他文博单位等掌握各种形式文化资源单位的文创产品开发纳入文化事业发展体系，鼓励众创、众包、众扶、众筹，以创新创意为动力，以文化创意设计企业为主体，开发文化创意产品，打造文化创意品牌。鼓励企业通过限量复制、加盟制造、委托代理等形式参与文化创意产品开发。鼓励和引导社会资本投入文化创意产品开发，形成多渠道投入机制。2016年12月，国务院印发《“十三五”国家战略性新兴产业发展规划》，数字创意产业成为与新一代信息技术、生物、高端制造、绿色低碳产业并列的国家战略性新兴产业。2017年4月，文化部《关于推动数字文化产业创新发展的指导意见》又对“互联网+文化”的新业态、新模式、新趋势等内容作出了重点布局和引导。以数字创意为代表的新兴文化产业，保持着文化产业的发展势能，既有利于推进供给侧结构性改革，实现产业优化升级，提高文化产业供给水平、改善供给结构，也有利于促进文化消费、满足群众不断提高的消费新需求，增强文化产业发展的活力。另外，国家积极倡导的旅游、文化、体育、健康、养老五大“幸福产业”，其核心其实也是文化，因为文化可以直指人心，提升公民的“幸福指数”，提高群众的生活品质。

推进“一带一路”文化领域建设，也是政策关注的重头戏。当前，“一带一路”经贸合作正在向落地生根、深耕细作、持久发展的阶段迈进，文化交流合作、文化产业发展可以为经贸合作共赢提供软动力。文化部《“一带一路”文化发展行动计划(2016—2020年)》为“一带一路”文化建设工作的深入开展绘制了具体路线图。“一带一路”是沿线国家不同文化深入交融的融合剂，可以有效促进不同文明之间的交流互鉴，而这些交流互鉴，需要以具体项目的展现形式作为传递输出的渠道。2017年5月，“一带一路”国际合作高峰论坛召开，坚持共商共建共享，加快了陆上经济走廊和海上合作支点建设，构建沿线大通关合作机制，为文化交流和文化产业领域项目合作奠定了良好的基础。

在文化立法方面有了新的突破和进展。2016年11月，全国人大常委会通过了《中华人民共和国电影产业促进法》，确定于2017年3月1日正式实施。作为我国文化产业领域的第一部专门法律，该法对电影创作、摄制，电影发行、放映，电影产业支持等分别作了详细规定；该法主动降低电影摄制准入门槛，加大开放制片参与权，使更多资本和组织能够参与电影摄制活动，同时取消电影摄制许可证并简化剧本审查，下放电影审批权限，精简了电影审查环节，这将有效增强中国电影的创作活力，并扩大电影创作的自由度。通过鼓励原创、扶持青年电影人、保护知识产权、支持少数民族电影拍摄、完善农村公益院线等举措，吸引更多的社会力量进入电影产业领域，打造一个更加多样性、具有差异化的电影市场。

（二）技术迭代和应用

2016年也是互联网各种技术不断成熟的发展之年，包括虚拟现实、全息技术、人工智能、生物识别技术以及区块链技术等在内的新技术，深度影响文化产业形态和文化市场发展。通过对各种技术手段的利用，互联网文化产业不断涌现新业态、新产品和新模式，这既能带来资本的投入，也能带来新的市场盈利点。

更重要的是，技术迭代造成人们生活方式以及娱乐方式的迭代变化。移动互联网的直播、网剧、VR、AI、电竞、弹幕等新业态快速冲击文化消费市场，成为年轻人的消费新时尚。这些新业态，既是文化创造力的源泉，也是经营变革的力量，使文化产业领域从产品呈现到产业运营都发生了巨大变化。根据中国互联网网络信息中心发布的第39次《中国互联网络发展状况统计报告》，截至2016年12月，我国手机网民规模达6.95亿，增长率连续三年超过10%(如图1-1所示)，台式电脑、笔记本电脑的使用率均下降，手机不断挤占其他个人上网设备的使用频率。另一方面，移动互联网与人们生活方式的联系日益紧密。比如，各类社交应用持续稳定发展，互联网平台实现泛社交化。综合性社交应用引入直播等服务带来用户和流量的增长；针对不同场景、不同垂直人群、不同信息承载方式的细分社交平台进一步丰富，向创新、小众化方向发展。随着4G进一步完善以及手机资费的下调，网民在微信、支付宝、微博等主流APP上娱乐和消费的行为变得更加普遍。

图1-1 中国手机网民增长曲线

数据来源：第39次《中国互联网络发展状况统计报告》

在互联网发展、跨界融合与科技创新成为时代趋势的背景下，互联网文化产业已成为国家经济稳定增长的主要动力和推动产业创新、技术进步的重要力量。互联网和数字技术的发展极大地促进了互联网文化产业的发展，也不断催生出互联网文化产业的新业态和新模式。随着互联网和数字技术的广泛普及，动漫游戏、网络文学、网络音乐、网络视频等互联网文化产业迅速发展，与百姓生活越来越密切，已经成为目前群众文化消费的主产品。在当前文化消费形态愈加数字化、网络化的形势下，大力发展互联网文化产业不仅有利于推进供给侧结构性改革，实现产业优化升级，更重要的是使中华文化的表达和弘扬有了更强大的技术优势。

（三）企业发展

大型文化企业向旗舰式方向发展。比如，2016年12月万达旗下的AMC娱乐控股公司已宣布完成以11亿美元收购Carmike Cinemas的交易。由此，AMC将在全美经营661家影院，拥有约8 200个屏幕，AMC将凭借上述交易成为全美最大的影院运营商。再如，“中国上市企业市值500强”榜单显示，阿里巴巴、腾讯控股市值稳居前两位，呈现你追我赶之势。2016年10月阿里巴巴文化娱乐集团宣布正式建立，同时筹集规模超百亿元的大文娱产业基金。在阿里进行文化娱乐布局的同时，其他互联网巨头对娱乐市场的野心也不断显露，仅在电影领域，腾讯就拥有企鹅影业和腾讯影业两家公司，在在线音乐方面也有大动作，2016年7月腾讯将旗下QQ音乐与中国音乐集团进行合并。在游戏、文学、家庭娱乐、大数据等方面，两家均有重点布局，整体呈旗舰式格局。2017年1月，QQ音乐与海洋音乐合并，成立腾讯音乐娱乐集团，充分发挥版权集成优势，占有绝对的市场份额。由此，腾讯音乐娱乐集团、网易云音乐、阿里音乐构成了在线音乐的“新三国”格局。

中小微文化企业遍地开花、快速发展。 随着大众创业、万众创新的广泛开展，2016年全年新登记企业增长24.5%，平均每天新增1.5万户，加上个体工商户等，各类市场主体每天新增4.5万户，其中的小微文化企业也遍地开花。“双创”是以创业创新带动就业的有效方式，是推动新旧动能转换和经济结构升级的重要力量，新动能正在撑起文化产业发展新天地。比如，“双创”鼓励大企业和科研院所、高校设立专业化文化众创空间，加强对创新型中小微文化企业支持，打造面向大众的全程服务体系，使各类主体各展其长、线上线下良性互动，使文化市场活力和社会创造力竞相迸发，激发全社会的文化创造活力。

与此同时，政府支持文化企业的方式也在悄然变化，特别是文化产业发展专项基金进行“由补变投”管理模式的重大调整。2016年政府加快由无偿向有偿、由直接分配向间接分配转变，积极实现市场化配置目标。一方面，立足理顺政府、市场与企业关系，完善财政参股基金出资模式，适当扩大参股基金范围，将“有形的手”与“无形的手”有机衔接。比如，安排10亿元参股全国14只优秀文化产业基金，直接撬动其他各类资本120亿元，投资领域涵盖文化产业主要门类，发挥了财政杠杆作用和乘数效应，提高了资源配置效率。另一方面，聚焦“双创”融资难题，首次探索开展债权投资扶持计划，形成财政出资引导、文投集团配套跟进的全新投入机制，促进形成大企业顶天立地、小企业遍地开花的良性格局。

二、新业态与新模式

随着互联网特别是移动互联网的不断发展，互联网文化产业作为“文化+科技”跨界融合的产业形态，不断呈现出新的发展态势，尤其是网络直播、“VR/MR+文化”、“移动电竞+直播”、网络大电影等新业态形成对文化市场的新一轮冲击，也逐渐成为公众的文化消费热点。

（一）新业态发展

1. 网络直播

2016年被业界广泛誉为中国“网络直播元年”，这一年网络直播呈现爆发式的增长。截至2016年12月，网络直播用户规模达到3.44亿，占网民总体的47.1%，较2016年6月增长1 932万[①]。其中，游戏直播的用户使用率增幅最高，半年增长3.5个百分点，演唱会直播、体育直播和真人聊天秀直播的使用率相对稳定。

从发展态势看，一方面，网络直播趋于规范化。2016年9月，国家新闻出版广电总局下发《关于加强网络视听节目直播服务管理有关问题的通知》，要求网络视听节目直播机构持《信息网络传播视听节目许可证》上岗。另一方面，“直播+”进一步细化，逐渐向垂直领域延伸。除了传统的演艺直播、游戏直播，“直播+电商”“直播+体育”“直播+在线教育”等形式将变得越来越多且趋于成熟。随着人们理性的回归和对知识传播形式要求的提升，大量的教育、益智内容通过直播来进行，甚至传统文化、宗教文化也可以通过直播来推广。

2. VR/MR+文化

2016年，百度、腾讯、小米、阿里等众多企业纷纷宣布各自的VR战略，“VR/MR+文化”的体验经济模式全面升级。VR/MR技术被誉为IT行业的新浪潮，在影视、旅游、教育、广告、购物等行业得到广泛应用，通过与诸多文化产业子行业进行深度融合，VR/MR将把体验经济推向一个前所未有的高度。当前，很多上市公司竞相投资和并购VR/MR公司，各个行业都在积极寻找和VR结合的机会。首先是设备，高端的三大头显基于PC强大的计算性能，体验效果良好；其次是内容，2016年VR的游戏和视频等内容比2015年增长10倍，但离大家想象的高品质内容还有一定差距，不少内容提供商还处于观望状态。

下一步，语音识别和VR/MR将逐步渗透到企业。语音识别技术的质量和速度升

① 参见中国互联网信息中心第39次《中国互联网络发展状况统计报告》。

级已经在家庭应用中获得体现。而在工作领域，语音识别技术现在已经能够帮助用户整理收件箱、创建内容和简化工作会议等。随着AI、VR/MR与文化内容的渗透融合，将不断翻新生活及娱乐样态。

3. 移动电竞+直播

2016年借网络直播的东风，“移动电竞+直播”风生水起。由此，移动电竞成为移动游戏产业重要的一环，它不只是某个游戏细分品类的崛起，更是对整个网游行业的一种颠覆。

当前国内电竞门类已相当丰富，主要类别包括MOBA类、FPS 类、RTS 类、TCG 类、棋牌类、竞速类、格斗动作类、音舞类等。移动电竞粉丝规模不断扩张且持续高增长，与此同时，电竞市场规模、市场渗透率也在不断上升。国内电竞市场规模主要包括电竞游戏收入、电竞衍生收入(包括俱乐部、直播平台等)、电竞赛事收入(包括门票、周边、赞助等)。根据智研咨询对2017—2022年中国电竞行业的分析，2015年国内电竞市场规模为374.6亿元(同比增长65.53%)，2016 年市场规模达到504.6亿元(同比增长34.7%)，电竞行业已经成为游戏行业的重要细分领域。移动电竞游戏收入在2016 年实现大幅增长，未来移动电竞市场规模有望达到端游电竞水平。2014年移动电竞游戏收入仅为40.2亿元，2015 年为59.7亿元，2016年高达171.4亿元，实现同比增长187.1%。对比端游数据，“移动电竞+直播”收入仍具备相当大的增长潜力。

4. 网络大电影

一般而言，网络大电影是在网络上发行，时长超过60分钟，符合电影叙事规律和国家相关政策法规，并以付费点播模式分账的电影。2016网络大电影市场呈高速发展趋势，数量迅速攀升，产值也翻倍增长。根据智研咨询对2017—2022年中国网络大电影行业的分析，2016年上线网络大电影数量约2 500部，同比增长高达263%，总播放量高达216亿。网络大电影市场规模达到10亿，同比增长近10倍。在爱奇艺发布的2016网络大电影分成金额最高的20部电影中，全部为爱奇艺独家网络大电影。除爱奇艺外，腾讯也于2016年推出“百部独家网络大电影”计划，直接采用保底的方式买断优质内容。2017年爱奇艺因看好未来网络大电影发展潜力，再次制订新的分账规则，新增独家电影等级，其目的在于聚拢更多独家网络大电影资源，这也预示各大视频网站在独家网络大电影方面的竞争进一步激烈，大量资金将会涌入网络大电影市场，促使网络大电影市场快速发展。

总体来看，2016年共计上线网络大电影2 500部，远远超过院线电影数量，除了网络大电影整体成本较低且有大量资本进入之外，网络大电影与院线电影审核标准不同则是核心原因。但随着2017年3月1日实施的《电影产业促进法》，网络大电影的审核要求及审核流程也将与院线电影一致，只有优质题材、制作精良的网络大电影才被允许上线，将进一步加快网络大电影精品化趋势。

（二）新模式运营

1. PPP模式

基于文化产业之双重属性、双重效益的特点，PPP模式在文化产业项目运营方面越来越显示出其优势。2016年6月，文化部首次参与第三批PPP示范项目申报评审工作，这是财政部首次联合文化部正式面向文化领域征集政府与社会资本合作项目，将进一步激活文化产业活力，推动其深入市场化，促进文化事业与文化产业的互动发展。PPP模式在2016年完成启蒙后，2017年进入实施阶段，民间投资可以顺利进入公共文化领域，进一步提高公共文化设施的使用效率，为文化繁荣积聚更多的产业力量。PPP模式对于充分引导社会力量、社会资本投入文化领域，集中力量发展文化产业基础建设，进一步释放大众的文化消费潜能，以及对于文化产业和文化事业、经济效益和社会效益的平衡和融合，都具有重要作用。

2. 文化电商模式

在网购时兴的当下，文化电商以新的形态出现，可以逐步改变目前传统电商附加值低的现状，是解决商家恶性降价竞争和平台假货泛滥的有效途径。文化电商作为互联网产业发展的新方向，具体表现为：在阿里和京东等电商平台上，艺术品与工艺美术等文化产品的互联网零售勃兴；演艺、互联网游戏、互联网影视等行业，出现文化内容植入后再衍生开发产品等。比如，迪士尼动画电影《冰雪奇缘》，在电影放映之后的一年半时间里，迪士尼卖了10亿美元的服装。再如，开心麻花演话剧之后变成文化电商，罗辑思维传播知识之后变成文化电商；《三生三世十里桃花》里的植入产品桃花醉，就是文化产品改变电商为文化电商，最近阿里影业准备跟他们合作继续开发衍生品。因此，电商不再停留在传统产业上，做文化电商就是致力于做具有内容传播力量的、具有温度的、别人愿意投资的平台。

三、竞争格局与转型发展

在生活方式、产业环境和技术条件都在不断变化的背景下，企业的整体竞争格局也在此消彼长地发生变化。同时，企业也在利用新技术、新业态和新模式倒逼组织形式和管理方式的变革，实现业务模式转型。

（一）兼并重组

互联网发展引发了新一轮文化企业兼并重组。整体而言，文化企业长于内容制作，互联网公司长于平台运营，两者的联姻将突破规模瓶颈，有助于培育核心竞争力，创新商业模式，实现企业的提质转型，甚至催生新的文化产业航母。互联网带来的兼并重组通常有两种方式：一是文化企业并购互联网公司，比如华谊兄弟子公司华谊互娱收购卖座网51%的股份、宋城演艺收购在线视频网站“六间房”等。二是互联网公司并购文化企业，典型的是BAT对于内容企业的系列并购。

从企业并购实际状况来看，2016年文化产业资本市场平稳发展。由于2015年完成了几宗较大体量的并购案，相较而言，2016年略微的回落趋势使得并购交易数量和金额都呈现稳定格局。但是，尽管如此，依然有大量资本被吸引到了文化产业领域，原因在于新兴中产阶级用户和以其为代表的人群所主导的消费文化。从美丽说与蘑菇街合并，蚂蚁金服获得包括中投海外和中国人寿等国字头机构的45亿美金投资，光线传媒成为美团旗下猫眼电影的控股股东，乐视收购酷派，京东收购1号店，再到腾讯收购荷兰手游巨头Supersell，滴滴与Uber走向合并，这一系列的并购投资活动背后，一方面显示了互联网文化产业资本市场的稳定活跃，另一方面也表现出在流量和资本的双重压力下，市场的新进入者颠覆格局的困难程度。尤其是蘑菇街和美丽说的合并，组合成为新的“美丽联合集团”，使得时尚女性电商市场进行新一轮的竞争格局，内容、社交和直播要素将更多地融合进这一垂直市场，蘑菇街和美丽说之前并不重合的用户受众群也将面对重新定位和划分。不管如何，在资本市场长袖善舞的文化企业筹建新公司、拓展新业务游刃有余，善用金融资本来实现自己的文化梦想。比如，光线传媒在资本市场如鱼得水，仅在动漫领域就实现14次并购，打通了自己在影视领域的产业链。而那些不会运用金融工具的文化企业，难以驾驭资金本，不是犹豫观望、止步不前，就是为资金愁眉不展。

从多层次资本市场结构的发展趋势来看，随着互联网文化产业市场不断发展成熟，面向C端的行业领域开发不断深入，产业蓝海空间不断缩减，呈现激烈的竞争局面，在这种情况下，面向B端的投资风口呈现迅速增长的态势，包括网络直播、在线教育培训、VR/MR等在内的行业领域都表现出了这种趋势。以在线教育培训为例，相较于切入C端的难度，以B端的企业或者学校作为目标受众，或将打开新的业务拓展成长空间入口，B端一方面将教学资源系统化，提高企业服务品质，另一方面也能够有效地树立企业品牌意识，通过品牌营销，提高受众信任度，加强用户与产品的黏性，为将来C端市场开发提供新的模式创新方向。再如VR/MR行业领域，虽然“VR+游戏”、视频、体育等C端应用的预期市场规模巨大，但就目前产业形式来看，其发展成熟需要时间；与之相比，B端则显示出不少业务突破口，并且获取短期效益的可能性更高，为C端的个人市场成熟创造条件，如针对学校创造开发知识性VR内容，并且通过与学校直接对接的商业合作，或者对博物馆等展示性单位提供VR内容等。这样的B端市场开发比C端少了一些不确定性，其对于商业模式创新的依赖性也相对较小，会成为相当一段时间的重要投资风口。

（二）竞合关系

一般而言，传统文化企业发展是以竞争为主，互联网文化企业则是以合作为主。文化产业市场竞合关系多元化，一个重要的体现就在于通过资本运作、网络联盟等多种方式，垂直行业领域重要主体之间竞争与合作关系的动态变化。

文化产业市场竞合关系的多元化趋势将带来多重影响。首先，行业巨头之间的合并收购或将带来市场垄断程度的提高，许多文化产业行业领域巨头在长期的竞争过程中，不断通过收购其他企业快速增强自身规模实力和产品线，最终实现极少数企业占据市场几乎全部的消费人群，即使这一部分企业之间依旧保持竞争格局，也会对市场垄断程度带来较大的影响；而如果这部分企业经过了长期的烧钱竞争阶段，最终走向合并，那么也将占据行业领域内绝对市场份额。其次，第一梯队企业之间的价格竞争策略或将破坏正常市场秩序和产业生态，由于互联网平台本身的开放性特征，互联网文化企业核心产品的功能性差异化战略实现难度较大，最为迅速的竞争策略就是低价手段，通过对用户进行直接的资金补贴等，快速占领市场份额，但是这种策略往往很难具有用户黏性、品牌认同感和归属感，因此用户流失概率也会更大。在这种情况下，烧钱竞争如果得不到有效的规范化，市场生态困境就将愈演愈烈，最终破坏正常市场秩序，造成两败俱伤的结局。最后，中小规模新进企业的发展格局更为艰难，其面对的战略选择就是要么成长为独角兽，要么等着被BAT等企业收购，而从现实发展来看，即使成长为独角兽企业，最终可能也将面临被其他巨型企业收编的结果。

根据IT桔子相关数据，在2016年71家互联网独角兽公司中，有“65%的公司均与BAT有直接或间接股权关系，这些公司的整体总估值达到2 917亿美元”①，占到全部独角兽公司估值的83%，尤其是在独角兽的TOP10公司中，除开大疆科技以外，其他9家公司都与BAT关联；而排在前20的独角兽公司中，则有80%的公司与BAT挂钩。这与BAT的生态化布局战略有密切的关系，也是市场“马太效应”的重要表现。

（三）转型发展

当前，跨界融合催生了众多文化新业态。互联网技术不断升级，驱动跨界融合呈加速发展态势，掀起了文化、娱乐、传媒、出版、信息、电信、金融等产业跨界融合的浪潮，不同形态的传媒机构迅速打破媒介形态藩篱组成信息生产和运营联盟，通过相互渗透与补偿、相互连接与适应，形成新的文化产业增长点。比如，电信运营商做手机阅读业务，电视台做网站平台和手机APP，互联网公司做智能电视产品，不同企业之间的产业边界越来越模糊，产业链延伸越来越深入，跨界融合在重构媒介生态的同时，也促进了文化产业新业态的不断涌现。

在移动互联网的背景下，文化企业在移动化转型发展方面尤其值得关注。首先，可穿戴设备的爆发式发展加速了移动化趋势的市场拓展节奏。根据美国消费电子协会CEA报告显示，未来5年内，可穿戴设备的整体市值将超过80亿美元②。可穿戴设备进一步简化了终端系统的机械性，丰富了互联网文化产品和服务的消费场景，随着VR虚拟现实等一系列技术市场模式的发展成熟，其与可穿戴设备之间在移动端的融合交互值得关注。其次，碎片化是移动化趋势的本质和核心逻辑。典型体现在移动阅读行业领域，相较于传统的纸质翻阅形式，当今社会快节奏、碎片化的生活模式需要更多渠道、平台以满足不同的阅读需求，因此移动阅读作为一种新型消费形态将成为国民阅读的新趋势。

以阅文集团为例，面对全新阅读环境所带来的机遇与挑战，以及首次超3亿的庞大网文用户规模，阅文集团将内容分发渠道扩展至50余家，覆盖PC端、移动端、音频及电纸书等，囊括QQ阅读、起点中文网等品牌。其中，QQ阅读作为中国最大的阅读类应用，年增幅超过100%③。另一方面，除了阅读用户方面的碎片化，这种

① IT桔子. 71家公司被BAT收编 [EB/OL]. 36氪. http://36kr.com/p/5062462.html.

② CEA：可穿戴设备市值5年直逼500亿元 [EB/OL]. 网易财经. http://money.163.com/14/0103/18/9HME90BS002526O3.html#from=relevant#xwwzy_35_bottomnewskwd.

③ 阅文集团发布2016网络文学发展报告. 年稿酬发放近10亿元 [EB/OL]. 中国新闻出版广电报. http://data.chinaxwcb.com/epaper2017/epaper/d6444/d2b/201702/75079.html.

移动化趋势还覆盖了网文创作领域，手机写作在“作家助手”等阅文技术平台的助推下呈现增长态势，每年有近70万人在“作家助手”上更新作品，网络文学创作进一步突破时间、空间的限制。

四、相关趋势及对策

目前的政策环境和技术发展状况，对于文化企业来说既是挑战，同时也提供了一个千载难逢的良好机遇，因此文化企业应善于利用国家对文化产业的支持政策，顺势而为，实现跨界式、聚合式成长，才会创造出最大的商业价值。

（一）把握“互联网+文化”的大势

“互联网+文化”改变了文化产业的结构，引领新业态发展，为文化产业内容创新和持续增长带来了新的动力。“互联网+文化”有许多新的特点，比如娱乐无边界、跨界的知识和技术、生活方式的迭代变化等。当前，“互联网+文化”正在倒逼传统业态转型升级。比如，文化产业与其他传统产业有着很强的关联性和渗透性，直接与大数据战略已全面实施“中国制造2025”相关，通过与其他产业的融合，把文化理念渗透到传统产业的设计、生产、营销、品牌和经营管理环节；传统旅游业开始办旅游网站，运用大数据分析客源，调整经营方式；民俗文化产业借助互联网生产和营销，提升产品的技术含量；传统的平面媒体逐步实现数字化改造，拓展业态类型；电视行业也在寻求互联网平台，纷纷与各大视频网站开展合作等。

“互联网+文化”给传统文化产业带来新的发展机遇。电视领域，通过研究消费者观看行为的变化，运用联网联机，实现电视大屏和手机小屏的完美联动；而演出和电影领域，将搭上互联网众筹的快车，营销新产品，积累粉丝，开发衍生产品，做长产业链；传统出版业在完成数字化设备改造后，将着力改造运营模式，嫁接互联网的运营理念，盘活资产，实现增值；传统文化资源的数字化方面，则让收藏在禁宫里的文物、陈列在广阔大地上的遗产、书写在古籍里的文字都“鲜活”起来。

文化企业要顺应“互联网+文化”之势不断增强自己的核心竞争力，实现升级发展。一方面，通过观念、技术和模式创造新的文化生产方式和产品形态，另一方面在商业模式、资本运作及传统业态转型等方面进行革新。同时，重视大数据的分析和使用，使文化产品的目标客户更精准，产品体验更人性化，文化企业管理更精细化，实现文化产业的提质增效。

(二) 对接“一带一路”的倡议

“一带一路”作为一种国家倡议的全面实施，给文化企业带来前所未有的、国际化的发展机遇。当前，国家促进文化走出去有两种对策：其一是面对欧美的以民营企业为主体的合作，如投资、并购等；其二是与“一带一路”国家地区的多维度互惠合作，形成文化共同体以及命运共同体。“一带一路”文化共同体更着重建立文化共同体互惠平台，通过平等贸易，组织文化交流，使多方共同受益。互联网作为大平台载体，以互联网交流平台及线下体验活动的“组合”作为核心平台。通过实体大平台链接沿线资源(中医药、佛教艺术品基地等)，形成线上线下一体，从而建立中国人主导的、真正国际化的文化与文化产业平台。例如，可以采取轮转消费的模式，在沿线城市举办百城摄影展、组织文化专题旅游、影视合作等，从优秀作品中找到产业化内容(组织活动、展示、拍卖等)，加强沿线多个国家文化消费交流，逐步将文化交流产业化、规模化，从而深化文化产业合作。可以开拓100个以上的大项目(含基地、专门性创新性的展会、交易会)以及推动交流性旅游的发展。

文化企业需要把握国家战略推进的历史机遇，积极投身“一带一路”洪流之中。比如，由银汉游戏与可为互娱联合研发的新国风浪漫动作手游《思美人》正式上线进行全平台公测，《思美人》手游以屈原的故事为创作基础，无论是人物设计还是画风细节都充满着中国古典文化与传统文化色彩，用创新形式展示中华文化，促进文化互鉴、加强文化交流。再如，进行视觉内容为主的自主创作、欣赏、投资选择、艺术设计与创意、创作体验基地、随时联合巡展、IP投资(大文化互惠共同体)；结合“一带一路”文化博览交流，打造城市体验中心，把博物馆的功能、主题公园的功能、影视的功能、高科技的功能、历史文化的功能、互联网传播功能和旅游产品的功能全部整合在一个城市文化体验中心，线上传播内容，线下做体验，形成综合娱乐业态。

(三) 拥有自己独立的“IP”资源

文化企业立足文化内容的生产，靠运营无形资产做大做强，因此，拥有“IP”或者对“IP”的争夺和储备是必然的。一般而言，一个好的“IP”可以点石成金，一个生动的文化创意得以扩展可以实现全产业链的变现和增值。当网络文学的知名“IP”被各大公司瓜分一空后，新一轮“IP”之争又聚焦于动漫领域，未来的

"IP"之战将更白热化。

文化企业要基于核心平台和支持平台，强化"IP"内容核心竞争力，增强业务变现能力。具体来看，包括文学部分、视频部分、音乐部分等在内的文化内容行业领域，共同构成了当今文化内容的核心，通过鼓励内容"IP"创造生产，再对其进一步产业化开发，通过通讯核心平台实现用户导入，以支持平台作为业务基础，实现平台和内容的生态循环。要把文化内容产业做好，需从三个角度入手：一是延长产业链，二是对模式进行布局，三是对"IP"进行二次开发、三次开发和多次开发。比如《三生三世十里桃花》的电视剧，开发各种衍生品，还会开发成续集，或者改编成游戏等。在内容为王的时代，众多泛娱乐企业以优质"IP"为核心，打造以包括游戏、动漫、文学、影视、音乐、视频等在内的多元化表现形式。当然，企业在文娱产业的多元环境中，进行跨媒介的内容联动，通过集团协作、相互渗透和全产业生态运营，探索出一个协同、开放、共融共生、连接影动游的体系，共同打造超级"IP"作品。

互联网本身具有媒体的特性，可以做一个系列的新媒体的一个小平台和内容的组合。在新媒体平台上各种业务的一种组合(比如微信公众号、直播平台)，可以有音频、有直播、有视频、有电商，可以任意组合。小平台跟大平台最大的区别是小平台要有自己的"IP"，垂直的小平台一定需要有自己的"IP"，因为如果没有自主"IP"，根本就没办法跟大平台竞争。互联网让企业可以在不同的平台上都有垂直的业务，然后在垂直的业务之间就可以无限组合。另外，小平台重视不断地进行"IP"的孵化。比如，有了一个网络文学的故事，去喜马拉雅做有声读物，再改编成漫画，再改编成动画，再改编成网络剧，再改编成电视剧，再改编成游戏，同一个"IP"的主题可以不断地横向孵化；另一种叫纵向孵化，比如以前给"80后"看的东西现在一直孵化到可以给"90后"和"00后"看，每过三年孵化一个新的主题。

(四) 注重"工夫在诗外"的创新

如今，由网络催生的互联网文化产业成为成长最快的文化产业形态。如果以网络化和数字化作为划分文化产业的标准，那么中国文化产业将分成传统文化产业和互联网文化产业两个阵营[①]。前者包括传统媒体、演艺、旅游、工艺品等行业，后

① 欧阳友权. 互联网引发文化产业新变局[N]. 光明日报，2017-01-09.

者包括数字新闻、数字广播、数字电视、数字出版、数字电影、数字广告、数字音乐、数字游戏等行业。显然，后者增长更快，体量也更大。

尤其需要重视的是，“工夫在诗外”是互联网文化产业商业模式构建的基本原则。比如，腾讯用IT赚游戏的钱；阿里用IT赚电商的钱；做VR/MR不能直接用VR/MR来赚钱，必须用VR/MR赚游戏的钱，赚旅游的钱，赚体育的钱，赚主题公园的钱；做大数据，不能用大数据赚钱，要用大数据做电影，用大数据做医疗保健等。总之，IT领域现在赚吃喝玩乐的钱，而不是赚技术服务本身的钱。换句话说，应结合某种技术服务，由技术来驱动，但不是由技术来赚钱，技术是一种赚钱的手段，它本身不能赚到足够的钱，而要靠我们的生活方式来赚钱。

“工夫在诗外”需要重视平台型模式的运营。平台模式跟产品模式有很大的区别，平台型模式是因为平台不断在扩张。可以预言，像腾讯和阿里这种平台型模式持续的时间远远比开发出一个技术的时间要长，因为现在技术变化比较大，平台变化比较小，也就是说，不同的商业模式有不同的寿命，有的商业模式寿命更长一点。互联网文化产业最基本的商业模式是企业整体价值最大化(平台型模式是其中之一)，它不在于现在赚了多少钱，而在于公司能够值多少钱，这是一种企业经营的颠覆性变化。

(撰稿人：张立波，中国海洋大学；陈少峰，北京大学)

第二章 产业政策变动及其影响

- 2016年是我国“十三五”的开局之年，也是供给侧结构性改革的攻坚之年。在此背景下，文化产业相关政策的主基调是调整、扶持、引导并重。
- 文化产业政策的变动，既赋予文化企业更多的发展机遇，也增加了相应的制度约束，对企业战略决策、经营思路、内部管理等方面都具有不同程度的影响。
- 文化企业需要在文化供给提质增效、多领域深度融合、文化消费转型升级、对外文化服务贸易发展、数字文化产业崛起、无形资产价值释放六个方面把握发展机遇。

一、2016年以来国家文化产业相关政策文件盘点

2016年是我国"十三五"的开局之年，《中共中央关于制定国民经济和社会发展的第十三个五年规划的建议》描绘了未来5年全面建成小康社会的总目标和路线图。其中，与文化产业发展相关的表述是"深化文化体制改革，实施重大文化工程，完善公共文化服务体系、文化产业体系、文化市场体系。推动基本公共文化服务标准化、均等化发展，引导文化资源向城乡基层倾斜，创新公共文化服务方式，保障人民基本文化权益。推动文化产业结构优化升级，发展骨干文化企业和创意文化产业，培育新型文化业态，扩大和引导文化消费"。

2016年是供给侧结构性改革的攻坚之年，宏观经济领域的结构性改革必然传导到文化产业领域。近年来，我国文化产业呈现出快速发展态势，但在资源使用效益、文化创新活力、文化企业竞争力等方面的不足，导致文化产品有效供给短缺和无效供给过剩、文化需求得不到有效满足的矛盾，从而抑制了文化产业综合效益的发挥[①]。在全面深化改革的大背景下，以"转型升级""提质增效"为目标的供给侧结构性改革是我国文化产业发展的内在要求。

在此背景下，我国加大了文化产业的政策力度，陆续推出了不少具有重要意义的政策和法规性文件及发展规划(如表2-1所示)，对我国文化产业的整体政策体系框架的完善、产业深化与协同发展都打下了坚实的基础。

表2-1　2016年以来国家发布的文化产业政策法规及规划目录

时间	政策法规与规划名称
2016.2	关于深入推进新型城镇化建设的若干意见(国发〔2016〕8号)
2016.3	关于进一步加强文物工作的指导意见(国发〔2016〕17号)
2016.4	关于进一步深化文化市场综合执法改革的意见(中办发〔2016〕20号)
2016.4	关于印发《文化企业无形资产评估指导意见》的通知(中评协〔2016〕14号)
2016.5	关于推动文化文物单位文化创意产品开发的若干意见(国办发〔2016〕36号)
2016.5	关于开展引导城乡居民扩大文化消费试点工作的通知(文产发〔2016〕6号)
2016.6	关于发挥品牌引领作用推动供需结构升级的意见(国办发〔2016〕44号)

① 张振鹏. 供给侧：助推我国文化产业转型升级[N]. 光明日报，2016-01-07(16).

(续表)

时间	政策法规与规划名称
2016.6	关于支持实体书店发展的指导意见(新广出发〔2016〕46号)
2016.6	关于开展特色小镇培育工作的通知(建村〔2016〕147号)
2016.6	关于移动游戏出版服务管理的通知(新广出办发〔2016〕44号)
2016.6	出版物市场管理规定
2016.6	关于印发《国家出版基金资助项目管理办法》的通知(新广发〔2016〕51号)
2016.10	开拓海外文化市场行动计划(2016—2020年)
2016.11	中华人民共和国电影产业促进法
2016.11	关于进一步扩大旅游文化体育健康养老教育培训等领域消费的意见(国办发〔2016〕85号)
2016.11	关于印发《“互联网+中华文明”三年行动计划》的通知(文物博函〔2016〕1944号)
2016.12	关于印发“十三五”旅游业发展规划的通知(国发〔2016〕70号)
2016.12	关于加强中央文化企业负责人社会效益和经济效益综合考核的意见(试行)(文改发〔2016〕10号)
2016.12	文化部“一带一路”文化发展行动计划(2016—2020年)
2016.12	“十三五”国家战略性新兴产业发展规划
2017.1	关于转发文化部等部门中国传统工艺振兴计划的通知(国办发〔2017〕25号)
2017.1	关于贯彻落实《关于加强中央文化企业负责人社会效益和经济效益综合考核的意见(试行)》的通知(财文〔2017〕4号)
2017.1	关于推进工业文化发展的指导意见(工信部联产业〔2016〕446号)
2017.1	关于促进移动互联网健康有序发展的意见
2017.2	文化部“十三五”时期文化发展改革规划
2017.2	关于印发《“十三五”时期文化旅游提升工程实施方案》的通知(发改社会〔2017〕245号)
2017.2	关于促进老字号改革创新发展的指导意见
2017.3	中央文化企业国有资产监督管理暂行办法
2017.4	文化部“十三五”时期文化产业发展规划
2017.4	文化部关于推动数字文化产业创新发展的指导意见

表2-1所列的是按照时间顺序排列的2016年初到2017年4月期间发布的有关文化产业的30部国家政策法规文件目录，主要涉及文化事业与文化产业融合、文化消费、文化市场管理、重点产业领域促进与监管、文化企业发展等方面。除了一般政策文件，还包括被誉为“文化产业第一法”的《中华人民共和国电影产业促进法》(2011年发布的《非物质文化遗产法》和2016年发布的《公共文化服务保障法》并不

专门针对文化产业)，以及文化领域未来的相关发展规划。

从国家政策目标、内容、表述方式来看，相比过去发生了较大变化。对于文化企业来说，主要利好在于以下几个方面。

首先，政策引领并鼓励文化产业向多个领域渗透和融合，有益于文化企业发展思路和业务范围的拓展，在一定程度上规避单一业务的经营风险，有助于推动企业经营内容、渠道、战略多元化，提升文化企业的综合能力，实现规模化发展。

其次，政策继续深入推动互联网与文化产业相结合，在大企业凭借资本的力量不断扩张从而挤压其他企业生存空间的背景下，为那些不断创新互联网应用技术和商业模式的小微文化企业提供了逆袭的可能性，带来新机遇的同时也打开了企业发展的想象空间。

再次，中央财政文化产业发展专项资金管理较往年也发生较大变化，专项资金实施方式确定为“基金化+重大项目”的模式。其中，基金化是指引入市场化运作模式，培养遴选一批中央、地方和市场的优秀文化产业基金，引导和撬动社会资本支持文化发展；重大项目主要支持党中央、国务院有明确要求，或者宣传文化部门确定的重要工作。

此外，财政部会同行业部委联合启动第三批PPP示范项目申报筛选工作，文化部首次参与了此次申报评审工作。财政部联合文化部正式面向文化领域征集政府与社会资本合作项目，有利于引导和鼓励社会力量、社会资本投入文化领域，拓宽文化领域建设资金来源，把政府的政策导向和民间资本的管理运营优势结合，提高文化产品和服务的供给质量，满足人们多样化的文化需求。

2016年以来，我国文化产业政策的变动，既赋予文化企业更多的发展机遇，也增加了相应的制度约束，对企业的战略决策、经营思路、内部管理等方面都具有不同程度的影响，文化企业需要依据产业政策取向做出适应性调整。

二、文化供给提质增效

2016年是我国宏观经济供给侧结构性改革的开端之年，文化产业领域同样面临相应的改革任务。衡量文化产业发展水平的一个重要标准是文化供给的质量和效益，我国文化产业供给侧结构性改革必然要致力于提高供给质量和效益。目前我国评估文化产业发展水平时，主要强调经济效益，重视文化产业对国家和区域所提供的经济财富的数量，多使用GDP、税收、就业、居民收入等经济指标。由于缺乏操作性较强的评价指标体系，文化产业的社会效益评价大都停留在人们的口头上、观感和印象中。文化通过产业形式的转化，将文化价值观念的传播和社会价值体系的塑造融入经济社会发展系统，可以有效规避和解决文化、经济与社会全面发展及生态环境之间的各种矛盾冲突，从而实现人与社会及自然的和谐发展。

我国文化产业在经历了依靠行政力量和国有经济推动阶段之后，基本实现了既定目标，对产业发展的引领和示范效应已经形成；在转型升级阶段，需要社会资本的接力，凝聚成为更加强大的后续力量。任何组织和个体都处于一定的社会关系结构中，基于信任的机会创造和价值交换，建立伙伴关系，使彼此共享信用和资本，就形成了社会资本。社会资本是不同国家经济增长和社会发展质量存在差异的原因[①]，这对于以创意为核心要素的文化产业至关重要。优秀文化成果的创造离不开能够得到受众的广泛认同的创意，这是创作者、生产者、推广者、消费者协同作用的结果。随着新型城镇化、农业现代化、工业智能化和商业符号化，社会关系的互动方式不再局限于传统方式，而是更加频繁、高效、平等、互惠。文化资源与创意元素的融合并向文化产品转化所需要的信息整合、产品开发、金融扶持、技术支撑、品牌营销等环节，以及相关生产要素的深度整合，都迫切需要来自不同社会阶层成员的共识和集体行动。亚当·斯密在《国富论》中明确将生产和供给看作真正的财富来源，供给侧结构性改革则更加强调供给对于经济社会的作用，并倡导把注意力集中在人的社会行为和创造能力上。通过社会资本的作用，优化文化创造和产品供给从而释放产业价值，是我国文化产业供给侧结构性改革的应然选择。

科技，作为文化与产业对接的中介，是达成社会共识、聚合文化资本的有效方式，也有利于改变文化产业内部结构，实现产业的转型升级。随着移动互联网等新技术的高速迭代，人们的思维、行为和生活方式出现了本质的变化。如何提高非物质生产效率，成为产业发展和企业战略的重心，客户价值、私人订制、粉丝经济、共享经济等新概念的出现，引领商业思维的转换，不断推动商业模式创新。文化产业的生产是以精神生产和物质生产的高度融合，科技手段的应用可以在不改变文化资源原貌的基础上，对其予以完整甚至更优化的呈现，并转化为新的产品形式[②]。另外，科技手段还可以将重点保护的文化遗产转化为具有高附加值的文化产品，实

① Iris Bohnet，Richard J，Zeckhauser. Trust，Risk and Betrayal[J]. Journal of Economic Behavior& Organization，2004，55(4).

② 张振鹏. 我国文化产业转型升级的四个核心命题[J]. 学术论坛，2016，(1):140-144.

现文化与产业双赢，让文化滋养产业，以产业反哺文化，使文化遗产巧妙地进入现代人的生活，融入现代人的意识，其保护与传承在得到历史尊重的前提下找到现代发展方式。比如，北京故宫博物院通过科技与创意的结合，开发了180万件/套文化产品，将原本一个展示文化遗产的72万平方米的古建筑群转化成了展示文化创意的体验中心。文化与科技的融合，提升了文化产品的内容创意，促进了文化与相关产业的跨界融合。科技对于文化产业影响和贡献的增加，预示着文化产业将注入鲜明的科技特征。科技在文化的产业转化过程中所发挥的作用，会引领社会资本的渗透与文化产业意识的觉醒，促进社会共识的达成，提升文化供给的质量和效益，这也是文化企业在未来重点的发展方向。

三、多领域深度融合

近年来，我国文化产业发展趋势和相关政策的重要关键词是“融合”，2016年以来的政策文件更是将融合发展思路体现在了多个领域。

首先是文化事业与文化产业融合。《关于进一步加强文物工作的指导意见》《关于推动文化文物单位文化创意产品开发的若干意见》《关于支持实体书店发展的指导意见》《关于转发文化部等部门中国传统工艺振兴计划的通知》《关于促进老字号改革创新发展的指导意见》将提高公共文化服务水平、传承优秀传统文化、加强文化遗产保护等文化事业发展，与文化产业发展方式相结合作出了具体部署。文化资源的价值借助产业形式转化为社会价值，通常是文化资源向文化产品转化并获得消费群体接受和满意的过程。文化企业需要发挥市场主体对市场需求的认知和把握能力，在与文化事业单位的业务融合过程中对文化资源进行梳理和市场价值预估，通过文化资源优势和转化价值共享，与相关单位建构战略合作伙伴关系，为企业发展创造新的机遇。

其次是文化产业相关门类深度融合。自从2014年《国务院关于推进文化创意和设计服务与相关产业融合发展的若干意见》发布以来，文化产业融合发展的趋势更加明显。《文化部“十三五”时期文化产业发展规划》《文化部关于推动数字文化产业创新发展的指导意见》依然强调文化产业融合发展整体思路，尤其是数字文化产业更需要在文化产业内部实现数字技术的全面渗透，在产业间激发“文化+”与“互联网+”的融合新气象。我国网络核心版权产业规模从2006年的163.8亿元增长到2016年的5 086.9亿元，年增长率保持在30%以上，产业规模增长超过30倍，形成了泛娱乐等跨界版权运营的独特商业模式，带动了智能硬件、线下IP授权开发等相关产业发展。有人将2016年称为文化IP元年，甚至认为“得IP者得天下”。《2017年中国泛娱乐产业白皮书》认为，以IP(Intellectual Property，知识产权)为纽带，文学、影视、游戏、动漫、衍生品等多元文化娱乐形态由最初的独立发展，过渡到产品联动、融合开发、共享全产业经济收益的阶段，创造了巨大的经济效益。文化企业需要注重优质IP的培育，在多元联动的前提下通过跨界融合开发IP的文化价值和商业价值。

再次是文化产业与相关产业融合。《文化部“十三五”时期文化发展改革规划》提出，“推进文化产业与制造、建筑、设计、信息、旅游、农业、体育、健康等相关产业融合发展，增加文化含量和产业附加值，把文化资源转化为产业优势和市场优势”。《关于推进工业文化发展的指导意见》《关于印发“十三五”旅游业发展规划的通知》《关于进一步扩大旅游文化体育健康养老教育培训等领域消费的意见》《“十三五”时期文化旅游提升工程实施方案》进一步明确了文化产业与相关产业融合发展方向。在实践领域，各地出现了许多依托老工业基地建设的文化创意产业园区，文化与旅游、体育、养老等产业融合带来的叠加效应，改变了原有的产业结构和市场需求，形成了多业态交融的产业生态系统。通过与相关产业融合而谋求更加广阔的市场空间，进而壮大自身实力，是文化企业战略的应然选择。

最后是文化产业与新型城镇化融合。《关于深入推进新型城镇化建设的若干意见》《关于开展特色小镇培育工作的通知》提出“推进农业与旅游、教育、文化、健康养老等产业深度融合，大力发展农业新型业态”“发展特色产业，传承传统文化”。《文化部“十三五”时期文化产业发展规划》提出，统筹城乡文化产业发展，推动文化产业发展融入新型城镇化建设，延续城市历史文脉，承载文化记忆和乡愁；鼓励中小城市、小城镇和农村充分挖掘特色文化资源，打造特色文化产业群，促进就业和增收。文化产业具有文化与经济双重属性，其贡献包括社会和经济双重效益，文化产业所具有的社会效应形成、传导和扩散功能使其能够获得社会效益，这也是文化产业获取经济效益的根本保障。政府鼓励采用PPP模式进行特色小镇建设，政府和社会资本可以发挥自身优势，在项目的不同阶段相应地管控风险，也可以满足社会资本的投资回报，这为许多文化企业提供了更多参与经济社会发展的机会。新型城镇化和特色小镇的建设实现产业和城镇融合发展，只有跨界融合才能丰富产品形态，增加盈利环节，衍生产品链条，形成多样化的商业模式。文化企业应该积极参与其中，尤其是对当地的特色手工艺、土特产、特色文化等进行挖掘和梳理，甄选可以产品化、市场化、产业化的内容，通过合理的市场定位和开发，推广区域特色文化，拉动当地就业，满足消费需求，为企业和社会创造价值。

四、文化消费转型升级

自2014年消费被看作拉动中国经济增长的重要驱动力以来，我国居民消费增速连续保持两位数增长，2016年消费对经济增长的贡献率达到64.6%，消费动力持续增强。从2016年《关于开展引导城乡居民扩大文化消费试点工作的通知》下发以来，文化部先后分两次确定了45个国家文化消费试点城市，旨在通过多点尝试以探索行之有效、能复制推广、可持续的经验做法，发挥典型示范和辐射作用，进而全面促进文化消费优化与增长。《文化部“十三五”时期文化发展改革规划》提出，“扎实推进文化领域供给侧结构性改革，以创新供给带动需求扩展，创新文化产品和服务供给方式，优化文化产品和服务供给结构，提升文化产品和服务供给质量，扩大文化产品和服务的有效供给”。

根据文化部文化产业司和中国人民大学联合发布的《中国文化消费指数》报告的调研数据测算，中国内地的潜在文化消费规模为47 026亿元，实际文化消费规模为10 388亿元，存在36 638亿元的文化消费缺口。影响文化消费市场发展的重要因素是文化产品及服务供给。大城市文化供给丰富，文化消费市场相对活跃；而小城镇和农村多元化的文化供给不足，抑制了消费潜力的释放，文化消费结构的区域差主要源于文化供给的区域不均衡。另外，部分文化供给主体为了快速获取利益而复制成功产品和模式所出现的同质化现象影响了文化创新动力，导致精品缺失，也是文化消费市场难以健康持续发展的原因。比如，我国电影票房2014年为296亿元，2015年为440亿元，增幅达48%；2016年全国电影总票房为457.12亿元，同比增长只有3.73%，与年初600亿元的目标有较大差距。然而，2016年我国共生产电影944部，在影院有票房可查的不到400部，近六成电影无缘登陆院线，其中一部分原因在于消费群体对产品质量的诉求日益增长，对产品的选择更加理性，而产品供给质量与消费需求并不匹配。

文化产业供给侧就像一头大象，这么多年建立起来的产能和生产线，想要一下子转型升级，就像让大象跳舞一样困难。而需求端的消费升级则很快，人们在满足了基本需求以后就会寻求更高层次的需求。这样就导致需求端和供给侧的不和谐，形成产能过剩或者叫无效市场，也就是说，与原来的产能相匹配的市场已经不复存在。当一个文化企业产能过剩或者有产值无利润的时候，企业面对的实际上是无效市场。文化产品的开发一方面需要利用文化资源，另一方面需要对接消费需求①，如果只关注文化资源的产品转化而忽视市场需求，投资回报率不容乐观，产品开发难以成功。只有经过消费市场检验，在商业领域完成文化价值向社会价值和市场价值的转化，文化产品才有持久的生命力。而创新不但可以满足现有的市场需求，还能发掘在顾客脑子里和心里的需求。对于转型期的文化企业来说，创新的价值就在于帮助企业重新定位，开发和驱动有效市场的形成和成长。所以，消灭无效市场，开发有效市场，这是转型期赋予文化企业的机遇，同样也是挑战。

五、对外文化服务贸易发展

2016年，随着商务部、中央宣传部、文化部、新闻出版广电总局《开拓海外文化市场行动计划(2016—2020年)》的颁布，对外文化贸易成为中华文化“走出去”的重要途径。2017年，推进“一带一路”建设工作领导小组审议通过了《文化部“一带一路”文化发展行动计划(2016—2020年)》，为“一带一路”文化建设工作的深入开展绘制了路线图。该行动计划在发展文化产业方面提出，建立和完善文化产业国际合作机制，加快国内“丝绸之路文化产业带”建设。以文化旅游、演艺娱乐、工艺美术、创意设计、数字文化为重点领域，支持“一带一路”沿线地区根据地域特色和民族特点实施特色文化产业项目，加强与“一带一路”国家在文化资源数字化保护与开发中的合作，积极利用“一带一路”文化交流合作平台推介文化创意产品，推动动漫游戏产业面向“一带一路”国家发展。顺应“互联网+”发展趋势，推进互联网与文化产业融合发展，鼓励和引导社会资本投入“丝绸之路文化产业带”建设。培育一批具有国际竞争力的外向型文化企业，形成一批具有核心竞争力的文化产品和服务，打造一批具有国际影响力的文化品牌。鼓励各类所有制企业发挥自身优势，深度参与国际文化产业分工协作，全面提升其在全球价值链中的地位。

在全球产业格局不断调整、服务领域加速开放的背景下，服务贸易也日渐成为各国提高国际分工地位的重要领域，成为贸易的新增长点。对外文化贸易是服务贸易的重要组成部分，既能够带来经济收益，又能够彰显文化软实力。一些大国通

① 张迺英. 文化创意产品价值的实现路径分析[J]. 社会科学，2012，(11):59-66.

过电影、音乐、书籍和期刊的出口对世界其他国家的政治产生的间接影响比直接的政治干预效果更好[①]。发展中国家利用对外文化贸易出口，可以提高文化特殊性的地位，并通过"文化的声音"提高国际政治地位[②]。2015年我国实现服务出口总额2 881.9亿美元，同比增长9.2%，其中与文化贸易相关的广告服务、文化和娱乐服务、知识产权使用费出口增幅分别达37.1%、43.9%、64.9%，增幅高于其他贸易种类，且占比均比2014年有较大提高[③]。2016年中国的服务贸易仍保持快速增长，继续为"新常态"下的中国外贸撑起一片天。我国文化产业处在供给侧结构性改革和转型升级的重要阶段，在未来的发展中，以对外文化贸易为导向，以国际化发展为目标，促进文化产品和服务形式多样化，开拓文化企业发展思路，延展文化产业链和价值链，可为我国文化与经济强国战略提供重要支撑。

文化企业应该抓住对外文化服务贸易发展机遇，应该立足于自身的资源优势和产品优势，研发出多个自主品牌并且形成一定的市场占有率，研究主要贸易国的客户需要，从而形成研发、制造、服务一体化模式的国际贸易集团，为客户提供先进、优质、可靠的产品和服务，成为行业领先、世界一流的贸易公司。几乎所有的企业都知道80%的利润来自于20%的大客户，一旦抓住这些大客户就能稳操胜券。这就要求文化贸易企业遵循提高终端客户的市场反应速度和服务质量的要求，根据客户服务需求，进行内部专业化分工，充分发挥内部潜能，为客户量身定制设计及提供个性化的服务。战略管理，是一家公司想要获取战略竞争力及超额利润而采取的一整套约定、决策和行动。战略的制定主要是基于其所在的内外部环境来进行分析，以决定其资源、能力，形成愿景、使命并制定战略。外贸出口行业竞争激烈，导致当前产能严重过剩，其原因除了部分投资者过分乐观及地方政府短期业绩考核驱动之外，外部市场政策的变化也难辞其咎。因此，文化贸易企业应该定期对外部市场环境的变化情况进行分析，结合自身发展状况，明晰所处的优劣势，持续地优化现有的资源配置，形成不断调整和完善业务层面的发展战略。

---

① A. Marvasti. International Trade in Cultural Goods：A Cross-Sectional Analysis[J]. Journal of Cultural Economics，1994，18(2):135-148.

② Cindy Carter，Michel Durand. Market Opportunities：International Trade of Culturegoods and Services[J]. Focus on Culture，2000，12(4):1-16.

③ 数据来源于商务部网站.

六、数字文化产业崛起

2016年12月《“十三五”国家战略性新兴产业发展规划》发布，数字创意产业成为与新一代信息技术、生物、高端制造、绿色低碳产业并列的国家战略性新兴产业。之后公布的《战略性新兴产业重点产品和服务指导目录》将数字创意产业分为数字文化创意、设计服务、数字创意与相关产业融合应用服务三个重点方向，数字文化创意内容制作、工业设计服务等八个子方向。2017年4月，《文化部关于推动数字文化产业创新发展的指导意见》对“互联网+文化”的新业态、新模式、新趋势等内容作出了重点布局和引导。

根据中国互联网络信息中心(CNNIC)发布的第39次《中国互联网络发展状况统计报告》，截至2016年12月，我国互联网普及率达到51.7%，网民规模达7.31亿，手机上网用户数达到6.95亿，其中超过70%是10岁至39岁的青少年，广泛的用户群为数字创意产业发展奠定了基础。在互联网应用中，网络视频、网络音乐的用户规模均达到5亿多，超过网络购物4.48亿的用户规模。在文化产业统计分类中，与数字技术和互联网密切相关的文化信息传输服务，近两年平均增速超过26%，超过文化产业整体增速的2倍以上，2016年前三季度规模以上企业收入继续以30.8%的增速领跑文化产业。数字出版业盛会发布的《世界电子书大会白皮书》中指出，2015年成年人小说销售的70%都来自于数字出版，《世界电子书大会白皮书》还预测电子书阅读器将在2017年继续增长。皮尤研究中心报告显示，2016年有声书听众有所增加，14%的受访者表示他们曾经选择听书这种方式。目前，全球的有声书产业估价约35亿美元，2016年美国的有声书销售额达18亿美元，大多数零售公司的有声书业务的增长达到3位数，预计2017年这种趋势仍将持续。另外，动漫游戏、网络文学、网络音乐、网络视频等数字创意产品拥有广泛的用户基础，与百姓生活越来越密切，已经成为目前群众文化消费的主产品。同时，随着知识产权保护环境的改善和网络用户付费习惯的养成，数字创意产品的消费潜力和市场价值将得到进一步挖掘。

在2006—2016的10年间，我国网络核心版权产业行业规模从2006年的163.8亿元增长到2016年的5 086.9亿元，年增长率保持在30%以上，产业规模增长超过了30倍，形成了泛娱乐等跨界版权运营的独特商业模式，并且带动了智能硬件、线下IP授权开发等实体经济转型升级。通过对全国规模以上文化及相关产业5.2万家企业调查，2017年1季度，上述企业实现营业收入19 926亿元，比2016年同期增长11.0%。在文化及相关产业10个行业中，除广播电视电影服务业外，9个行业的营业收入均保持增长。其中，实现两位数以上增长的4个行业分别是：以“互联网+”为主要形式的文化信息传输服务业，营业收入1 506亿元、增长29.4%；文化休闲娱乐服务业，276亿元、增长16.8%；文化艺术服务业，76亿元、增长15.8%；文化用品的生产，7 733亿元、增长13.0%。

互联网络大电影大大降低了文化产业公众参与的门槛，以前不管是文学作品，还是电影、电视，门槛都比较高，都有专业化的分工，但是互联网的到来为大众创业、万众创新提供了巨大的机会。与传统文化企业相比，数字文化企业在技术、资金和体制机制等方面具有很大的优势，互联网极大地降低了文化生产和接受的门槛，解放了公众的文化创造力，扩大了公民的文化选择权，促进了文化民主，同时网络也为文化产品的传播和商业化提供了更加广阔的空间。大型文化企业尤其是影视娱乐企业，除收购海外资源外，还可以资本和市场为纽带，加深与全球知名企业的合作。更为重要的是，在全行业“泛娱乐战略”的基础上，以文化产业创新发展为基础，进一步提升“互联网+文化”的社会价值和文化价值，从而实现在互联网传播条件下，通过新的文化产品和服务，依托新的叙事模式，引导社会凝聚共识，提升文化竞争力和国家软实力。文化企业需要对研发、生产、经营、管理等环节进行全方位的改造，通过数字化方式，推动相关产业形态融合，从而创造出新产品、新服务、新业态。

七、文化企业无形资产价值释放

2016年7月1日起施行的《文化企业无形资产评估指导意见》，是我国首次针对具体企业类型的特定资产制定的评估准则。7月2日，十二届全国人大常委会第二十一次会议表决通过《中华人民共和国资产评估法》，中国资产评估行业迎来首部基本大法。这对于以轻资产运营为主的文化企业，通过相对合理的价值评估以缓解融资困境，通过无形资产的积累以提升核心竞争力从而谋求可持续发展，都具有积极意义，也有利于我国文化产业转型升级和跨越式发展。

文化企业拥有或控制的用于价值创造的主要资产形式是无形资产。由于文化企业自身及其生产经营对象的特点，众多学者将无形资产看作文化企业的核心资产。一些小微文化企业办公空间有限，几个人、几张桌子、几台电脑，但却拥有高额的无形资产和惊人的价值创造力。万达集团董事长王健林曾公开“叫板”上海迪士尼乐园，说“迪士尼完全是克隆以前的IP形象，克隆以前的产品，没有更多的创新”，意指迪士尼的无形资产价值不足以支撑其在中国市场的竞争。反思我国部分主题公园和文化产业园区的“山寨、圈地、烂尾”现象，可以更加确信文化企业生产经营所主要依托的是无形资产。

无形资产的概念虽然比较宽泛，但具体内容是清晰的，包括著作权、专利权、专有技术、商标专用权、销售网络、客户关系、特许经营权、合同权益、域名和商誉等。其中，著作权是最为主要的文化企业无形资产形式，又包括了复制权、发行权、出租权、展览权、表演权、放映权、广播权、信息网络传播权、摄制权、改编权、翻译权、汇编权以及著作权人享有的其他财产权利。销售网络，是体现文化产业跨界特征最为明显，也是文化企业经营特别倚重的一种无形资产。比如，万达集团在进入文化产业领域初期做的第一件事就是收购和建立电影院。这种行为契合万达集团资本扩张的发展战略和地产经营优势，也规避了试水新领域的潜在风险，最为重要的是通过控制电影放映环节的销售渠道来取得文化产业领域的话语权。近年来，很多电影制作企业非常注重与有实力的电影发行企业及电影院线建立战略联盟和多种形式的合作关系，积累的就是销售网络这种无形资产。还有很多文化企业专注于建设和运营自己的网站，加强与互联网企业的合作，同样是在提升自己销售网络的价值，以为企业创造更大的价值。客户关系也是文化企业重要的无形资产。粉丝经济是指借助明星、偶像和行业名人等所具有的号召力，建立在忠实粉丝关系之上的经营性行为。许多文化企业经营的就是粉丝经济，通过各种方式积累自己忠实的粉丝数量，提高粉丝黏性，当粉丝数量和关系达到预期，再把自己的产品推出来，由粉丝来为企业利润作贡献。客户关系这种无形资产，是文化企业经济收益的重要保障。文化企业无形资产当中需要重点理清的是合同权益。在《文化企业无形资产评估指导意见》发布之初，某媒体撰文称“范冰冰”们可以抵押了。文化企业无形资产指的不是明星个人，而是与明星相关的合同权益。拥有市场号召力的明星是文化产品和文化企业经济利益的保证，合同权益是可以作为质押品去融资的。除以上重点谈及的四种形式，无形资产所包括的其他内容对于不同的文化企业来说，都是能够持续发挥作用并为企业带来经济利益的资源。

文化企业无形资产的一些特征与其他类型企业无形资产的特征是完全一致的，比如非实物性、可辨识性、形式多样性①。另外，还有三个属于文化企业无形资产独有的特征：权属多元性、价值累积性、效益延展性。其中，效益延展性是文化企

① 张振鹏，张鲁秀，孙丽丽. 文化企业无形资产评估与文化产业发展[J]. 东岳论丛，2016，(7):188-192.

业无形资产独有的特征。文化企业追求社会效益和经济效益的统一，其文化产品所形成的社会效益是由内而外传导和波及的。文化产品是文化企业无形资产价值创造的成果，其蕴涵的是无形资产的核心内容，文化企业通过文化产品向外传播的实际上是其无形资产的衍生价值。

文化企业的快速成长离不开外部资金的支持，拥有好的内容、技术、产品、渠道、平台的文化企业更容易获得资金青睐。当前文化企业对接资本和金融的形式不仅限于政府的扶持资金、以银行为代表的传统金融机构、社会资本、产业资本。文化产业对接资本、对接金融方式的变化，意味着整个文化产业的生态也在发生变化。比如，艺术品及其衍生品从生产到销售，在互联网技术的推动下，不仅拓展了渠道和营销范围，也加快了流转的速度，并改变了交易方式，这让产品价值的实现有了更多的想象空间，对金融资本具有了更强的吸引力。文化企业输出精神产品、传播思想信息、承载文化使命，都有赖于无形资产所产生的社会效应，社会效应又可以反哺并不断累积无形资产，这是文化企业生存的基础，也是企业持续发展的关键所在。

2016年以来，文化产业的相关政策主基调是调整、扶持、引导并重，文化企业需要在文化供给提质增效、多领域深度融合、文化消费转型升级、对外文化服务贸易发展、数字文化产业崛起、无形资产价值释放六个方面把握发展机遇。但同时也要保持清醒的认识，政策是企业发展的关键性外部资源，但对企业竞争力的培育来说是把“双刃剑”。企业竞争力作为企业内生要素，受组织的内部需求、外部战略机遇和环境威胁等因素的驱动和影响，尤其是在新兴经济体，政府对某些资源和产业的控制使得能够获取资源或进入该产业成为企业成功的第一步。但是，政府对企业的过度保护会导致企业自身技术商业化能力难以形成，降低对外部竞争环境变化、竞争者行为、消费者需求变化等方面的敏感度。文化企业对政策过度依赖，管理者的注意力必然会由企业内部向外部转移，外部资源的整合利用可以暂时弥补企业发展资源的不足，但短期内并不足以提升企业能力。企业能力的提升是一个累积的过程，急功近利、贪大求全的思维对企业完善发展所需要的资源与能力都有害无益。文化企业发展不能单纯追求“数量”和“速度”，更应该关注“质量”和“结构”问题，粗放式增长方式在多个经济领域都已经被证明是不可持续的，因此文化企业应该制定长远发展战略，通过开发内生性增长方式来提升竞争力。

(撰稿人：张振鹏，济南大学)

第三章 “一带一路”与文化企业发展

- “一带一路”倡议的提出和实施为我国文化企业发展提供了伟大的历史机遇和广阔的发展平台。当前我国经济发展进入新常态，这既给文化产业发展带来机遇，也提出新的挑战。要实现文化产业成为国民经济支柱性产业的目标，必须抓住经济新常态的背景以及“一带一路”的发展机会，实现文化企业“走出去”。
- 在“一带一路”倡议以及我国文化产业不断发展的大环境大背景下，国家通过完善合作机制、拓展文化交流领域平台、加大资金人才的投入等措施，为文化企业的进一步发展和“走出去”提供了良好的政策支持，有利于文化企业顺应时代潮流，利用先进的技术结合其他新兴产业，在国际舞台上与各国各地区文化元素融合吸收，取长补短，使文化产业进一步焕发活力，带动地区文化经济共同繁荣，实现互利共赢。
- 借助于“一带一路”倡议的推进，文化企业和文化项目虽处于发展的初期阶段，但特色文化建设项目积极推进，相关的沟通交流合作机制基本健全，文化旅游业引领“一带一路”发展。
- 文化生产中的文化折扣问题、“一带一路”沿线国家文化交流的风险、文化企业自身理念的局限，已成为我国文化企业借势发展最为突出的问题。为此，政府要做到有效引导，降低文化折扣，文化企业要加强“一带一路”沿线市场及文化调研分析，积极主动进军“一带一路”沿线国家。

一、“一带一路”与文化企业发展背景[①]

2013年9月7日，习近平主席在哈萨克斯坦纳扎尔巴耶夫大学发表演讲，提出了共同建设“丝绸之路经济带”的畅想。同年10月3日，习近平主席在印度尼西亚国会发表演讲，提出共同建设“21世纪海上丝绸之路”。这二者共同构成了“一带一路”重大倡议。2017年5月“一带一路”国际合作高峰论坛在北京召开，有29位外国元首、政府首脑及联合国秘书长、红十字国际委员会主席等3位重要国际组织负责人出席高峰论坛，来自130多个国家的约1 500名各界贵宾作为正式代表出席论坛。“一带一路”倡议的提出和实施为我国文化企业发展提供了伟大的历史机遇和广阔的发展平台。

(一) 民心相通与文化先行的国家战略意义

1. 赋予丝绸之路全新的时代内涵是国家经济发展的必然结果

习近平主席提出的“一带一路”伟大构想，强调沿线各国要建立互利共赢的经济合作关系，在经济全球化的大背景下，实现共同发展。从中国经济发展的角度来看，“一带一路”这一重大倡议举措是实现“两个百年”奋斗目标的有力助推力量，可以有效冲破多边贸易的壁垒，实现全球范围内资源的合理配置，以包容的态度接纳开放的经济格局，迎接来自全球范围内的挑战。

(1) 历久弥新的丝绸之路精神

华夏大国自古以来便是世界上重要的经济强国。为了开疆扩土，远扬国威，中国自汉唐时期就开始积极地同世界各国进行贸易往来和文化交流，这条贸易的通路又被称为丝绸之路。

狭义的丝绸之路一般指陆上丝绸之路，广义上讲又分为陆上丝绸之路和海上丝绸之路。“陆上丝绸之路”起源于汉武帝派张骞出使西域时的路线，形成其基本干道。它以西汉首都长安(今陕西省西安市)为起点，东汉时以都城洛阳为起点，经河西走廊到达西域。它的最初作用是运输中国古代出产的丝绸，而后瓷器、茶叶等各种华夏特产通过丝绸之路远渡重洋，流传到世界各地。“海上丝绸之路”是指古代

① 山东省社科规划项目“文化旅游与体育产业融合发展的内在机理与具体路径研究”(16CLYJ18)的阶段性研究成果。

中国与外国交通贸易和文化交往的海上通道，该路主要以南海为中心，所以又称南海丝绸之路。海上丝绸之路形成于秦汉时期，发展于三国至隋朝时期，繁荣于唐宋时期，转变于明清时期，是已知的最为古老的海上航线。[①]

古代丝绸之路是一条贸易之路，更是一条友谊之路。在中华民族同其他民族的友好交往中，逐步形成了以和平合作、开放包容、互学互鉴、互利共赢为特征的丝绸之路精神。“一带一路”倡议，唤起了沿线国家的历史记忆，在新的历史条件下，我们提出“一带一路”倡议，就是要继承和发扬丝绸之路精神，把我国发展同沿线国家发展结合起来，把中国梦同沿线各国人民的梦想结合起来，赋予古代丝绸之路以全新的时代内涵。

(2)“一带一路”倡议的经济意义

目前，中国在世界经济格局中扮演着越来越重要的角色，世界各国也见证了中国的崛起和发展：2009年，中国成为世界第一出口大国；2010年，中国的GDP规模首次超过日本，成为世界上第二大经济体；2012年，中国的对外贸易总额达3.87万亿美元，成为世界第一大对外贸易体……中国一次又一次地向全世界递交优异的答卷。毫无疑问，中国在不断地融入全球的经济，愈发依赖国际经济形势，“一带一路”倡议具有深远的经济含义。

① 中国经济发展的强劲动力

之前中国的经济发展主要依赖重工业和制造业，导致中国现在面临着一个严峻而现实的问题——“产能过剩”。产业结构重塑、构建新的产业链条和“去产能化”是迫在眉睫的改革要求。正所谓“树大招风”，随着经济发展和国力的与日俱增，与中国有关的贸易纠纷和地区冲突也日益增多。从近些年来国际政治局势便可以看出，以美国为代表的西方强国，以印度和菲律宾为代表的沿海邻国，都在竞争和合作中对中国的崛起保持高度的警惕，甚至进行战略围堵，形成沿海战略包围圈。“钓鱼岛事件”“南海争端”“萨德部署”从某种程度上都可以被定性为列强的“挑衅”行为。在严峻的国际政治形势下，中国如何获得后续发展的强劲动力？“一带一路”倡议可以说是明智有效的选择：既可以合纵连横，实现经济的共同繁荣，又可以分散国际霸权势力，实现有效压制。

② 加强国际合作的重要途径

近代中国尝尽了“闭关锁国”的苦头，自改革开放以来，十分重视与世界各国的合作。2001年中国加入WTO，积极降低对外贸易的门槛；同年6月与俄罗斯、中

① 孟凡人. 丝绸之路史话[M]. 北京：社会科学文献出版，2011:58.

亚国家成立上海合作组织，与中亚国家的双边贸易呈现快速增长的态势；2013年10月2日，习近平主席提出筹建亚洲基础设施投资银行(Asian Infrastructure Investment Bank，AIIB，简称“亚投行”)的倡议，2015年12月25日，亚洲基础设施投资银行正式成立，这一举措极大地推进了亚洲区域的建设互联互通化和经济一体化的进程，并且加强了中国及其他亚洲国家和地区的合作，是首个由中国倡议设立的多边金融机构。

“一带一路”概念的重提可以加强中国同沿线各国的经济、政治、文化合作，是加强国家合作的重要途径。

③ 成效惠及沿线各国，欢迎搭乘中国经济发展的“顺风车”

由于交通闭塞和长期战乱的原因，中亚地区经济发展水平相对来说低于世界其他各国，基础设施建设也相对落后。政治局势动荡，武装冲突，严重制约了中亚各国的发展。得天独厚的丰富矿产能源，倘若加上配套的工业设施和独立的生产技术，必将极大改善当地的经济条件。

自“一带一路”这一倡议落实以来，3年之内，已经有100多个国家和国际组织积极响应支持，40多个国家和国际组织同中国签署合作协议，“一带一路”的“朋友圈”正在不断扩大。中国企业对沿线国家投资达到500多亿美元，一系列重大项目落地开花，带动了各国经济发展，创造了大量就业机会。[①]“一带一路”倡议来自中国，但成效惠及世界。中国将“先富带动后富”的理念推向了世界。

2. 民心相通是“一带一路”建设的人文基础

“一带一路”的建设并不是一蹴而就的，其面临着多方压力和多重障碍。需要一个良性的渐进过程，其中民心相通是“一带一路”建设的人文基础，也是“一带一路”建设的开拓性任务。

(1) 不同民族、不同文化要“交而通”

“一带一路”建设，倡导不同民族、不同文化要“交而通”，而不是“交而恶”，彼此要多拆墙、少筑墙，把对话当作“黄金法则”用起来，大家一起做有来有往的邻居。“一带一路”延伸之处，是人文交流聚集活跃之地。民心交融要绵绵用力，久久为功。

“交而通”是“一带一路”建设的目标，也是初衷。“通”是多层次的概念，不只是经济上的合作，更是文化的交融，政治的合作，民心的互通。各国之间的良性沟通、良性互动才是多方共赢的前提。

① 李贞. 习近平谈“一带一路”[N]. 人民日报海外版，2017-04-12.

(2) 民心相通是“五通”建设的最大挑战

习近平主席多次强调要加强政策沟通、道路联通、贸易畅通、货币流通和民心相通。“五通”建设也是“一带一路”建设的主要内容，其中民心相通是“五通”建设的最大挑战。

对外而言，丝绸之路沿线的多民族多国家决定了其文化、文明的多样性；对内而言，中国是一个多民族国家，多半的少数民族和跨境民族都分布在丝绸之路经济带沿线上。与此同时，一些极端民族主义、暴力恐怖活动增加了丝绸之路沿线环境的复杂性。

不同的国家制度决定了不同的意识形态，也带来了宗教问题，宗教对文化起着支配作用。仅仅依靠政治外交是很难将“一带一路”深入推进到沿线的各国当中，让国民敞开胸怀地接纳和包容的。2014年3月27日，习近平主席在巴黎联合国教科文组织总部发表演讲中也强调了文化的多样性。

人是有思想的社会个体，依靠自己的意识支配自己的行动。态度迥异、意识相悖的个体是不可能为了共同的目标而努力的。以开放包容的态度，将不同的行为模式、不同的政治立场、不同的文化背景、不同的利益诉求有机融合、求同存异，是“一带一路”倡议需要解决的难题。

3. 文化先行是民心相通的“敲门砖”

“一带一路”不仅仅是一个经济概念，要想实现“民心相通”的目标，需将文化先行作为建设的内核。

(1) 文化先行是破除国界壁垒的利刃

中国古代的哲人曾说“文以载道”，其中的道不仅仅是志向理想，更是万事万物生存发展的规律。文化是根基，是一个国家民族安身立命的灵魂。在当今的国际竞争中，文化与经济、政治等要素交相融合，发挥着越来越重要的作用。中国作为现存的历史文明古国，具有厚重的文化色彩和清晰的华夏文明的烙印，这在思维方式、语言、价值取向、意识形态等诸多方面都有体现。

“一带一路”倡议的提出是想借助古代丝绸之路的历史资源，同沿线各国发展合作关系，共同打造政治互信、经济互融、文化包容的利益共同体。因此以文化作为“敲门砖”，敲开国界壁垒，可以为“一带一路”建设扫清大部分障碍。

(2) 文化先行是经济合作的“润滑油”

文化先行是要求文化传播走在经济发展的前面。古代丝绸之路的传播具有时间和空间的局限性，驼铃声传到哪里，哪里就是边界。随着互联网技术的日新月异，互联网思维席卷全球，对世界经济体制和各国的经济发展模式产生了巨大的冲击。不同的文化对这种冲击的包容度是各不相同的，倘若能以更加开放、包容的态度对待这种转变，那么经济体制的改革速度就会大大提升。

文化先行不仅仅讲求传播的速度，更注重文化的内涵和形式。“一带一路”文化的传播与合作交流的精髓在于发掘、弘扬和传播面向未来的丝路文明。[①]以文化作为经济发展的重要抓手，作为经济合作的“润滑油”，做到良性发展。

（二）文化企业走出去的产业阶段特征

2013年9月，习近平主席提出“一带一路”这一倡议，是在政治、经济、文化等多个层面上引领新一轮的开放合作，而发展文化产业是实施“一带一路”的重要切入点之一。“一带一路”倡议的提出有利于文化产业走出去，推进文化产业区域协作，促进文化产业发展。显然，“走出去”已成为经济新常态下文化企业适应时代发展的必然要求。

当前我国经济发展进入新常态，这既给文化产业发展带来机遇，也提出新的挑战。要实现文化产业成为国民经济支柱性产业的目标，必须抓住经济新常态的背景以及“一带一路”的发展机会，实现文化企业“走出去”。在思想理论层面，要深刻反思目前我国文化产业存在的问题，客观评价文化产业发展的实践，正确认识文化产业在新常态发展中的地位作用；在实践层面，要优化文化产业发展环境，调整转变文化产业发展方式和结构，构建现代文化市场体系，大力推动文化产业“走出去”。

1. 经济新常态背景下文化产业成为国民经济新的增长点

从2004年国家统计局制定发布《文化及相关产业分类》以来，10年间，中国文化产业保持了快速发展的态势。近年来，在全球金融危机和我国宏观经济面临下行压力的背景下，文化产业的发展速度仍然保持了高于全行业国民经济的增长速度。新形势从速度、结构、动力机制等方面对文化产业发展提出了新要求：要求加快转变文化产业发展方式，体现在不能单纯追求发展速度、规模，要把质量、效益、社会责任放在更加突出的位置；要求文化产业适应消费需求升级，深入研究消费的结构变化，加快传统文化产业改造提升，大力培育新兴文化业态；要求文化产业转变动力机制，更多依靠创新创意驱动，推进文化产业与相关产业深度融合，使文化产业担当起新常态下新增长点的作用，同时又要拓展文化产业的价值传播担当，在中

① 隗斌贤.“一带一路”背景下文化传播与交流合作战略及其对策[J]. 浙江学刊， 2016，(2).

国特色社会主义五位一体建设总体布局中发挥更大作用。[①]

根据国家统计局统计的数据，2015年，全国文化及相关产业增加值27 235亿元，比2014年名义增长11%，比同期GDP名义增速高4.6个百分点，在2014年增长12.2%的基础上继续保持两位数增长，同时增速远高于同期GDP增长，呈快速增长态势；2015年文化及相关产业对GDP增量的贡献达6.5%，比2014年提高1个百分点，文化产业发展活力突显，已成为当前经济增长的亮点之一；2015年文化产业增加值占GDP的比重为3.97%，比2014年提高0.16个百分点，达到历史新高，近年来呈稳步提升态势，在推动经济发展、优化产业结构中发挥着越来越重要的作用。[②]显然，文化产业已在经济新常态下成为国民经济新的增长点。

2. 文化产业自身面临着转型提质、“走出去”的阶段特点

当前我国经济发展进入新常态，增速放缓，结构调整显得越来越重要。从经济的角度来讲，当前我国最需要解决的问题，就是经济的可持续发展。经济可持续发展要解决两个问题：一是产能过剩，二是同质化竞争。解决这两个问题的实质是要提高经济发展的质量，从以数量为主转变为以质量为主。文化产业也要解决这两个问题，也要提升质量。目前文化产业跟整体的经济格局是一样的，需要走入一个以质量发展为主的新阶段。另外，尽管全球文化产业领域的经济蛋糕很大，但由于我国文化产业发展较晚，并且发展方式和市场并不完善，我国在国际文化产业领域中的份额并不高，因此，我国文化产业面临着“走出去”的挑战。

3. 文化贸易逆差现象严峻

文化产品贸易的水平高低直接影响着一个国家在国际舞台上的影响力，要想获得国际社会的话语权，扩大文化在全球的影响力甚为关键。因此，大力发展文化贸易，提升文化产品贸易的国际竞争力是缩小国际贸易逆差的根本出路。从表3-1中我们可以看出，近些年，我国5个主要文化产品(图书、期刊、报纸、录音像制品及电子出版物)的总贸易额表现出上升趋势，从2011年到2015年，总贸易额增长30.5%。但是，我国文化产品的对外贸易始终处于贸易逆差状态，并且文化产品贸易逆差呈现出不断上升趋势，从2011年到2015年，5个主要文化产品的贸易逆差增加26.8%。这些数据反映出，中国的文化产品正在积极地践行“引进来”“走出去”的对外开

① 石建平. 经济新常态下重构我国文化产业发展体系的战略思考[J]. 福建论坛(人文社会科学版)，2015，(10):5-14.

② 国家统计局. 国家统计局社科文司高级统计师殷国俊解读2015年及2016年上半年全国文化及相关产业有关数据[EB/OL]. [2016-09-02]. http://www.stats.gov.cn/tjsj/sjjd/201609/t20160902_1395871.html.

放政策，但是中国文化产品的国际竞争力当前还处于弱势地位，缺乏核心产品和高附加值产品，进而使得中国文化产品的对外贸易处于逆差锁定状态，即贸易越发展，逆差越严重。

表3-1　中国主要文化产品2011—2015年进出口情况(单位：万美元)

文化产品	贸易额	2011年	2012年	2013年	2014年	2015年
图书、期刊、报纸	出口	3 906	7 283	6 012	5 650	5 727
	进口	28 373	30 122	28 049	28 382	30 558
	净贸易	−24 467	−22 839	−22 037	−22 732	−24 831
音像、电子出版物	出口	35	2 192	122	156	137
	进口	14 135	16 686	20 022	21 000	24 208
	净贸易	−14 100	−14 494	−19 900	−20 844	−24 071
总计	出口	3 941	9 475	6 134	5 806	5 864
	进口	42 508	46 808	48 071	49 382	54 766
	净贸易	−38 567	−37 333	−41 937	−43 576	−48 902

数据来源：中华人民共和国国家统计局

造成我国文化贸易逆差严重的其中一个原因，是“文化折扣”[①]问题。当文化产品的输出国和输入国之间的文化背景差异很大时，“文化折扣”就会非常显著，进而导致文化产品的输出国在国际贸易中处于劣势地位。由于东西方国家在价值观、世界观、人生观上有很大区别，如果不能正视这种区别，文化产品中意识形态性、历史性与民族性的东西不能巧妙叙述和表达，就会导致中国文化产品文化折扣较大，阻碍中国文化产品出口贸易的发展。由于“文化折扣”的存在，国外消费者对中国文化难以理解和接受，因而国外消费者对目前中国文化产品并不认同和理解，使得中国文化产品在国际贸易中出口受阻。

因此，要改变中国文化产品的比较劣势地位，扭转贸易逆差，必须让中国文化“走出去”“走进去”，逐步缩小“文化折扣”，提高国外消费者对中国文化产品的认知程度和偏好程度。

4. 古代丝绸之路为文化企业在“一带一路”沿线国家开展文化贸易提供基础心理结构

丝绸之路起于中国，使中国与西亚、非洲和欧洲得以连接，自古以来即是东方和西方经济、文化交流的主要道路。两千多年前中国汉代的张骞出使西域，开辟了

① 文化折扣，亦称“文化贴现”。指因文化背景差异，国际市场中的文化产品不被其他地区受众认同或理解而导致其价值的减低。

横贯东西“连接欧亚的古丝绸之路”，其目的是联合西域国家共同夹击匈奴。与此同时，以政治、军事目的带动经济、商品的交流，中国的瓷器、茶叶、丝绸等资源被输送至中亚和西方，进一步形成了以贸易货物为载体的文化交流的格局。以“经济搭台”为“文化唱戏”，以商品贸易为文化的载体，使东西方文化得以交融，体现了友好与合作。

与此同时，古代丝绸之路形成了“和平、合作、和谐”精神，体现了人类的共同价值观，是人类的宝贵文化遗产。这与西方殖民主义者通过血与火的宗教东征和殖民战争所开辟的掠夺、奴役、压迫之路完全不同，与霸权国家所力推的以控制他国经济命脉、改变他国政治制度为深层目的的类似计划也有着本质的区别。并且，古代丝绸之路凝结了沿线沿岸国家共同的历史记忆和文化符号，这为文化企业在一带一路沿线国家开展文化贸易提供基础心理结构。而“一带一路”可以促进沿线各民族的文化交流，增强民族国家的文化认同；丝绸之路文化产业带可以加强国家文化软实力，促进中国文化“走出去”。

(三)“一带一路”与文化发展利好政策

文化，是“一带一路”建设的“灵魂”。从长远来看，坚持文化先行，加快“一带一路”文化建设，对进一步深化与沿线国家的文化交流与合作，推动“一带一路”，实现共同发展具有重要意义。近年来，我国积极推进文化关键领域和重点环节改革，文化贸易总量保持快速增长态势，文化产业“走出去”取得新进展。在此情况下制定的相关利好政策为文化企业发展提供了良好背景，构建了重要平台。

1.“一带一路”中文化发展的先行意义

在“一带一路”建设中，文化是促进各国各地区之间互信互利、合作共赢的桥梁和纽带，具有重要意义，不仅有利于挖掘我国的优秀文化资源，促进文化产业的发展，而且能够继承我国优秀的传统文化，推动中华文化走向世界，增强中华文化国际影响力。文化的影响力超越时空，跨越国界，不同文明之间的交流互鉴，是当今世界文化发展繁荣的主要渠道，也是世界文明日益多元、相互包容的时代标签。而“一带一路”正是沿线国家不同文化深入交流的融合剂，一方面将继续推动东西方文化往来，另一方面，也将为区域文化发展提供重要支撑，完善交流与合作机制，增强互信，建立共同参与、共同受益的文化平台，进行文化资源跨境整合，形成开放的国际文化市场，实现世界范围内和谐共融的文化发展新图景。另外，文化与经济、政治相互影响，相互交融，文化交流是经贸等领域合作的“软支撑”，坚持文化先行①，树立文化引领经济的高度自觉，有利于进一步深化与沿线国家在经贸、投资等方面的交流合作，实现区域间共同发展。

2. 文化产业自身发展特征的现实需求

近年来，我国积极推进文化关键领域和重点环节改革，积极发挥市场在文化资源配置中的积极作用，取得了初步成效，文化产业的发展呈现出市场化主体渐趋明朗，进入快速发展轨道、产业结构不断优化，对外文化贸易规模不断扩大、合作领域不断扩展等特征。文化产业在国家“十三五”国民经济发展规划中被明确为支柱性产业，将呈现出以下发展趋势：

(1) 文化与相关产业的融合发展将进一步深化

以移动互联网为代表的新一代信息技术已经渗透文化创意产品的创作、生产、传播、消费等各个层面和关键环节，成为文化创意产业发展的核心支撑和重要引擎。文化和旅游业的融合也发展迅猛。2010年开始，文化部、国家旅游局每4年推出一个中国文化旅游主题年，每2年举办一届中国国际文化旅游节。每2年公布8至10个地方文化旅游节庆活动扶持名录，并通过联合举办、政策优惠、资金补贴等多种方式进行支持。“文化+旅游+地产”的文化旅游产业园区则成为近年来主题地产开发的热点。

(2) 结构不断优化，文化服务业在文化产业中所占比重将明显提升

“十三五”期间，我国经济结构将进一步优化，文化产业将发挥更加重要的作用。从宏观经济层面来看，文化产业总量的增长将推动我国经济的转型升级发展，既能促进现代服务业发展，也有助于通过文化提升传统产业的附加价值；从文化产业自身的发展来看，文化产业自身的产业结构也将发生较为明显的变化，文化制造业的比重将逐步降低，文化服务业的比重将明显提升。

(3) 文化产业将成为我国国民经济的重要增长点

受内外部环境、发展阶段变化等因素的影响，我国国民经济从高速增长换挡到中高速增长，逐步进入经济发展新常态。以技术进步和创意创新为核心、以消费为导向的产业类型有望成为新常态时期我国重要的经济增长点。而文化产业是这类产业中的典型，不仅可以提高消费中的文化含量，推动消费方式转变和消费结构升级，还能有效带动第一、二、三产业协同发展，并依赖知识、技术、智力、创意、版权、商业模式等再生性资源和轻资产，减轻经济发展对生态

---

① 蔡武. 坚持文化先行建设“一带一路”[J]. 求是，2014，(9):44-46.

环境的压力。

（三）文化企业相关利好政策

根据“创新、协调、绿色、开放、共享”五大发展理念，文化及相关产业本身就被视为优化经济增长方式、转变经济结构的重要战略性产业而获得优先和重点发展政策支持。文化部颁布的《文化部“一带一路”文化发展行动计划(2016—2020年)》以政府主导、开放包容，交融互鉴、创新发展，市场引导、互利共赢为基本原则，旨在实现文化合作交流机制的完善、文化交流合作平台的形成、文化交流合作品牌效应的显现以及对外贸易规模的扩大。在此基础上出台的相关政策将积极推动“一带一路”沿线国家和地区积极参与文化交流与合作，促进文明互鉴，从而进一步助力我国文化企业的发展，提高竞争力和国际影响力。

1. 健全文化交流合作机制

积极与“一带一路”沿线国家和地区签署政府间文件，深化人文合作委员会、文化联委会等合作机制，加强上海合作组织成员国文化部长会晤、中阿文化部长论坛等高级别文化磋商，推动成立“丝绸之路国际剧院联盟”“丝绸之路国际图书馆联盟”“丝绸之路国际艺术节联盟”等。同时在国内，完善部省合作机制，鼓励各省区市在文化交流、遗产保护、文化旅游等领域开展区域性合作，共同研究制订中长期合作计划，在项目审批、人才、技术和资金等方面相互支持，有利于文化企业成本的节约，使得文化交流在节约资金、人才以及资源中进行。

2. 完善“一带一路”交流合作平台

制订“一带一路”文化交流合作平台建设计划，将“中国新疆国际民族舞蹈节”“丝绸之路国际艺术节”“中国海洋国际文化节”等活动打造成国际交流合作平台。鼓励中国—亚欧博览会、中国东盟博览会等综合性平台设立“一带一路”文化交流板块，为文化企业的发展提供更为广阔的舞台，有利于文化企业博采众长，焕发新的活力。

3. 打造“一带一路”文化交流品牌

打造“丝绸之路文化之旅”“丝绸之路文化使者”计划，联合“一带一路”沿线国家和地区开发文化旅游精品线路，同时共同遴选文化使者，通过对智库学者、汉学家以及青年人才的培养，促进思想文化交流，支持文化机构在戏剧、音乐、舞蹈等领域开展联合创作。有利于文化企业发挥良好的品牌效应，吸引更多关注，实现自身发展的同时带动“一带一路”沿线经济贸易等领域的共同发展。

4. 推动"一带一路"文化产业繁荣发展

以文化旅游、演艺娱乐、工艺美术、创意设计、数字文化为重点领域，支持地域特色和民族特色的文化产业项目。鼓励文化企业跨区域经营，推动动漫游戏产业面向"一带一路"发展，顺应"互联网+"趋势，推进互联网与文化产业融合发展，推进文博产业发展，提高"一带一路"文化遗产与旅游、出版、游戏、动漫等产业结合度，促进文物资源、创意人才和新技术的结合，使文化企业发展顺应时代潮流，与时俱进，不断创新。

5. 加强"一带一路"文化贸易合作

扶持外向型骨干文化企业与"一带一路"沿线国家和地区围绕重点领域开展项目合作，开展1 000人次文化贸易经理人、创意策划人和经营管理人才的互访。在国内举办的国际文化会展推出"一带一路"专馆或专区，支持国内文化企业参加国际会展，推动文化企业走出去，扩大国际影响力。

以上政策不仅有人才、资金、法规和组织的保障，还要通过建立"一带一路"文化发展重点项目库，定期对落实情况进行检查、评估和总结，并宣传推广先进经验和有效做法。

由此可见，在"一带一路"倡议以及我国文化产业不断发展的大环境大背景下，国家通过完善合作机制、拓展文化交流领域平台、加大资金人才的投入等措施，为文化企业的进一步发展和走出去提供了良好的政策支持，有利于文化企业顺应时代潮流，利用先进的技术结合其他新兴产业，在国际舞台上与各国各地区文化元素融合吸收，取长补短，使文化产业进一步焕发活力，带动地区文化经济共同繁荣，实现互利共赢。

二、"一带一路"背景下文化企业的机遇与挑战

借助于"一带一路"的东风，文化企业的发展迎来了许多新的发展机遇，但同时也给文化企业带来了挑战。对于文化企业来说，在"一带一路"大背景之下的机遇与挑战并存。

（一）文化企业发展面临的机遇

随着我国社会经济的发展，文化企业的发展越来越受到重视。我们都知道文化的影响力是巨大的，它可以不受时空的界限，我国文化企业的发展也需要不断交流

传播寻求创新和突破，尤其是在“一带一路”倡议实施的背景下，国家在各个方面为企业的发展创造了良好的条件，文化企业将面临许多新的发展机遇。

1. 外向型文化企业的借势发展

外向型文化企业是相对于内向型文化企业而言的，它是以国际文化市场中的消费者为主要交易对象，提供以知识产权为核心价值的文化产品与服务，在国际竞争环境中参与文化资源及生产要素配置的一类企业。“一带一路”倡议的实施在很大程度上加大了我国对外开放的力度，为我国文化企业与国外企业的交流提供了更加便利的条件，对于外向型文化企业来说这无疑是进一步拓展海外业务的最佳时机。“一带一路”倡议实施的范围广泛，外向型文化企业可以根据自己的企业文化以及规划的未来发展的方向，积极寻求与沿线国家文化企业的交流与合作，利用各国之间不同的文化体来带动大众的消费需求，利用便利的交通运输条件实现物质的流转，不断与其他国家文化企业进行创新交融，为我国文化企业不断注入发展的新活力。

2. 国际合作网络得以不断拓展

当今的世界是开放的世界，经济全球化的趋势不断加深，为了能更好地适应复杂变化的国际格局，应对全球化对我国经济发展带来的影响，我们提出了“一带一路”倡议。这一倡议共涉及60多个国家，44亿人口，在国内几乎涵盖了所有地区，覆盖范围非常广阔，并且围绕演艺、电影、电视、广播、音乐、动漫、游戏、游艺、数字文化、创意设计、文化科技装备、艺术品及授权产品等领域，开拓完善国际合作渠道，使更多的文化企业能够在国际市场中找到合作与交流的伙伴，拓宽国际业务。例如，南京市图书馆、博物院等文化机构已经开发了大批文化产品，并与“一带一路”沿线国家的相关文化机构建立了稳定的交流合作机制，文化交流步入常态化。截至目前，中国与“一带一路”沿线22个国家和地区签署了本币互换协议，总额达9 822亿元人民币，这为我们境外进行人民币业务提供了服务支持。与此同时，文化企业可以选择性地在“一带一路”沿线国家和地区进行投资，推广我们的民族文化品牌，鼓励国有企业及社会资本参与“一带一路”文化贸易，带动文化生产与消费良性互动。

3. 沿线国家签署的利好文化政策

良好的文化政策是推动文化企业发展的动力，能够从外部带动企业自主发展的积极性，为经济发展塑造一个优越的外部环境。自“一带一路”倡议实施以来，我们已经形成了深刻而广泛的国际合作意识，三年多以来国际合作不断升温，截至

2016年底，全世界已有100多个国家表达了对共建“一带一路”倡议的支持和参与意愿，中国与有关国家和国际组织签署了近50份共建“一带一路”的合作协议，这些协议涵盖金融、经贸、科技、社会、人文社会民生等多个合作领域。同时，为了进一步贯彻落实“一带一路”的愿景与行动，加强与“一带一路”沿线国家和地区的文明互鉴与民心相通，切实推动文化交流、文化传播、文化贸易创新发展，我国文化部颁布了《文化部“一带一路”文化发展行动计划(2016—2020年)》，提出“丝绸之路文化产业带”建设计划，鼓励国内“一带一路”沿线文化企业跨区域经营，实现文化旅游互为目的地和客源地，建设具有代表性的特色文化产品生产和销售基地。这一系列政府签订的协议，都将给我国文化企业的发展带来前所未有的机遇。

4. 为企业发展提供资金人才支持

在新世纪的今天，创新是企业发展的动力，无论在哪个领域，人才培养的重要性是愈加凸显的，尤其是在国际和国内竞争异常激烈的情况下，任何企业只有拥有充足的人才储备，才能保证在激烈的竞争中永葆活力，为经济的发展提供源源不断的前进动力。也正因如此，在我国“一带一路”倡议实施以后，在未来很长的一段时间内必定会有大量的外国企业与投资者入驻国内，这将在一定程度上促进企业之间的跨国交流，同时要求企业招募大量懂得异地文化的跨国人才，企业也可以以此为契机，利用优厚的待遇条件留住大量高端人才，为今后企业的进一步发展储备足够的人才。另外，习近平总书记提出要投资大概1 000亿人民币的专项资金用来扶持我国文化产业，这将为我国文化产业的发展打下坚实的物质基础。其次，“一带一路”倡议实施之后也会极大程度上推动旅游业的发展，许多外国投资者会被吸引来到中国进行投资，各企业可以利用政府的优惠政策，利用有利的投资融资环境，尽可能地吸入更多的外国投资者，获得足够的资金支持。

（二）文化企业发展遭遇的挑战

在世界逐渐融合的大背景下，“一带一路”可以有效促进中国文化产业发展，使企业走上国际化道路，同时也将带动沿线国家的共同繁荣。但是在其发展过程中，机遇和挑战并重，当我们看到其无限机遇的同时，也要谨慎对待其可能遭遇的挑战。以下是文化企业在“一带一路”中可能面临的挑战。

1. 政治风险

“一带一路”倡议潜存的政治风险可以分为以下三种。

(1) 国家安全问题和政局动荡

虽然世界和平一直是各国所强调的，但是战争仍然存在于部分国家。因此，在“一带一路”的政策贯彻中，由于沿线国家具有复杂的国情，有的国家政治更迭频繁，因此导致政策相对不稳定，有些国家时常发生国际恐怖、民族分立、宗教极端等事件，其带来的破坏性和突发性以及不可预见性都将或多或少给企业造成直接或间接的生命以及财产安全问题，导致项目损失、搁浅或被迫终止。这将会一方面导致项目损失，另一方面导致前期运营资金的付诸东流，给中国企业在海外投资造成不利影响。

(2) 利益冲突

在经济复杂的关系网上，利益冲突往往在所难免。比如美国颁布的“亚太再平衡”战略，与“一带一路”倡议构成竞争关系，如何应对此问题事关重大。

(3) 法律政策问题

“一带一路”沿线国家法律体系网十分复杂且庞大，有大陆法系、英美法系以及伊斯兰法系等，因此难以短时间了解完整。若中国企业“走出去”时，对投资地的法律、税务等不熟悉，会发生一定纠纷从而使项目无法顺利进行，给企业造成一定的困扰和风险。此外，法律体系不够完善的发展中国家，政策的变化波动性极高，这将大大增加企业的投资风险。有些国家甚至可能以所谓的安全原因，或者以“对公共利益有重大影响”以及垄断、倾销、补贴为由，阻止或妨碍中国企业及其产品的进入。

2. 经济风险

“一带一路”是中国运用自身的产能优势、技术与资金优势、经验与模式优势，将其转化为市场与合作优势，实行全方位开放的一大创新。通过“一带一路”建设共同分享中国改革发展红利、中国发展的经验和教训，推动沿线国家间实现合作与对话，建立更加平等均衡的新型全球发展伙伴关系，夯实世界经济长期稳定发展的基础。

但是，不可否认的是在经济发展的同时，也不可避免存在着众多的经济风险，因此，我们要谨慎对待其潜在的风险，巧妙处理，切记勿掉以轻心，使全部努力化为乌有。以下是在“一带一路”中存在的潜在的经济风险。

(1) 违约风险

在实行“一带一路”项目的过程中，耗资巨大，因此资金问题尤其突出。而“一带一路”项目涉及的沿线国家有约65个，各国的经济发展水平各不相同，有很大的差异，且沿线国的投资环境亦参差不齐。因此，无论是投资基础设施还是第二产业，投资回报率都可能是个问题。

(2) 沿线国家投资环境

在“一带一路”环境下，各个国家处在一个庞大的国际金融市场，因此利率和汇率等风险要素的波动将对企业的业务展开和经营产生直接的影响；同时，各个沿线国家区域发展水平不相同，有的区域发展整体水平和市场水平比较低，对项目推动发展具有阻碍性；此外，有些国家实行政策保护，国有化程度高，征收税率高，通货膨胀严重，经济结构单一，整个金融发展体系偏低，将不利于项目的顺利进行。

三、“一带一路”与文化企业发展现状

当前借助于“一带一路”倡议的推进，文化企业和文化项目虽处于发展的初期阶段，但特色文化建设项目积极推进，相关的沟通交流合作机制基本健全。在“一带一路”中文化旅游业引领文化企业发展，“一带一路”合作主要集中于亚洲地区，文化行业及地区分布不均衡。

(一) 特色文化项目建设积极推进

在“一带一路”的利好背景下，文化企业特色项目特别是西部地区特色文化产品积极推进，加快走出去步伐。尤其是在特色文化项目、演艺文化等方面，有很多文化企业积累了丰富的对外交流经验和资源，与“一带一路”沿线国家对外交流取得重大成果。作为云南省的首个对外驻场演出项目《吴哥的微笑》，该演出在柬埔寨受到极大的欢迎。此外在“一带一路”大背景之下，拥有十多个跨境民族的云南特色文化产业产品也积极融入“一带一路”建设当中。如云南特色刺绣产业中的“圆角刺绣”创新性地与泰国和缅甸等东南亚国家的刺绣造型图案设计等进行融合，因此产品畅销东南亚国家。当前很多文化企业针对“一带一路”当中的优势项目，积极通过联合调查、技术和资源共享等方式创造特色产品，与“一带一路”沿线国家和民族特色进行创新性的设计和融合，积极推进特色文化项目建设“走出去”的步伐。

(二) 沟通交流合作平台落地生根

为积极推动文化企业、文化项目等走入“一带一路”国家和“一带一路”国家的文化企业、文化项目走入我国，国家和地方层面纷纷搭建交流合作平台，目前已在不同领域、不同层次搭建了多个平台。2017年5月“一带一路”国际合作高峰论坛在北京举办。“一带一路”国际合作高峰论坛是各方共商、共建“一带一路”，共享互利合作成果的国际盛会，也是加强国际合作、对接彼此发展战略的重要合作平台。“一带一路”国际合作高峰论坛成果清单主要涵盖政策沟通、设施联通、贸易畅通、资金融通、民心相通5大类，共76大项、270多项具体成果。“一带一路”建设，既需要经贸合作的“硬”支撑，也离不开文化交流的“软”助力，为此我国几大文博会也专门开设“一带一路”相关展区，助力与“一带一路”沿线国家和地区文化企业、文化项目沟通交流。如深圳文博会从第十一届文博会新设丝绸之路馆，到2017年第十三届文博会将“一带一路”馆升级为“一带一路•国际”馆，观众不仅可以领略到“一带一路”沿线国家和地区的传统手工艺、非物质文化遗产、传统演艺等文化项目，而且更多的中国文化企业和项目也通过文博会的平台实现了“走出去”。

除借助于其他平台之外，以“一带一路”为主题的文化交流平台也顺势兴办。2016年1月首届“一带一路”沿线国家商品展览会在兰州开幕。2006年9月，首届丝绸之路(敦煌)国际文化博览会开幕，有86个国家、5个国际和地区组织的1 500多位代表参加。丝绸之路(敦煌)国际文化博览会是以“一带一路”国际文化交流为主题的综合性博览会，是“一带一路”建设的重要载体和抓手，更是我国文化企业和文化项目对外交流的重要平台。

(三) 文化行业及地区分布不均衡

从文化行业来说，“一带一路”背景下文化旅游业发展更为突出。世界上80%的世界文化遗产主要集中于丝绸之路沿线国家，因此丝绸之路也被人们称为“世界最精华旅游资源的汇集之路”，而且丝绸之路沿线汇集众多人口，旅游业发展潜力巨大，充满活力。从区域分布来说，虽然“一带一路”横贯亚欧，但是目前仍以亚洲地区相关合作为主。

1. “一带一路”背景下的文化旅游业

(1) “丝绸之路旅游年”背景

早在2013年，国家主席习近平在出访中亚和东南亚国家期间，就先后提出共建

“丝绸之路经济带”和“21世纪海上丝绸之路”(简称“一带一路”)的重大倡议。同年，国务院总理李克强参加中国—东盟博览会时强调，铺就面向东盟的海上丝绸之路，打造带动腹地发展的支点。而在2014年的APEC会议上，“加强全方位基础设施与互联互通建设”作为重要议题被提出，“一带一路”进入规划阶段。“丝绸之路旅游年”正是在这样的大背景下产生，承载着服务国家发展大战略的责任，是贯彻服务“一带一路”倡议、进一步对外开放的重要举措。国家旅游局将2015年定为“丝绸旅游年”，从旅游业发展自身而言，这也是直迎国家发展大战略为旅游业发展所带来的重大机遇，向世界推广美丽中国、激活“一带一路”旅游经济带的大好契机。

(2)“一带一路”文化旅游业的新内涵和发展趋势

在“一带一路”背景下，旅游呈现出旅游文化互补、国内外旅游文化输入输出平衡发展、中国古文明与现代文化共同发展、文化发展推动社会发展等新内涵与发展趋势。

① 旅游文化互补

国内国际旅游文化互补是一个国家、民族的精华。目前，旅游文化已经趋于大众化，对旅游文化的研究也进入瓶颈阶段。根本原因在于旅游文化的单一和旅游文化的互补性不强。实际上，旅游文化是一个国家、一个民族文化的体现，是广泛存在于旅游活动中的。旅游文化主要体现在两个方面：一是旅游目的地对旅游兴趣产品、服务的开发、再生产及营销；二是不同类型的旅游者特征、体验模式及行为。就这两点而言，只有旅游文化互补，旅游文化才能发展。“一带一路”线路涉及众多的城市和全世界主要的人类文明和现代文化，因此，出现极强的旅游文化互补，能更好地促进旅游文化的发展。

② 国内外旅游文化输入输出平衡发展

改革开放以来，中国旅游蓬勃发展。随着国内外旅游的发展，对外文化输出趋势明显，而对内文化输入、吸收、演变的趋势缓慢，这就呈现出国内外旅游文化输入输出不平衡发展的现象。国内很多景区接待的游客多为境内游客，境外游客较少的现象普遍存在。而出境游甚至超过了经济发展增速，远远高于入境游，不仅产生了国际旅游的不平衡发展，也导致了国际旅游文化失衡现象。在“一带一路”倡议下，境内境外旅游有机结合，成为系统旅游下的两个有机部分，这两部分各有特色，但又高度统一在“一带一路”下，因此国内外旅游文化输入输出成为“一带一路”旅游文化的不可分割的两部分，将出现均衡发展的态势。

③ 中国古文明与现代文化共同发展

“一带一路”是贯穿古今文明的线路，将中国古文明与现代文化有机结合起来，促进中国古代文明与现代文化共同发展。中国古代文明博大精深、辉煌灿烂，有着悠久的历史。中国5 000年的文明中，天文、算术、教育、哲学、科技、学制等，都有着历史意义，与现代文明一起，推动“中国梦”的实现。

④ 文化发展推动社会发展

“一带一路”倡议体系的目的在于促进沿线沿路城市和区域的共同发展，用文化的发展来推动社会的发展。新的文化带来新的旅游消费观念，人们在日益国际化的旅游文化中，逐步提高公民意识，发扬中华文化的优良传统，通过在旅游活动中帮助他人、自觉排队、低碳出行等行为，影响和推动交际文化的发展。为适应“一带一路”倡议体系的发展，教育、外交、建筑、交通等也融合了国际文化内容，这些新的内涵特征一起推动社会的发展，为共同富裕和区域发展创造条件。

(3) 丝绸旅游发展情况

《推动共建丝绸之路经济带和21世纪海上丝绸之路的愿景与行动》(以下简称《愿景与行动》)在合作重点中明确指出：“加强旅游合作，扩大旅游规模，互办旅游推广周、宣传月等活动，联合打造具有丝绸之路特色的国际精品旅游线路和旅游产品，提高沿线各国游客签证便利化水平。推动21世纪海上丝绸之路邮轮旅游合作。积极开展体育交流活动，支持沿线国家申办重大国际体育赛事。” 对于中国旅游业来说，该《愿景与行动》是“牵一发而动全身”“以线带面”，将给丝路旅游带来很多“利好”。早在2014年，就有近20个省份将丝绸之路经济带倡议列入政府工作报告。作为“一带一路”的重头大戏，丝路旅游自然也受到了各地的高度重视。除陕西、甘肃、青海、宁夏、新疆外，重庆、四川、云南、广西、河南、山东等省份也积极参与，纷纷打出“排头兵”“桥头堡”“丝路重镇”等旗号，积极谋动。相信未来，旅游业会在“一带一路”倡议带动下发展得更快、更好。

(4)“一带一路”文化旅游业先行

借“一带一路”的东风，文化旅游业迎来新的发展机遇。据统计，2016年中国赴“一带一路”沿线国家出游总人次是2015年的2.7倍，高于中国出境游整体水平。在“一带一路”国际合作高峰论坛上，旅游业是获利最多的行业之一，习近平主席在“一带一路”国际合作高峰论坛上表示，我们要将“一带一路”建成文明之路，要用好历史文化遗产，联合打造具有丝绸之路特色的旅游产品和遗产保护。旅游合作被认作“一带一路”国际合作高峰论坛重要成果之一。“一带一路”国际合作高峰论坛期间，《中华人民共和国国家旅游局与乌兹别克斯坦共和国国家旅游发展委员会2017—2020年旅游合作发展纲要》《中华人民共和国国家旅游局与智利共和国经济、发展和旅游部关于加强旅游合作的谅解备忘录》《中华人民共和国政府和波兰共和国政府旅游领域合作协议》《中华人民共和国国家旅游局和柬埔寨王国旅游部关于旅游合作的谅解备忘录实施方案(2017—2020)》等文件协议签署。国家旅游局预计，“十三五”期间，中国将为“一带一路”沿线国家输送1.5亿人次中国游客和超过2 000亿美元的旅游消费。无论是丝绸之路沿线的欧亚大陆国家，还是海上丝绸之路的海岛国家，都将中国看作重要的客源市场。

2. 地区分布不均衡

“一带一路”区域纵贯亚欧和北美大陆，“一带一路”北线包含两部分：一部分是北美洲(美国，加拿大)——北太平洋——日本、韩国——日本海——海参崴——蒙古国——俄罗斯——欧洲；北线另一部分是北京——俄罗斯——德国——北欧。“一带一路”中线包含北京——郑州——西安——乌鲁木齐——阿富汗——哈萨克斯坦——匈牙利——巴黎。“一带一路”南线包含泉州——福州——广州——海口——南海——河内——吉隆坡——雅加达——科伦坡——加尔各答——内罗毕——雅典——威尼斯。“一带一路”中心线包含连云港——郑州——西安——兰州——新疆——中亚——欧洲。

当前“一带一路”合作成果和区域分布不均衡。2015年，中国与俄罗斯、匈牙利、哈萨克斯坦、塔吉克斯坦、卡塔尔、科威特等国签署了共建“一带一路”的谅解备忘录。中哈重大产能合作28个项目文件签署，顺利推进了中巴经济走廊的建设，习总书记访巴期间，签署项目金额高达460亿美元。习近平总书记访印尼期间，中国与印尼签署雅加达—万隆高铁合作建设框架的协议。中塔公路、中亚天然气管道等项目都在加快推进，莫斯科至喀山高铁、中老铁路、中泰铁路、中缅皎漂港等项目建设也都在有序进行。2016年，德黑兰至马什哈德高铁开工，老挝铁路也全线开工。2016年“一带一路”沿线国家投资达到145亿美金，占全国对外投资总额的8.5%。在沿线国家新签的对外承包合同额1 620亿美金，同比增长了36%。资金主要流向新加坡、印尼、老挝、哈萨克斯坦以及泰国。中国同“一带一路”沿线国家的双边贸易额达到6.3万亿人民币，增长了0.6%。

从“一带一路”当前取得的成果可以看出，目前仍以亚洲地区相互合作为主。以当前“一带一路”发展最好的旅游业为例，根据国家旅游局的统计数据，2016年中国游客到访人数最多的前十名国家依次为泰国、菲律宾、越南、新加坡、印尼、马来西亚、马尔代夫、阿联酋、柬埔寨、斯里兰卡，这些国家基本上都属于亚洲国家。

虽然当前地区不平衡，但是未来与欧亚非地区合作和发展的潜力巨大。根据业内企业统计数据，3年多以来，埃及旅游热度上升145%，阿联酋旅游热度上升132%，土耳其旅游热度上升106%，远在非洲的肯尼亚旅游热度也上升了66%。2016年赴中东欧国家旅游的中国游客人次较2015年上涨了229%。“一带一路”沿线亚洲一些发展中国家，虽然具有丰富的旅游资源，旅游基础设施却很落后，对于中国文化企业来说具有巨大的投资空间。但是欧洲国家也有很大的投资空间，欧洲国家经济发展水平较好，旅游业基础设施完善，但是面临着更新换代的问题，这也为我国文化企业提供了走出去的机会。我们相信在不久的未来，“一带一路”会向欧洲更好地迈进。

四、文化企业借势发展问题和对策建议

文化生产中的文化折扣问题、“一带一路”沿线国家文化交流的风险、文化企业自身理念的局限，成为我国文化企业借势发展最为突出的问题。为此，要降低文化折扣，文化企业要加强“一带一路”沿线市场及文化调研分析，积极主动进军“一带一路”沿线国家，政府要做到有效引导。

(一) 文化企业借势发展存在的问题

1. 文化生产中的折扣问题

任何文化产品的内容都源自于某种文化，因此，它对于那些生活在此种文化之中以及对此种文化比较熟悉的受众有着很大的吸引力，而由于文化差异和文化认知程度的不同，受众在接受不熟悉的文化产品时，其兴趣、理解能力等方面都会大打折扣。这就是所谓的“文化折扣”，也是文化产品区别于其他商品的主要特性之一。为使我国的文化企业产品能够顺利通过“一带一路”走向国际，我们必须采取措施降低文化企业产品的文化折扣。如选择“文化折扣”度较低的文化产品类型，巧借他国文化精髓或文化典型等。

(1) 文化折扣定义及其原因

“文化折扣”，亦称“文化贴现”，指因文化背景差异，国际市场中的文化产品不被其他地区受众认同或理解而导致其价值的减低。霍斯金斯和米卢斯在1988年

发表的论文《美国主导电视节目国际市场的原因》中首次提出此概念。霍斯金斯等人认为：扎根于一种文化的特定的电视节目、电影或录像，在国内市场很具吸引力，因为国内市场的观众拥有相同的常识和生活方式；但在其他地方吸引力就会减退，因为那儿的观众很难认同这种风格、价值观、信仰、历史、神话、社会制度、自然环境和行为模式。即文化结构差异是导致出现“文化折扣”现象的主要原因。

(2) 文化折扣对我国文化生产的影响

中国有着悠久的历史文化传统，其中的题材可谓取之不尽、用之不竭。然而，由于投入、营销能力等方面的限制，中国文化企业打造的以本土化为主要内容的文化产品，尚难以打入世界主流文化市场。在这种情况下，利用国外观众熟悉的文化形式、文化内容，有针对性地生产有关文化产品成为中国文化企业产品“走出去”的一个有用策略。最近在国外市场颇受关注的杂技芭蕾《天鹅湖》便是这方面的一个有益尝试。同时，对于中国文化企业和国际文化贸易来说，立足于本土传统文化的观念已经为人们所熟知，但是，在如何以本土传统文化为基础，创造出具有现代意识的形式，推动本土化与国际化相结合方面，我们做得还远远不够。

2. 文化交流风险大

据初步统计，“一带一路”沿线的64个国家使用的语言约2 488种，占人类语言总数的1/3以上。境内语言在100种以上的国家就有8个。面对如此复杂多样的语言状况，想要实现沿线各国间的语言互通，就必须理清各个国家的语言国情。“一带一路”沿线64个国家中，除波黑未在宪法中明确规定其官方语言外，其余63个国家都有明确的官方语言。其中50个国家只有1种官方语言，12个国家有2种官方语言。官方语言情况复杂的是新加坡，其官方语言包括英语、马来语、华语及泰米尔语4种。“一带一路”沿线国家分属4种不同的文明、存在上百种语言以及6种宗教，另外，各地还有不同的风俗习惯、不同的商业文化。

“走出去”的中国企业在当地的经营活动，往往容易受到来自上述一个方面甚至是几个方面的误解、摩擦甚至是冲突。除了文化融合问题，出口企业若是不完全了解当地的市场政策、法律，投资往往会受到阻碍。由于沿线国家异质文化的复杂性，在短时间内无法使出口企业与出口国文化、经济等方面进行很好的融合。

3. 企业自身局限性

(1) 投资水平低

目前，我国对外投资还是以中小型为主，投资规模不是很大，主要还是以直接投资建厂为主，投资方式单一；而且，投资种类也很单一，主要是资源型投资为主，缺乏核心技术发展，这种投资类型，虽然短期可以回笼资金，但是不利于长远发展。国际市场瞬息万变，要增强自我创新能力，才能在市场中占有一席之地。

(2) 企业理念问题

目前，从中央到地方，从国企到民企，都在积极响应“一带一路”倡议。积极响应自然是好事，但企业是否走出去，是否具有这种国际布局的能力和思维，则取决于企业自身的实力和需求。而纵观中国出口企业，投资规模大多是中小型的，缺乏明确的总体发展规划，且相当一部分的企业盲目追求利润最大化、成本最小化，这样的盲目性会严重阻碍企业的良性发展，不仅会造成资源浪费，还会使企业不能走得更长远。

（二）文化企业借势发展对策建议

1. 降低文化折扣措施

(1) 选择文化折扣度较低的文化产品类型

文化折扣的程度因产品类型的不同而有所不同。考林·霍斯金斯等人认为，这也是为什么国际文化贸易仅仅集中在少数几个产品类型上的原因。在所有的文化产品类型中，动作类文化产品是最少文化折扣的类型。动作，是最具世界性和人类共通性的肢体语言，它克服了语言、文化传统等各个方面的障碍，能够以直观、形象的方式表达人物内心和各种简单的故事情节。查普曼的研究也表明，动作片是电视节目贸易中交易最多的节目类型。历史剧、情景喜剧、生活剧遭受的文化折扣较大，在文化贸易中，极少有情景喜剧、生活剧在国外获得成功的。

在推进“一带一路”过程中，中国也应该选择文化贸易折扣度较低的文化产品类型，将之作为中国文化产品“走出去”的主打产品。动作片、杂技、武术表演、中国舞蹈等动作类文化产品在国际市场上已经具有了一定的知名度。今后，我们应加大推进力度，重点扶持一批中国动作类文化产品的世界品牌，使之成为中国“一带一路”对外文化贸易的排头兵。

(2) 借用国外观众熟悉的文化样式

简单来说，就是要借助国外观众熟悉的文化产品形式，融入中国传统文化、艺术样式等内容，以此来降低中国文化产品“一带一路”过程中的文化折扣。每一个国家或区域都有自己熟悉的文化产品，借助这些文化产品的形式，能大大降低文化折扣度。甚至，融入中国内容之后，这些文化产品会对国外观众产生某种新鲜感，成为他们接受该产品的强大驱动力。在这一方面，作为世界头号文化产业强国的美国有很多值得我们借鉴的经验。

美国曾经通过利用《埃及艳后》《宝莲灯》《亚瑟王》等其他国家传统文化资源成功进入国际市场。这些产品充分利用了别国文化的外壳，经过“好莱坞化”的内容调整和高科技、大投资、强营销的包装推介，在世界文化市场上获得了巨大的回报，取得了不俗的票房成绩。全球化时代，民族文化与世界文化之间的界限越来越模糊，民族文化也越来越成为全世界的财富。在文化产业方面，美国尤其是好莱坞对世界各种优秀文化遗产的“改造”就是很好的证明。

(3) 本土化与国际化相结合

不可否认，民族化、个性化是文化产品，甚至是民族文化保持恒久生命力的根本所在。千篇一律和千人一面最终只能导致“审美疲劳”，从而失去对消费者的吸引力。然而，在本国文化不被国外消费者深入了解的情况下，在产业化的宏观语境下，只有坚持本土化与国际化结合的文化产品生产策略才能吸引国外观众。

随着消费资本的增加，国外观众对中国文化的熟悉程度会越来越高，中国文化企业产品的文化折扣也会逐渐降低。在中国文化产品通过“一带一路”走出去的初期，我们所采用的策略应该是：以本土文化为“原点”，兼纳国际化的诸多元素，生产出既具有本土化内容又与国际化接轨的文化产品。在文化企业产品生产方面，我们应该借鉴美国好莱坞的成功经验，发展和创新传统文化资源，沟通中西文化的巨大差异。

(4) 瞄准文化接近性市场

文化亲缘性市场是中国文化产品“走出去”的第一步。在当前的研究中，文化亲缘性(cultural proximity)被用来描述受众对地方产品的偏好，以及某一节目吸引国际受众的潜力。而处在同一“文化语言市场”或“地理文化市场”是文化亲缘性的一个前提。对于中国对外文化贸易的文化亲缘性市场确定而言，我们也应该考虑语言与地理两个方面。从文化语言市场方面看，新加坡等以汉语为官方语言的国家，以及世界华文地区都应该作为我们的文化亲缘性市场；从地理文化市场方面看，东亚、东南亚等与我国接壤的地区也应该是我们的文化亲缘性市场，中国的文化产品在这些地区遭受的文化折扣程度较低。

巨大的文化差异导致中国文化产品在西方主流文化市场上遭受到巨大的文化折扣，由于中国经济、科技实力等方面的原因，这种现象在短期内仍难以改变。因此，瞄准文化亲缘性市场，将其作为中国文化产品“走出去”的第一站，才是较为现实的策略选择。

总之，随着中国综合国力的提升，中国文化的国际影响力将会越来越高，中国文化产品在国际市场所遭受的文化折扣度也将不断降低。但是，在中国文化产业仍处于起步阶段的情况下，仍需采用各种策略，努力降低文化企业产品的文化折扣，逐步打入国际市场。最后，需要强调的是降低文化折扣的根本目的并非只是迎合国外观众的口味，而是为了降低中国文化产品的文化折扣度。文化折扣度低，我们的文化产品才更容易被接受，才能增加“消费资本”，进而使中国文化产品走出国门，这是一个漫长曲折的过程。

2. 加强“一带一路”沿线市场及文化调研分析

对“一带一路”沿线国家相关文化政策和市场现状做好前期调研，有针对性地出击，抓住历史机遇，降低经营风险。

(1) 市场方面

首先，需立足重点经济领域，扩大国际区域市场合作。“一带一路”涉及的国家较多，从而要求“一带一路”倡议必须以经济开放为依据，结合沿线各国的利益点，继而寻求“一带一路”在市场建设方面的突破点。其中，沿线国家分为东亚，东盟10国，西亚18国，中亚5国，以及独立体7国，中东欧16国。应该根据各个国家不同的市场条件和市场环境从不同的方面进行调研和考察，充分了解各个国家的人口面积、数量以及国家工业生产特色，通过分析各个国家的经济改革政策及各个国家出口和进口商品百分比来了解国家生产特色。以此有针对性地进行文化产品和项目输出。

(2) 文化方面

加强“一带一路”沿线各国在民族、文化、传统、宗教以及价值观等方面的沟通与交流，消除彼此之间的嫌隙与隔阂，为“一带一路”的顺利实施提供信任基础。同时，各国政府应支持各种形式的文化传播与交流，如国与国之间的媒体交流、科技交流和教育交流等。另外，大力推动国际旅游业，使外国民众了解本国民俗与文化，从而消除外国对我国文化的隔阂与偏见。语言人才的培养和储备是语言服务的基础。目前就中国培养外语人才而言，沿线64个国家的56种官方语言和通用语言，国内高校尚未开设的语言有11种，仅有1所高校开设的语言有11种，涉及阿尔巴尼亚、爱沙尼亚、保加利亚、罗马尼亚、马其顿、斯里兰卡和新加坡等13个国家。因此，相关外语人才十分短缺。“一带一路”沿线国家众多，语言复杂多样，对语言国情进行深入细致的调查和研究是与沿线诸国实现语言互通的基础，直接关涉“一带一路”建设的成败。

(3) 企业积极主动，政府有效引导

有实力的文化企业要充分发挥主观能动性，抓住“一带一路”的重大机遇，积极“走出去”。要在对“一带一路”沿线国家政治风险、经济风险、经营环境风险的科学研判、评估，充分的文化调研基础之上，明确企业在“一带一路”中的总体规划、发展战略、区位选择、项目选择等，提前谋划，制定科学合理的发展规划。在文化项目建设中，要提前做好前期相关的论证工作，熟悉我国与所在国已签署的相关经济、贸易、投资协定和文件，充分利用好已有的协议和文件条件。在文化项目开展的过程中要着重关注所在国的法律法规、文化习惯、民风民俗等外在环境，与所在国相关部门经常沟通交流，保持良好的合作关系。

政府应积极有效引导文化企业与“一带一路”沿线国家的合作交流，增强我国文化的影响力。政府应在政策、信息、环境、税收等方面做好咨询工作，收集和发布“一带一路”文化产业相关需求和文化产业发展潜力较大的行业，为文化企业“走出去”提供信息保障。政府应当给予“走出去”的文化企业一定的政策性补助和支持，特别是在“一带一路”中走进风险和挑战很大的国家的企业以及为“一带一路”建设作出特殊贡献的文化企业。

(撰稿人：徐文明，中国海洋大学；焦华英，临沂市委党校)

第四章
传统文化企业优化升级

- 2016—2017年1季度，不同行业与地区的传统文化企业营业收入增幅差异较大；骨干传统文化企业整体实力较强；文化政策为促进企业转型升级提供了政策与法律保障；企业的"走出去"努力与成果推动了中国传统文化的海外输出。
- 在传统文化企业转型升级发展动态方面，VR、多媒体技术等科技元素的使用使现场娱乐企业创造出更好的顾客体验并大大提升了产品的吸引力；品牌演出机构市场集中度上升，科技与演出全面结合给舞台演出带来更好的体验，驻场演出成为重要趋势；企业越来越注重优质内容产品的提供并尝试融合发展模式；电影市场规模扩容但票房增长有限，丰富多元的电影作品生产格局初露端倪，实力强的电影企业致力于上下游的整合；电视行业企业市场竞争与供给侧改革压力仍然很大，各企业努力提供优质内容产品并不断加大台网联动力度。
- 在供给侧改革的大背景下，未来传统文化企业要实现转型升级，必须遵循"内容为王"的原则，不断提高产品供给质量；要以"互联网+文化+科技"的方式，实现跨要素、跨行业、跨平台的融合发展；要不断致力于商业模式的探索与创新。

传统文化企业是传统文化产业各行业领域中的企业组织。结合《文化及相关产业分类(2012)》的分类方法，本文将传统文化企业的范围划定为文化产业内文化信息传输服务业之外的其他行业企业，即新闻出版发行服务、广播电视电影服务、文化艺术服务、文化创意和设计服务、文化休闲娱乐服务、工艺美术品的生产、文化产品生产的辅助生产、文化用品的生产、文化专用设备的生产等行业中的企业。

一、传统文化企业总体发展格局

2016—2017年1季度，不同行业与地区的传统文化企业营业收入增幅差异较大；骨干传统文化企业整体实力较强；文化政策为促进企业转型升级提供了政策与法律保障；企业的“走出去”努力与成果推动了中国传统文化的海外输出。

(一) 各行业企业发展不平衡，营业收入涨幅差异大

各传统文化行业总体发展不平衡，文化艺术服务企业与文化休闲娱乐服务企业增长较快。据国家统计局对全国规模以上文化及相关产业5万家企业调查，2016年，上述企业实现营业收入80 314亿元，比2015年增长7.5%(名义增长未扣除价格因素)，增速比2015年加快0.6个百分点，增速整体高于全年GDP6.7%的增长速度。其中，实现两位数以上增长的传统文化行业分别是：文化艺术服务业312亿元、增长22.8%，文化休闲娱乐服务业1 242亿元、增长19.3%，但均低于以“互联网+”为主要形式的文化信息传输服务业营业收入5 752亿元、30.3%的增长。增速低于平均水平的是新闻出版发行服务5.0%、广播电影电视服务5.1%、工艺美术品的生产3.2%、文化产品生产的辅助生产5.4%、文化用品的生产7.0%、文化专用设备的生产2.7%，如表4-1所示。[①]拖累整体增速的是附加值较低的文化企业，而具有创新内涵并适应消费升级的文化企业呈现出高速发展势头。文化产业的这种增速变化，一方面和国内外的宏观经济形势有关，另一方面也与文化产业自身的结构性调整有关。[②]

---

① 国家统计局. 2016年全国规模以上文化及相关产业企业营业收入增长7.5%[R/OL]. [2017-02-06]. http://www.stats.gov.cn/tjsj/zxfb/201702/t20170206_1459430.html.

② 魏鹏举. 回顾2016中国文化产业结构性调整[EB/OL]. 中国经济网，[2017-01-03]. http://www.ce.cn/culture/gd/201701/03/t20170103_19338451.shtml.

表4-1 2016年全国规模以上文化及相关产业企业营业收入情况[①]

	绝对额(亿元)	比2015年增长(%)
总计	80 314	7.5
新闻出版发行服务	3 061	5.0
广播电影电视服务	1 496	5.1
文化艺术服务	312	22.8
文化信息传输服务	5 752	30.3
文化创意和设计服务	9 854	8.6
文化休闲娱乐服务	1 242	19.3
工艺美术品的生产	15 045	3.2
文化产品生产的辅助生产	8 926	5.4
文化用品的生产	30 219	7.0
文化专用设备的生产	4 407	2.7
东部地区	59 766	7.0
中部地区	13 641	9.4
西部地区	5 963	12.5
东北地区	943	−13.0

据对全国规模以上文化及相关产业5.2万家企业调查，2017年1季度，上述企业实现营业收入19 926亿元，比2016年同期增长11.0%(名义增长未扣除价格因素)，增速提高2.4个百分点，实现较快增长。在传统文化产业中，除广播电视电影服务业外，8个行业的营业收入均保持增长。其中，实现两位数以上增长的3个行业分别是：文化休闲娱乐服务业276亿元、增长16.8%，文化艺术服务业76亿元、增长15.8%，文化用品的生产7 733亿元、增长13.0%，但仍低于以“互联网+”为主要形式的文化信息传输服务业营业收入1 506亿元、29.4%的增长，如表4-2所示。[②]

① 国家统计局. 2016年全国规模以上文化及相关产业企业营业收入增长7.5%[R/OL]. [2017-02-06]. http://www.stats.gov.cn/tjsj/zxfb/201702/t20170206_1459430.html.

② 国家统计局. 2017年1季度全国规模以上文化及相关产业企业营业收入增长11.0%[R/OL]. [2017-04-28].http://www.stats.gov.cn/tjsj/zxfb/201704/t20170428_1489313.html.

表4-2 2017年1季度全国规模以上文化及相关产业企业营业收入情况[①]

	绝对额 (亿元)	比2016年同期增长 (%)
总计	19 926	11.0
新闻出版发行服务	681	4.8
广播电视电影服务	323	-4.0
文化艺术服务	76	15.8
文化信息传输服务	1 506	29.4
文化创意和设计服务	2 287	5.8
文化休闲娱乐服务	276	16.8
工艺美术品的生产	3 976	9.2
文化产品生产的辅助生产	2 039	9.0
文化用品的生产	7 733	13.0
文化专用设备的生产	1 028	5.7
东部地区	1 4831	11.0
中部地区	3 333	11.8
西部地区	1 531	14.2
东北地区	232	-11.5

（二）传统文化企业中的骨干企业整体实力较强

在光明日报社和经济日报社联合发布的第九届“文化企业30强”名单中，中国出版集团公司、山东广电网络有限公司、广东省出版集团有限公司、华侨城集团公司、宋城演艺发展股份有限公司、湖北长江广电传媒集团有限责任公司等30家企业进入行列。从“30强”企业有关情况看，骨干文化企业的总体规模实力和综合效益进一步提升，市场竞争力和盈利能力不断增强[②]。宋城演艺发展股份有限公司2016年实现营收26.44亿元，同比增长56.05%，归属于上市公司股东的净利润9.02亿元，同比增长43.1%。[③]万达院线2016年度业绩报告显示，2016年，万达院线实现营业收入112.09亿元，同比增长40.10%；归属于上市公司股东的净利润13.66亿

① 表中部分数据四舍五入，速度均为未扣除价格因素的名义增速。

② 第九届文化企业“30强”发布[N]. 经济日报，2017-05-12.

③ 沈漱. 宋城演艺扩张不断业绩亮眼 国内主题公园竞争进入白热化[EB/OL]. 每日经济新闻，[2017-04-11]. http://www.entgroup.cn/news/Capital/1139426.shtml.

元，比2015年增长15.18%；经营活动产生的现金流量净额19.28亿。报告期内，公司实现票房76亿元，同比增长20.5%，观影人次1.84亿人次，同比增长22%。其中，国内票房62亿元，观影人次1.64亿人次，境外票房14亿元，观影人次2 020万人次，国内票房市场占有率13.6%，澳洲票房市场占有率20%。截至2016年底，公司共拥有影院401家、3 564块银幕，其中国内影院348家、3 127块银幕，境外影院53家、437块银幕。公司票房、观影人次、市场份额已连续8年位居国内首位。①

(三) 文化政策：从管制转向促进，保障企业转型升级

在文化产业政策体系建设中，政策主体长期以来主要通过“政府管制”来为市场失灵校正和补充。而《中华人民共和国国民经济和社会发展第十三个五年规划纲要》明确提出：未来五年，要努力实现“文化产业成为国民经济支柱性产业”的战略目标。为实现该目标，国家文化产业政策体系改革配套进行。

2016年9月文化部印发《关于推动文化娱乐行业转型升级工作的意见》，针对歌舞娱乐和游戏游艺等传统文化娱乐行业经营模式陈旧、产品类型单一、消费人群狭窄、管理和服务水平不高等问题，特别提出鼓励娱乐场所丰富经营业态，发展连锁经营，并给予相应的扶持；还鼓励企业创作生产更多传播当代中国价值观念、体现中华文化精神、反映中国人审美追求的优秀文化娱乐产品，推动文化娱乐行业转型升级，促进行业健康有序发展。

2016年政策导向逐渐深入广播电视节目内容创作领域。6月20日国家新闻出版广电总局发出《关于大力推动广播电视节目自主创新工作的通知》(以下简称《通知》)，要求各级广电部门要认真学习贯彻习近平总书记关于宣传思想工作系列重要讲话精神，树立文化自信、文化自觉、文化自强意识，大力推动广播电视节目自主创新，不断研发生产拥有自主知识产权、体现中华文化特色的优质节目，为繁荣发展社会主义文艺、提高国家文化软实力作出积极贡献。《通知》还限制了黄金时段引进节目的数量、进一步规范黄金时段模式节目的播出秩序、强化版权意识，为自主版权节目提供播出空间；鼓励加大节目自主创新力度，要求在不同主题、不同领域开发多样态、差异化的节目，力求电视荧屏丰富多彩。如在具体执行环节，《通知》规定同一档真人秀节目，原则上一年内只播出一季，娱乐类节目要注意不得过

① 陈健玮. 万达院线2016年营收112亿 拟更名为“万达电影”全面转型[EB/OL]. 赢商网，[2017-03-31]. http://www.entgroup.cn/news/Capital/3139315.shtml.

度安排重播。政策导向使更多本土广播电视原创节目的涌现成为可能，电视观众多样化、差异化的收视选择将得到进一步满足，在这一过程中，本土原创节目将迎来更多发展机会。

2016年11月，全国人大常委会会议表决通过《中华人民共和国电影产业促进法》。相比之前的《电影管理条例》，“《促进法》在主体资质、审批项目范围、审批权限、拓展投融资渠道、对内容的审查方式等方面发生了转变”[①]。《促进法》对票房收入监管及治理“虚报瞒报票房”等问题，演员涉黄、涉毒以及片酬高等问题，国产影片生产放映鼓励和电影公益保障等方面，都有具体规定。促进法将为我国电影企业的优化升级和可持续发展营造良好法治环境。

中国出版协会在2017年1月13日发布了《2016年度中国出版业发展报告》。2016年2月国家新闻出版广电总局公布《全民阅读促进条例》(征求意见稿)，2016年3月《国务院2016年立法工作计划》把《全民阅读促进条例》列入文化立法的预备项目，将“全民阅读”写入“十三五”规划纲要，12月，《全民阅读“十三五”时期发展规划》发布。全民阅读将进入法制时代，今后5年，全民阅读将作为一项基本国策在全国范围内长期深入推广。推进全民阅读的原则之一即坚持重在内容、提升质量，加强优质阅读内容供给。全民阅读为出版企业的转型升级提供了机遇。

2016年，国务院办公厅转发四部委《关于推动文化文物单位文化创意产品开发的若干意见》，在政策保障上取得重要突破。2017年2月《国家文物事业发展“十三五”规划》(以下简称《规划》)发布实施。《规划》中设立了“多措并举让文物活起来”专章，强调要坚持保护为主、保用结合，坚持创造性转化和创新性发展，大力拓展文物合理适度利用的有效途径，促进文化创意产品开发，让文物活起来，讲好中国故事，提升中华文化国际影响力。《规划》配套了5个工程，包括国家记忆工程、“互联网+中华文明”三年行动计划、全国可移动文物资源共享工程、“一带一路”文化遗产长廊建设工程、中华文物“走出去”精品工程。国家文物局在《规划》中提出了2020年发展目标：打造50个博物馆文化创意产品品牌，建成10个博物馆文化创意产品研发基地，文化创意产品年销售额1 000万元以上的文物单位和企业超过50家，其中年销售额2 000万元以上的超过20家。

---

① 朱伟. 从管制到促进：文化产业政策的新思路——以《电影产业促进法》为例[J]. 现代传播，2017，(03).

(四) 企业“走出去”的努力与成果推动中国传统文化的海外输出

1. 电视剧“走出去”成果斐然

2017年4月在戛纳电视节MIPTV论坛上，《三生三世十里桃花》与来自英国、德国、意大利、荷兰等国的50余部电视剧一起成功入选了由电视节目趋势研究公司WIT发布的全球最受欢迎电视剧剧目榜单。除此以外，民营影视公司华策影视的《卫子夫》《亲爱的翻译官》《解密》《我的奇妙男友》《微微一笑很倾城》等一批优质剧集，先后成功实现海外输出。“华策制造”甚至已成为海外公司及观众了解中国文化的窗口。WIT公司的CEO Virginia Mouseler 认为，《三生三世十里桃花》的独到之处，正在于成为全新的“中国窗口”，为中国传统文化找到了输出海外的另一种打开方式。 WIT公司发布的榜单是海外影视市场公认的“风向标”，此次《三生三世十里桃花》的上榜，无疑将为华策影视及其他影视企业的产品海外输出打开市场。[①]

2. 出版企业“走出去”步伐加快

受益于“一带一路”国家工程，中国文化与中国当代文学走出去力度加大。走出去图书指本土作者直接以外文写就的原创图书，不含外语学习教材、读物。“2016年出版单位着眼于讲好中国故事、塑造良好国家形象，打造了中国梦、中国道路、中国制度、核心价值观、中国传统文化、当代中国文学、新兴自主科技、重大国际问题等多个走出去图书产品线。”[②] CIP数据统计显示，截至2016年12月27日，有关出版单位共使用26种语言申报出版2 664种本土外文图书，较“十二五”时期走出去图书年均出版量增加了802种。语种分布上，多语种对照占据榜首，国际通用语言英文稳居第二，日文位列第三，得益于“一带一路”倡议和“丝路书香工程”，2016年阿拉伯文图书实现了快速增长，以112种挺进前四。[③] 2016年“走出去”图书语种分类，如图4-1所示。

---

① 耿耀.《三生三世十里桃花》红到戛纳：谁是“华流出海”背后的最大赢家？[EB/OL]. 艺恩，[2017-04-09]. http://www.entgroup.cn/Views/39409.shtml.

② 徐来. 数据观察：图书出版2016走势与2017态势[N]. 中国新闻出版广电报，2017-01-12.

③ 徐来. 数据观察：图书出版2016走势与2017态势[N]. 中国新闻出版广电报，2017-01-12.

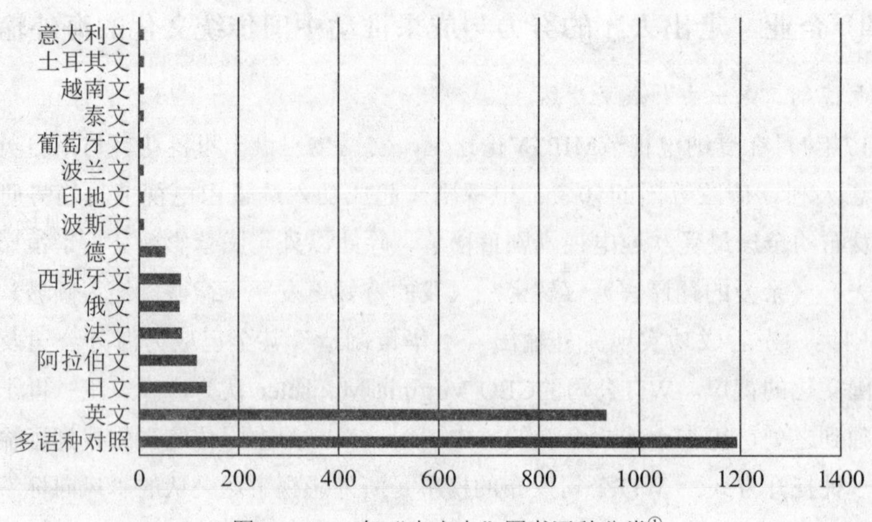

图4-1 2016年“走出去”图书语种分类①

《2016年度中国出版业发展报告》指出，2016年出版企业“走出去”有如下特点：首先，走出去产品受到国际市场欢迎。如截至2016年9月，《习近平谈治国理政》海外发行超过40万册，发行到世界100多个国家和地区，出版语种有中、英、法、西、葡、德、日、俄、阿、韩、越等11个。此外，一大批少儿图书、一大批反映当代中国精神风貌和学术水准的优质文学图书、历史图书也广受国际读者欢迎。其次，走出去的企业、资本形式多样。目前，至少有16家中国出版企业在“一带一路”沿线国家设立了分支机构或引入本土化运作机制。在走出去的主体中，既有国内大型出版集团，也有单体出版社，还有民营出版机构。在合作方式方面，既包括投资或并购现有海外机构，也包括与境外文化企业合作经营，建立海外分社、中国主题编辑部等形式。再次，国际书展在“走出去”中发挥的重要作用不可小觑。2016年，中国出版业除继续参加法兰克福书展、伦敦书展、美国书展、意大利博洛尼亚儿童书展等综合性和专业性国际书展外，还加大了“一带一路”沿线国家书展的参与力度。特别是北京国际图书博览会，经过30年的品牌打造，目前已成为国际四大书展之一。最后，走出去的出版企业在海外影响力日益提升。2016年4月，曹文轩荣获国际安徒生奖；在2016年8月发布的《全球出版企业排名报告》中，中南出版传媒集团、凤凰出版传媒集团进入全球出版企业10强，中国出版集团、浙江出版集团、中国教育出版集团等进入20强；10月，在法兰克福书展上举行的国际出版商协会(IPA)年度大会上，4位中国出版人首次进入IPA，国际出版商协会有了

① 徐来. 数据观察：图书出版2016走势与2017态势[N]. 中国新闻出版广电报，2017-01-12.

中国声音。[①]

二、传统文化企业转型升级动态

转型升级发展动态方面，VR技术、多媒体技术等科技元素的使用使现场娱乐企业创造出更好的顾客体验并大大提升了产品的吸引力；文化艺术服务企业品牌演出机构市场集中度上升，科技与演出全面结合给舞台演出带来更好的体验，驻场演出成为重要趋势；企业注重优质内容产品并提供尝试融合发展模式；电影市场规模扩容，但票房增长有限，丰富多元的电影作品生产格局初露端倪，实力强的电影企业致力于上下游的整合；电视行业企业市场竞争与供给侧改革压力仍然很大，各企业努力提供优质内容并不断加大台网联动力度。

（一）文化休闲娱乐服务企业

据零点调查统计，在近30年内经历过几次倒闭潮之后，全国目前仍有近3 000家主题公园，其中70%处于亏损状态、20%持平，仅有10%左右盈利。[②] 但规模以上相关企业整体盈利能力持续走高，如2016年宋城演艺盈利8.5亿元至9.8亿元，归属于上市公司股东的净利润比2015年同期增长35%~55%，2016年净利润已经是太阳马戏团的2~3倍。[③]

VR技术、多媒体技术等科技元素的使用使现场娱乐企业创造出更好的顾客体验并大大提升了产品的吸引力。宋城演艺继续运用大量的科技元素，维持“千古情”系列演出形成的独特体验。例如，《三亚千古情》中应用400平方米的巨型透明膜；《九寨千古情》利用5D实景和高科技手段再现了汶川大地震的山崩地裂、3 000立方米洪水的倾泻而下。目前，被成功复制或落地到三亚、丽江、九寨、泰山、上海、桂林、张家界等地的“千古情”系列产品，其社会和经济效应继续扩大。

多角化经营使文化休闲服务类企业保持营收的持续增长。宋城演艺有现场演艺、互联网演艺、旅游服务业三大主营业务板块。2016年，公司在现场演艺板块共获得1.37亿元的收入，比2015年同期增加8.40%；互联网演艺板块2015年共实现营收

---

① 章红雨. 2016年度中国出版业发展报告发布[N/OL]. 中国新闻出版广电报，[2017-01-17]. http://www.gAPP.gov.cn/sAPPrft/contents/6582/313132.shtml.

② 沈澂. 宋城演艺扩张不断业绩亮眼 国内主题公园竞争进入白热化[EB/OL]. 每日经济新闻，[2017-04-11]. http://www.entgroup.cn/news/Capital/1139426.shtml.

③ 张玉玲. 文化服务业何以实现两位数增长[N]. 光明日报，2017-02-20.

10.90亿元，同比增长195.37%，在总营收中占比为41.23%，而在2015年，互联网演艺的占比仅为21.78%。根据年报，互联网演艺板块的10.90亿元营收均来自其在2015年收购的直播平台六间房。有投资者担心，在直播产业监管趋严，面临大洗牌的环境下，宋城演艺过于依赖六间房，收入渠道单一，且与现场演艺业务联动不足，未来营收存在一定风险性。①

（二）文化艺术服务企业

2017年4月发布的《2016年中国商业演出发展趋势报告》指出，2016年中国商业演出市场呈现以下趋势：一是品牌演出机构市场集中度上升，知名院团的演出场次、票房收入全面增长，市场集中度达到四成，呈现马太效应。二是科技与演出全面结合，增强现实AR、虚拟现实VR、3D、全息影像、无人机、传感器等新锐科技全面登场，推动舞台设备升级，给舞台演出带来更好的体验。三是驻场演出成为重要趋势，演出院团与场馆的合作越来越深入，促进市场实现良性循环。四是剧场院线竞争加剧，内容商加快建设专业院线，逐步形成了以保利院线、中演院线为代表的综合性演出院线，以区域中心城市为核心辐射周边省市区域性剧院联盟。丑小鸭、开心麻花等国内知名品牌机构正建设专属的、稳固的全国演出院线。②

文化艺术产品的年轻消费者定位对营业收入拉动作用较大。如2016年北京的演出市场持续升温，市场规模再次扩大，票房收入达17.13亿元，比2015年增长逾一成；演唱会、音乐会、马戏、相声等演出收入增长迅速，增幅都在10%以上。其中，年轻人逐渐成为消费主力，比如在话剧、演唱会、音乐会等演出类型中，年轻观众的规模不断扩大。据不完全统计，北京市戏剧类和音乐类的年轻观众最多，2016年共超过700万人次，占总演出人次的66.9%。③

（三）出版企业

1. 供给侧改革继续，企业注重优质内容产品的提供

《2016年度中国出版业发展报告》指出，出版企业发行的图书类型呈现百花齐放的趋势，主旋律主题出版物、经典作家新作、少数民族原创文学、原创绘本及

① 刘媛媛. 宋城演艺40亿定增豪赌海外 前路坎坷，市场并不看好[N/OL]. 中国经营报，[2017-04-04]. http://www.entgroup.cn/news/Capital/0439347.shtml.

② 中华人民共和国文化部.《2016年中国商业演出发展趋势报告》发布[R/OL]. [2017-04-14]. http://www.mcprc.gov.cn/whzx/qgwhxxlb/beijing/201704/t20170414_493071.html.

③ 张玉玲. 文化服务业何以实现两位数增长[N]. 光明日报，[2017-02-20]. oup.cn/Views/39361.shtml.

知名作家与绘本师直接合作的少儿文学作品上乘佳作频出。CIP数据显示，文艺图书近年总体保持增长，2016年统计期内共申报出版约7.2万种，较2015年同期增加3 478种，增幅5.1%，约为全品类年均增幅的2倍。同时原创文艺作品供应力度加大，如2015年申报出版的外国文学作品与本土原创文学作品比率约为1∶2.6，2016年比率为1∶2.7。强势发展的本土少儿文艺与正处上升期的网络文学是原创作品供应加大的主因。[①]

2. 融合发展模式被积极采用

《2016年度中国出版业发展报告》认为出版产业已经初步形成了以IP为核心的多媒体生态链，出版企业继续探索与多媒体、移动媒体、新技术、服务的融合。

（四）电视电影服务企业

1. 电影企业

(1) 电影企业市场规模扩容，但票房增长有限

2012—2016的5年间，中国电影票房增长168%，一跃成为世界第二大电影市场；银幕数增长214%；观影人次增长197%，2016年达13.72亿，占座全球头牌。[②]国家新闻出版广电总局发布的数据显示，2016年，中国电影银幕每天增加26块，超过了2015年日增加22块的速度，2016年年底，中国电影银幕已超过4万块，跃居世界第一。[③]2017年第一季度全国影院票房产出135.70亿元，全国新增577家影院，新增银幕数3 232块。[④]银幕数量的持续快速增长为电影市场规模的再扩容预留了更大空间。但2016年中国电影票房为450亿人民币左右，同比增幅只有2.1%，远低于2015年的48.45%的增幅，电影市场增幅出现断崖式下滑。[⑤]电影整体质量提高幅度有限，虚假票房处罚力度加大，电影公司数十亿元“票补”资金的退出，网络电影、电视剧、直播的迅速发展，影片院线上映与网络播出的窗口期日益缩短，都对院线电影产生了冲击。而且，中国电影家协会秘书长饶曙光分析，

① 徐来. 数据观察：图书出版2016走势与2017态势[N]. 中国新闻出版广电报，2017-01-12.

② 葵子. 中外合拍片票房号召力依旧，投资回报堪忧[EB/OL]. 艺恩，[2017-03-31]. http://www.entgroup.cn/Views/39313.shtml.

③ 许晓青，周玮. 2016，中国电影产业发展回归理性[EB/OL]. 新华网，[2016-12-23]. http://www.sh.xinhuanet.com/2016-12/23/c_135927217.htm.

④ Tyreal顿号. Q1全国新增577家影院 中影数字院线开店最多[EB/OL]. 艺恩，[2017-04-05]. http://www.entgroup.cn/Views/39361.shtml.

⑤ 魏鹏举. 回顾2016中国文化产业结构性调整[EB/OL]. 中国经济网，[2017-01-03]. http://www.ce.cn/culture/gd/201701/03/t20170103_19338451.shtml.

短期资本、非专业资本涌入市场后，未获得预定收益而退潮，这在一定程度上将泡沫挤出，“中国电影整体进入一个更加理性的发展阶段”①。

(2) 丰富多元的电影作品生产格局初露端倪

国产电影类型日益丰富，如故事片《美人鱼》《百鸟朝凤》《寒战2》《盗墓笔记》《湄公河行动》《七月与安生》《我不是潘金莲》《罗曼蒂克消亡史》等风格迥异，纪录片《我们诞生在中国》《我在故宫修文物》等走上银幕并产生广泛影响；合拍电影蔚然成风(如图4-2、4-3、4-4所示)，中美合作拍摄电影《长城》《巨齿鲨》等探索了新的合作方式，2016年中国内地票房前20的电影中，9部都是合拍片；电影技术发展日趋与世界同步，如李安执导的《比利·林恩的中场战事》在北京和上海两地实现了每秒120帧的高规格放映；国有电影企业如中影股份和上影股份改革加速并上市；电影“走出去”步伐加快，如我国除了与多国签订政府间电影合拍协议外，2016年起还开始通过华人文化产业投资基金探索建设“中国电影，普天同映”海外发行平台，进一步推动国产影片进入海外主流电影市场。

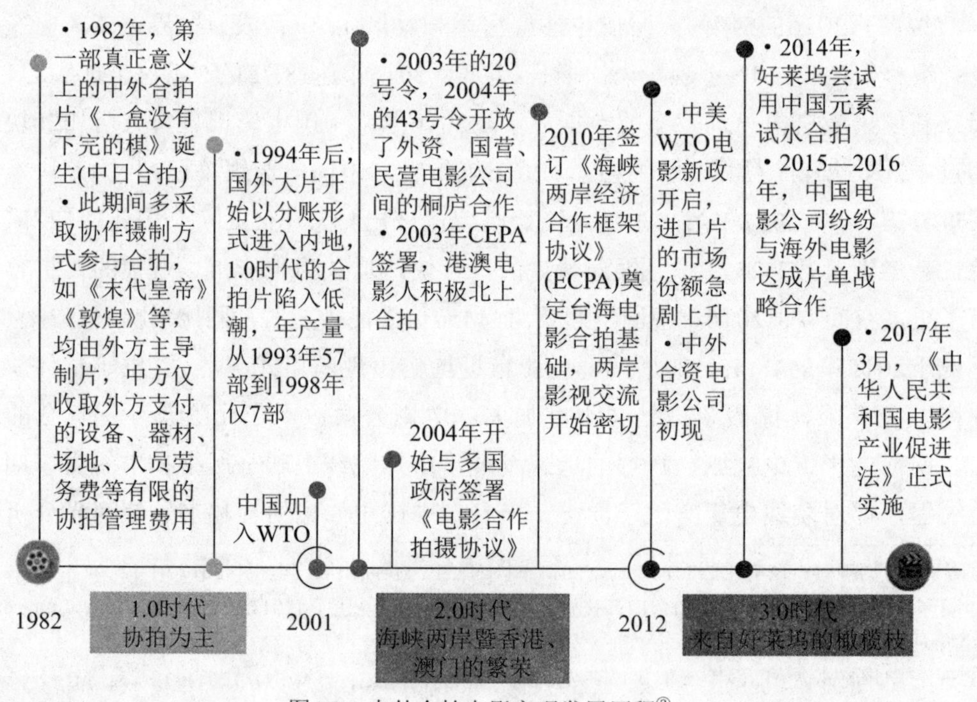

图4-2　中外合拍电影宏观发展历程②

① 许晓青，周玮. 2016，中国电影产业发展回归理性[EB/OL]. 新华网，[2016-12-23]. http://www.sh.xinhuanet.com/2016-12/23/c_135927217.htm.

② 葵子. 中外合拍片票房号召力依旧，投资回报堪忧[EB/OL]. 艺恩，[2017-03-31]. http://www.entgroup.cn/Views/39313.shtml.

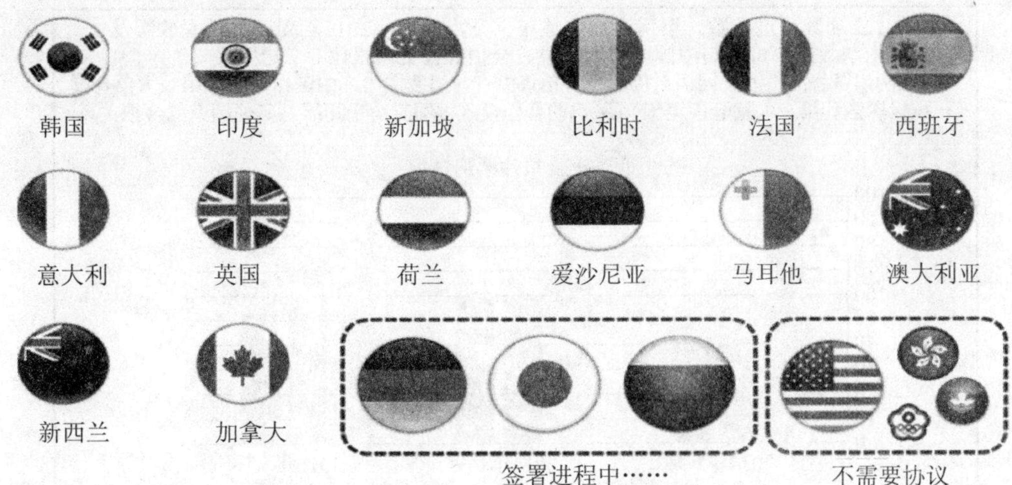

图4-3　与中国签署政府间电影合拍协议的国家[①]

(3) 大型电影企业致力于上下游的整合

2016年下半年，华谊兄弟开始有意加强院线端布局。根据2016年度公告，截至报告期末华谊兄弟已建成投入运营的影院为19家，其中报告期内新增开业的影院为4家，包括高端定制影院品牌——华谊兄弟电影汇。2017年初，华谊兄弟又通过其全资子公司华谊兄弟互娱(天津)投资有限公司以7 885万元参与大地院线定增，认购其95万股，进一步彰显了加码院线布局的决心。王中磊在同期接受采访时表示：2017年华谊兄弟将加速影院布局，计划在5年之内跻身院线行业前列；不会盲目追求数量和规模，而是更依靠品质，有品质的影院才更有竞争力。与影院布局同步，华谊兄弟也开始一步步强化其发行能力。根据公告，华谊兄弟(北京)电影发行有限公司已于2016年正式成立，这是华谊兄弟进入电影行业近20年来首次组建专业发行公司，紧随其后华谊兄弟又通过华谊兄弟(北京)电影发行有限公司投资设立了华影天下(天津)电影发行有限责任公司，并引入上影集团、微影时代、大地时创等各具优势的股东，其进一步提升对终端市场影响力、提振电影业务票房表现的决心可见一斑。[②]

① 葵子. 中外合拍片票房号召力依旧，投资回报堪忧[EB/OL]. 艺恩，[2017-03-31]. http://www.entgroup.cn/Views/39313.shtml.

② 中国经济网. 华谊兄弟2016年净利润表现稳健 产业投资板块表现亮眼[EB/OL]. [2017-03-28]. http://www.entgroup.cn/news/Capital/2839250.shtml.

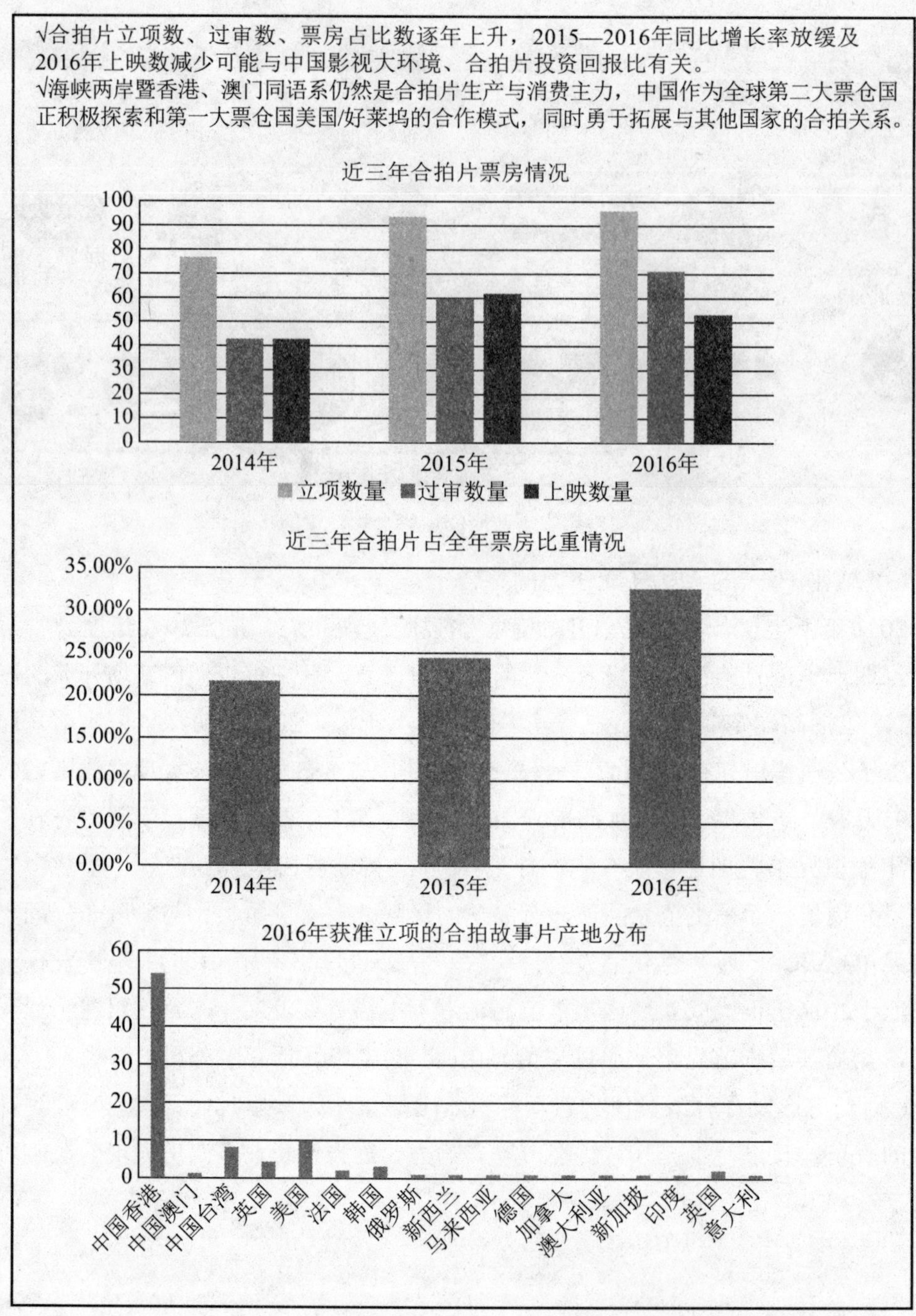

图4-4　合拍片发展现状：产量与票房占比逐年递增，中美合拍积极布局①

① 葵子. 中外合拍片票房号召力依旧，投资回报堪忧[EB/OL]. 艺恩，[2017-03-31]. http://www.entgroup.cn/Views/39313.shtml.

2. 电视企业

(1) 市场竞争与供给侧改革压力仍然很大

2016年共10 232家公司获得《广播电视节目制作许可证》(其中132家获得电视剧甲种证)，相较2010年机构数量迅猛增长152%。而从电视剧制作数量看，2015年总计395部，相较2010减少了9%，但平均每部电视剧集数增加了24%，总集数达到了16 500集，市场可消化压力依然很大。[①]具体可参考图4-5。艺恩研究数据显示，电视剧投资制作规模超百亿元，但社会效益及经济效益有待进一步提升，电视剧供给侧改革仍在路上，作品类型结构及质量也是电视剧制作公司亟待努力的方向。

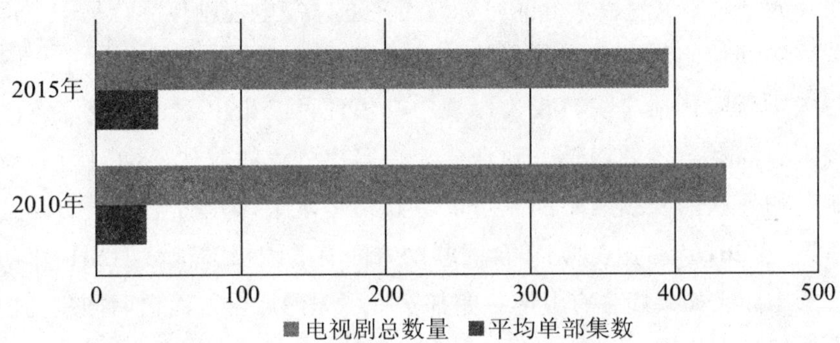

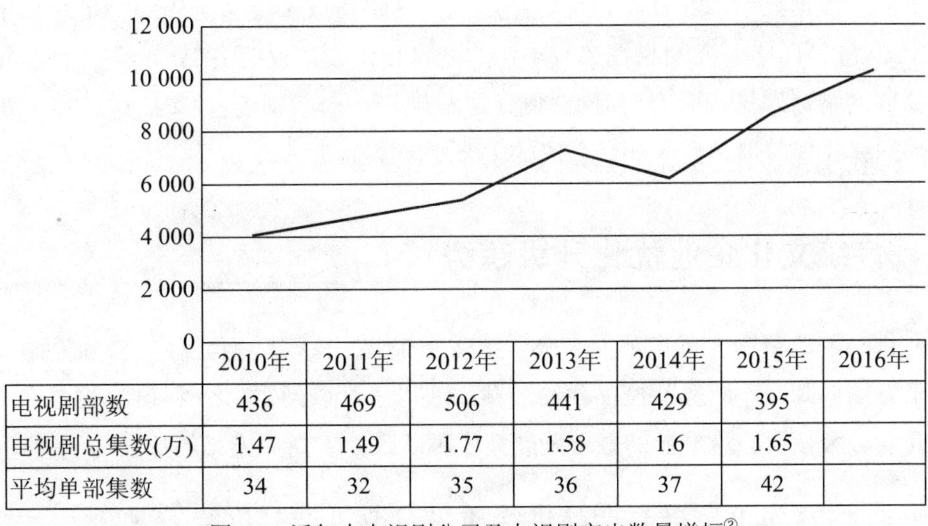

	2010年	2011年	2012年	2013年	2014年	2015年	2016年
电视剧部数	436	469	506	441	429	395	
电视剧总集数(万)	1.47	1.49	1.77	1.58	1.6	1.65	
平均单部集数	34	32	35	36	37	42	

图4-5 近年来电视剧公司及电视剧产出数量增幅[②]

① 皇甫圆慧. 电视剧制作规模超百亿，超万家制作机构哪家强？[R/OL]. 艺恩，[2016-10-25]. http://www.entgroup.cn/Views/37088.shtml.

② 皇甫圆慧. 电视剧制作规模超百亿，超万家制作机构哪家强？[R/OL]. 艺恩，[2016-10-25]. http://www.entgroup.cn/Views/37088.shtml.

(2) 电视企业努力提供优质内容并加大台网联动

首先，老牌综艺节目依然活跃于各大卫视荧屏，其中音乐类、婚恋交友类节目收视率将继续走高，魔术类节目将有较大发展空间。各类成熟的节目仍在追求创新，如在音乐类节目中，山东卫视《超级音浪》改编经典、江苏卫视《不凡的改编》进行老歌新创、安徽卫视《耳畔中国》则改编民歌。其次，电视剧内容和卫视剧场的年轻化定位使IP改编电视剧资源深受各大卫视青睐，IP主要源于网络小说、游戏、漫画等，例如华策克顿制作的《三生三世十里桃花》。再次，明星资源挖掘力度加大。一方面，以大牌明星提高电视剧的艺术水准，例如周迅、陈坤、章子怡出演《如懿传》《凰权·弈天下》《帝王业》等电视剧作品；另一方面选择鹿晗、张艺兴等偶像明星以利用其人气和粉丝提高收视率。第四，注重台网联动播出。清华大学新闻传播学院教授、影视中心主任尹鸿指出，“传统媒体已经进入一个大投入、高竞争、低增长、观众分流、客户分流的时代，面对新的互联网，特别是崛起的互联网视频网站的竞争，与其说是两个媒介的竞争不如说是两个体系的竞争”。[①]2016年的电视剧在台网联动方面有着积极尝试，如2016年的《老九门》《青云志》《如果蜗牛有爱情》等都实行了先网后台，而台网同步播出、视频网站付费先播等合作模式不断丰富。台网联动带来观众的进一步分流。《2016年腾讯娱乐白皮书》数据显示，2016年11部热播剧加入网络播放量百亿俱乐部，是2015年的5.5倍，但与2016年电视剧收视率TOP10的剧目相比较，仅有3部剧重合；而在2016年热播剧网络口碑排行中有6部网络剧跻进口碑榜，台播剧仅占4个席位。庞大年轻受众的网络收视习惯是台网观众分流的主要原因。

三、传统文化企业优化升级趋势

在供给侧改革的大背景下，未来传统文化企业要实现转型升级，必须遵循“内容为王”的原则，不断提高产品供给质量；要以“互联网+文化+科技”的方式，实现跨要素、跨行业、跨平台的融合发展；要不断致力于商业模式的探索与创新。

（一）内容为王，提高产品供给质量，改进产品供给方式

中国电影艺术研究中心联合艺恩对2017年春节档电影进行观众满意度调查，数据显示口碑带来票房逆袭；综合6部影片的满意度与观赏性、思想性和传播度三大

① 吴东，黄鑫，张琼子，辛悦. 2017年国内电视发展10大趋势[J]. 北方传媒研究，2017，(01).

指数进行分析，结果显示能够获得较高满意度的影片一定是艺术性、思想性和口碑俱佳的影片。[①]该调查结果表明，电影企业未来必须以产品质量的提高来实现自身转型升级。2017年，华谊兄弟在内容领域的投入将继续加大。华谊兄弟副董事长、CEO王中磊曾多次公开表示，2017年将是华谊兄弟的制作大年：冯小刚导演的《芳华》已公布定档2017年国庆上映，2016年底开机的罪案动作片《引爆者》也在紧张制作中，成龙和007扮演者布鲁斯南共同主演的动作大戏《英伦对决》也将在国庆档全球同步上映，管虎导演的《八佰》、徐克导演的《狄仁杰之四大天王》、田羽生导演的《前任攻略3》等多部电影作品也将陆续开机，华谊兄弟点睛动画也将推出首部真人动画电影。[②]

2017年7月上映的《战狼2》因其56.42亿元的票房[③]不仅成为中国电影产业的一个现象级产品，也成为好莱坞的热议话题。在电影主题上，《战狼2》突破了国产电影中常见的中产阶级价值观，其民族强盛、保护同胞、大国担当、孤胆英雄等内容契合了时下中国的社会心理和政治环境，借这些内容，电影不仅实现了合家欢，还实现了合国欢。《战狼2》制作方充分利用业已取得良好口碑的《战狼》的品牌效应，精准定位动作+军事这一成熟的电影类型，借鉴好莱坞类型片的叙事规律，与国际上著名的制作团队合作，以枪战、坦克大战、军舰、导弹等军事元素以及中国与欧美电影的动作元素制造了大量的视觉奇观。作为唯一一部非好莱坞出品但跻身全球票房100强的电影，《战狼2》面对的主要是国内市场，其票房检测了中国电影市场的规模与消费能力。该电影在商业上的成功表明，只有提高电影产品的供给质量，电影市场才能持续增长。相比大IP、流量明星等内容，“电影文化消费的多样性、制片生产的工业化程度、技术装备的先进性、制片工艺的精细化、创作质量和单片竞争力等”才是未来中国电影产业发展的重要着力点。

应加大优质产品的营销推广力度。据艺恩电影智库显示，国产动画《精灵王座》，其上映当天就获得了7.77的高口碑指数，上映一周之内，口碑指数一直维持在7.75分左右的高位。而《大鱼海棠》上映当天口碑指数为7.37，上映一周之内，稳定在7.18分。同样是暑期档的两部国产动画影片，《精灵王座》口碑甚至更胜一

---

① 卜李敏. 2017年春节档“开门红”《功夫瑜伽》等获满意评价[EB/OL]. 艺恩，[2017-02-03]. http://www.entgroup.cn/Views/38586.shtml.

② 中国经济网. 华谊兄弟2016年净利润表现稳健 产业投资板块表现亮眼[EB/OL]. [2017-03-28]. http://www.entgroup.cn/news/Capital/2839250.shtml.

③ CBO中国票房. 中国票房_年度票房[EB/OL]. [2017-09-16].http://www.cbooo.cn/year?year=2017.

筹，但票房却远不及《大鱼海棠》。[①]其映前7天认知指数，如图4-6所示。同样，《幸运是我》《路边野餐》等文艺片的口碑指数都为8分以上，但认知指数普遍不高。[②]伊恩数据表明，观众对影片的认知程度与影片的票房有正相关关系，而大众对影片的认知基本来自于影片的宣传。因此，加大宣传推广力度，是包括文艺电影在内的优质内容产品充分实现经济价值与社会价值的必要条件。近几年，新媒体行业焕发出勃勃生机，优质内容产品想要得到大众认知必然要充分运用各类媒体平台进行全媒体营销。

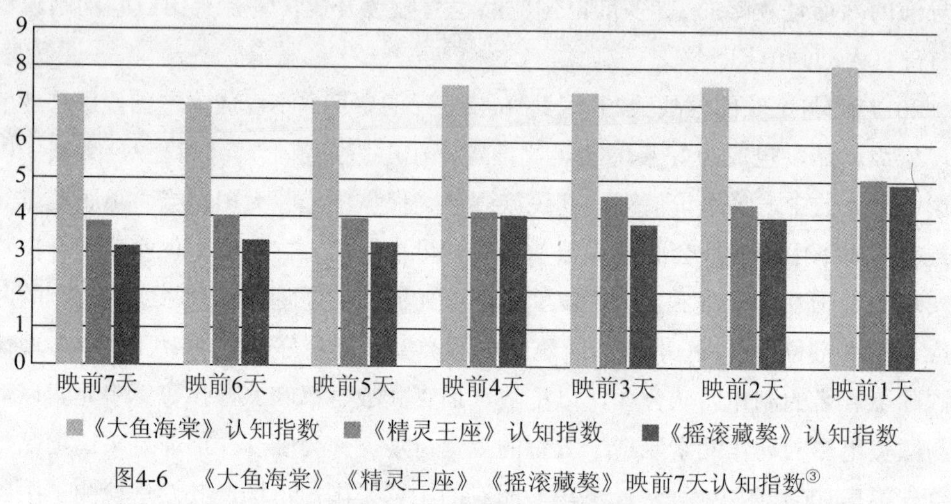

图4-6　《大鱼海棠》《精灵王座》《摇滚藏獒》映前7天认知指数[③]

（二）以“互联网+文化+科技”的模式融合发展

一是跨要素融合，即集聚文化、科技、信息、创意、资本、市场、人才、品牌等产业要素，通过创新形成融合发展模式，推进以“文化+科技”“文化+金融”“文化+创意”等为代表的融合模式。如2016年，万达院线NOC系统全面上线，全国301家影城纳入NOC管理体系，效率大幅提高。万达院线电商结算实现自动化，为公司电商业务多样化做好技术支撑。在放映技术上，万达院线与杜比公司签署战略合作协议，未来5年将在中国开设100家杜比影院(Dolby Cinema)。同时，

① 南山. 国产动画电影输在哪里？认知指数低是硬伤！[EB/OL]. 艺恩，[2016-09-08]. http://www.entgroup.cn/Views/36377.shtml.

② 初秋. 文艺片不受宠？营销才是文艺片正确的打开方式[EB/OL]. 艺恩，[2016-09-09]. http://www.entgroup.cn/Views/36402.shtml.

③ 南山. 国产动画电影输在哪里？认知指数低是硬伤！[R/OL].艺恩，[2016-09-08]. http://www.entgroup.cn/Views/36377.shtml.

该公司继续与IMAX公司加强合作，推进万达4D影厅建设，大力发展自有高端品牌“万达9号厅”、X-land，保持公司放映技术、品质处于国内外领先地位，为观众提供高品质的观影服务。[①]文化产业创新附加值及其辐射带动区域社会经济发展的意义被充分重视。在国家文物局的政策激励下，博物馆等文化文物部门纷纷开始创意产品开发的尝试。“文化+”战略不断凸显，通过延伸文化产业链条，推动文化与经济、文化产业与相关产业渗透融合，促进文化创意和设计服务与制造业、特色农业、旅游业、体育产业等相关产业融合发展。发展特色文化产业被纳入绝大多数地区发展规划，同时，特色文化也成为区域发展关键支撑点，比如2016年的另一个焦点——特色城镇的建设就是明证。[②]

二是跨行业融合，即通过行业间的功能互补和链条延伸，文化内容和创意设计向三次产业渗透，在共生相辅中逐步消解行业壁垒，继续推进“文化+制造业”“文化+旅游”“文化+农业”等多种业态融合模式。“文化+旅游”融合发展模式潜力巨大。中国旅游市场发展空间非常大，预计到2020年，国内旅游会超过60亿人次，到2030年将超过80亿人次。[③]广阔的旅游市场为包括文化产业在内的各个关联产业提供了一个巨大的商机，将促进传统优秀文化资源的保护、传承和发展，并为传统文化企业的转型升级提供机遇。2016年，湖南“动漫+相关产业”的融合创新，推动了跨行业商业模式创新和企业市场拓展，以动漫文化融入传统产业的方式推进了湖南传统产业的转型升级，促进了实体经济发展。据统计，2016年全省动漫游戏总收入超过140亿元(不含影视和互联网收益)，比2015年增长21.43%；全省以童书类动漫、卡通图书为主的动漫图书销售达299.5万余册，比2015年增长18.4%；全省动漫游戏及相关类知识产权申请数为960项，比2015年增长33%。[④]

三是跨平台融合，即传统文化企业展开多领域、跨平台的融合创新，以此削弱市场边界和壁垒，当前的“文化+互联网”就是其典型代表。[⑤]电视媒体与网络媒体的融合将进一步发展。湖南卫视、浙江卫视、江苏卫视、北京卫视和东方卫视等实力雄

① 陈健玮. 万达院线2016年营收112亿 拟更名为“万达电影”全面转型[EB/OL]. 赢商网，[2017-03-31]. http://www.entgroup.cn/news/Capital/3139315.shtml.

② 魏鹏举. 回顾2016中国文化产业结构性调整[EB/OL]. 中国经济网，[2017-01-03]. http://www.ce.cn/culture/gd/201701/03/t20170103_19338451.shtml.

③ 新华网. 邵琪伟：推动文化产业和旅游产业融合发展[EB/OL]. [2016-11-30]. http://travel.news.cn/2016-11/30/c_1120023864.htm.

④ 湖南省文化厅. 2016年湖南“动漫+ ”推动传统产业转型升级[EB/OL]. [2017-02-03]. http://www.mcprc.gov.cn/whzx/qgwhxxlb/hunan/201702/t20170203_490635.html.

⑤ 张秉文. 把握文化产业发展的“一味三性”[N]. 广西日报，2017-01-24.

厚的卫视间的激烈竞争将继续，提升内容质量，加大台网联动依然是电视节目市场未来的发展趋势之一。随着一线卫视独播竞争的日趋激烈，台网同步的发展将引发视频网站之间的内容竞争，“一剧一星一网”的大剧标配播出模式将逐渐形成。[①]

（三）重视商业模式的探索与创新

首先，以IP开发为主的价值增值产业链商业模式仍然是未来发展方向之一。华策影视和完美世界的商业模式值得借鉴。华策集团开发出SIP全产业链开发模式(如图4-7所示)，几何级放大IP价值，意图彻底打通互联网和影视娱乐接线，对IP开发的最初剧目、电影、网络剧、游戏，乃至电商衍生品等全产品线进行设计和一揽子运营。完美世界则有着精品剧概念，产出求质不求量并进行变现模式创新，如IP《神犬小七》系列作品的开发不仅取得了很好的社会效益和经济效益，还把电视剧和音乐剧成功勾连融合，把受众延展至青少年及儿童。[②]

图4-7　华策影视：手握“SIP+X”撬动全娱乐引力[③]

第二，众多骨干企业将采用项目大型化、品牌化、持续化商业模式。如2016年，宋城演艺进一步加快扩张步伐，与张家界市签订战略合作框架协议；同时在长沙市宁乡县开始了宋城演艺管理输出、品牌输出、创意输出的轻资产运营模式。

① 吴东，黄鑫，张琼子，辛悦. 2017年国内电视发展10大趋势[J]. 北方传媒研究，2017，(01).

② 皇甫圆慧. 电视剧制作规模超百亿，超万家制作机构哪家强？[EB/OL]. 艺恩，[2016-10-25]. http://www.entgroup.cn/Views/37088.shtml.

③ 耿耀.《三生三世》红到戛纳：谁是“华流出海”背后的最大赢家？[R/OL]. 艺恩，[2017-04-09]. http://www.entgroup.cn/Views/39409.shtml.

2017年4月6日，宋城演艺与西安曲江大明宫遗址区保护改造办公室在西安正式签订项目合作协议，拟投资7亿元在大明宫遗址公园建设“西安千古情景区”项目，量身打造一场《西安千古情》大型演出。2017年各上星卫视跨年演唱会均结合自己的王牌节目强化自身品牌，如东方卫视结合热门综艺《极限挑战》+热剧《老九门》《锦绣未央》，浙江卫视依托《奔跑吧兄弟》+《中国新歌声》，湖南卫视主打《超女》《快男》明星“回娘家”，北京卫视继续玩转《跨界》系列，各家电视台结合自身优势资源，成功利用粉丝效应，借王牌节目强化品牌定位。[①]2017跨年演唱会网络播放量TOP10如图4-8所示。

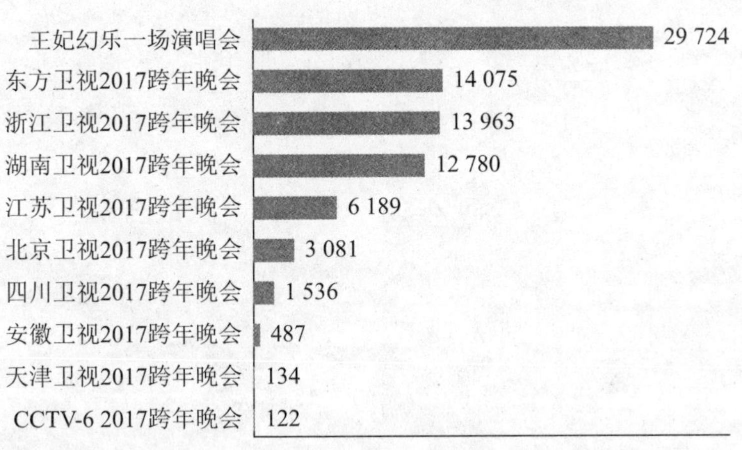

图4-8　2017跨年演唱会网络播放量TOP10(单位：万)[②]

第三，并购整合的商业模式。2016年，万达院线成立万达传媒，并购时光网，布局游戏产业，大力拓展在广告传媒、电影整合营销、在线直播、衍生品、游戏产业等领域的业务，不断提升非票房收入，增强公司市场竞争力。2016年公司实现非票房收入39亿元，同比增长超过100%，非票房收入占营业收入比重达到35%，较2015年提升12个百分点，占比大幅提升，公司生态圈建设成效显著。[③]

(撰稿人：李沁叶，平顶山学院)

① 付晓岚. 2017跨年演唱会视频网站流量之战，胜利者以何取胜？[EB/OL]. 艺恩，[2017-01-05]. http://www.entgroup.cn/Views/38254.shtml.

② 付晓岚. 2017跨年演唱会视频网站流量之战，胜利者以何取胜？[EB/OL]. 艺恩，[2017-01-05]. http://www.entgroup.cn/Views/38254.shtml.

③ 陈健玮. 万达院线2016年营收112亿 拟更名为“万达电影”全面转型[EB/OL]. 赢商网，[2017-03-31]. http://www.entgroup.cn/news/Capital/3139315.shtml.

第五章
互联网文化产业发展格局

- 从整体态势来看，2016年互联网文化产业稳健成长，国家通过一系列政策法规的发布和执行，为互联网文化产业的发展创造制度环境，BAT与互联网“独角兽”(Unicorn)公司之间关系多样化变化，合并收购等资本活动表现活跃。
- 移动用户逐渐成为市场中心，整体产业呈现横向和纵向的多重发展结构，呈现出创业和投资格局的新趋势，跨界融合和多元产业链态势愈加明显，在VR、直播、影视、音乐等多个行业领域涌现出一系列新的趋势与业态，版权付费模式不断发展成熟，传统文化产业领域不断实现技术化转型和模式创新。
- 互联网文化企业之间竞合关系多样化，内容竞争回归本位，各类企业均以生态化业务布局作为自身重要战略目标之一，不断提高移动化和国际化程度，共享经济、B端投资等诸多方向成为具有较大创新和开发空间的新趋势。

从概念范围来说，互联网为文化产业制造了新的发展空间，“不仅表现为文化产品可以在互联网平台上传播和销售，更本质的是互联网改变了文化产业的构成方式和理解范畴”①。从整体态势来看，2016年互联网文化产业稳健成长，呈现横向和纵向的多重发展结构，呈现出创业和投资格局的新趋势，跨界融合和多元产业链态势愈加明显，在VR、直播、影视等多个行业领域涌现出一系列新的趋势与业态，但是同时，也存在诸多良性生态建设亟待解决的问题。

一、互联网文化产业整体背景格局

2016年互联网文化产业发展的整体背景格局可以从政策法规环境、创业与投资格局、技术环境等多个角度分析阐述，具体如下。

(一) 政策法规环境

从顶层设计的角度来看，国家通过一系列政策法规的发布和执行，为互联网文化产业的发展创造制度环境，既包括鼓励支持互联网文化产业不断发展的利好政策，也包括规范市场主体和市场环境的各种法律法规。

根据《“十三五”国家战略性新兴产业发展规划》，在规划期2016—2020年内，实现两个与互联网文化产业切实相关的大战略目标：推动信息技术产业跨越发展，拓展网络经济新空间；促进数字创意产业蓬勃发展，创造引领新消费。具体来说，前者包括构建网络强国基础设施、推进“互联网+”行动、实施国家大数据战略、做强信息技术核心产业、发展人工智能、完善网络经济管理方式；后者则包括创新数字文化创意技术和装备、丰富数字文化创意内容和形式、提升创新设计水平、推进相关产业融合发展。

另一方面来看，要推进供给侧结构性改革，推动转型升级提质增效，首先就是要推进“文化+”“互联网+”，促进结构优化升级。网络文化行业的发展目标是到2020年，推动形成内涵丰富、技术先进、链条完整的网络文化业态发展格局，进一步增强网络文化的核心竞争力。提高网络音乐、网络动漫、网络演出、网络表演、

① 陈少峰，王建平，李凤强. 中国互联网文化产业报告2016[M]. 北京：华文出版社，2016:3.

网络艺术品等网络文化产品的原创能力和文化品位，发展健康向上的网络文化。鼓励文化内容与网络技术结合，不断创新文化业态，丰富文化表现形式。支持制作适合互联网和移动互联网传播的精品佳作，促进优秀传统文化和当代文化精品网络传播。深化互联网上网服务行业转型升级。鼓励和引导上网服务场所与电子竞技、游戏游艺、网络教育、电子商务等领域的跨界融合，发挥上网服务场所的区位优势、场地优势和技术优势，增加行业发展后劲。

整体来看，互联网文化产业政策法规环境呈现几个显著态势：首先，利好政策为互联网文化产业发展创造积极的创新环境，政策鼓励和引导会激发市场资本和创新的倾斜，为产业稳健成长提供积极的政策土壤和社会舆论，创造更多的产业“蓝海”开发提升空间。其次，相关法规条例为规范互联网文化产业市场结构与环境奠定基础，典型的如直播行业领域的监管政策。目前，互联网文化产业市场发展还处于从野蛮生长的初期向规范化的中后期过渡阶段，需要良好的制度保障和规范，尤其是在知识产权、资本运作、市场规范等方面，这是互联网文化产业市场良性生态建设的重要前提。最后，互联网文化生产和消费两端发力，不仅仅是引导互联网文化企业等市场主体积极创新，促进产业新增长点的成长发展，更要引导用户的文化消费点的不断创新，在社会主义市场经济的大背景下，牢牢掌握制度与市场之间的有效互动关系，实现整体博弈的平衡和谐发展。

（二）创业与投资格局

1. BAT与互联网“独角兽”(Unicorn)

根据IT桔子相关研究数据，在其整理的2016年71家独角兽公司中，有“65%的公司均与BAT有直接或间接股权关系，这些公司的整体总估值达到2 917亿美元”[①]，占到全部独角兽公司估值的83%，尤其是在独角兽的TOP 10公司，除开大疆科技以外，其他9家公司都与BAT关联；而排在前20的独角兽公司中，则有80%公司与BAT挂钩。另一方面，从投资机构的角度分析，71家独角兽公司背后，包含CVC公司投资者在内共涉及235家投资机构，其中，144家机构旗下仅仅拥有1家独角兽公司、45家机构旗下仅仅拥有2家独角兽，另一方面，仅仅有1家机构——红杉资本，旗下拥有16家独角兽，而排在第一位的则是腾讯，旗下拥有17家独角兽，这样的数据意味着，互联网独角兽公司背后的投资机构也呈现出明显的金字塔格局，

① IT桔子. 71家公司，3516亿美元，52%换手率，65%被BAT收编[EB/OL]. 36氪，[2017-01-20]. http://36kr.com/p/5062462.html.

对于投资人来说，这一格局利弊兼具，而对于互联网文化产业的创业者来说，可能意味着面对的创业和发展环境将存在更大的艰阻。

2. 合并与收购

2016年的并购事件中，有一起影响巨大的跨境并购，即腾讯以86亿美元收购著名的芬兰移动游戏公司Supercell的84%股份，这是2016年披露金额最大的并购事件，不仅仅丰富了腾讯的移动游戏业务布局，让腾讯的国内游戏帝国位置更加稳固，使得网易等公司难以重新追赶上其游戏产业规模，而且同时，腾讯自身的国际化娱乐公司品牌也得到更大范围的传播和巩固。另一方面，其在音乐业务领域收购了由酷狗、酷我和海洋音乐整合而成的China Music，并将其与QQ音乐业务组合，搭建起全新的“腾讯音乐娱乐集团”，相比阿里巴巴的虾米音乐、网易的网易云音乐来说，腾讯的QQ音乐本身已经在版权上突破千万量级，优势十分明显，而此次收购之后，可以看到腾讯音乐的版权优势也将进一步扩大，在线音乐市场的份额或将进一步拓展。从国际化的角度来看，除了前面提到的对芬兰移动游戏公司Supercell的并购以外，腾讯还收购了另外一家境外公司——Sanook.com，其作为目前泰国最大的门户网站，腾讯在此基础上直接将其升级为“腾讯泰国公司”，也成为其国际化进程中重要的战略性步骤之一。

除了腾讯以外，游戏领域的大手笔并购案例寥寥可数，这也从侧面反映了2016年游戏领域的关注度相比下降，与这一态势相似的还有电影领域，最瞩目的一起并购事件就是猫眼电影正式从美团拆分，被光线传媒通过“股票+现金”的方式实现控股，这对光线传媒来说，是通过向平台发行方的进一步渗透，尤其是在线发行在市场的重要性进一步提升，在线购票成为主流的市场大背景下，对其内容公司固有缺陷，也即内容创造的高风险性的模式弥补。

在电子商务领域，沃尔玛将持有的1号店股权打包卖给京东商城，以此获得了京东5%的股份，这样对1号店的估值也相应达到了14.35亿美元，而双方预计将在四个方面进行战略合作：首先，京东将拥有1号商城主要资产，包括“1号店”的品牌、网站、APP，而沃尔玛将继续经营1号店自营业务，并入驻1号商城；其次，“山姆会员商店”将在京东平台上开设官方旗舰店，京东物流仓储体系当日达/次日达商品配送服务已覆盖全国6亿用户，山姆会员商店将使用京东的仓配一体化物流服务，从而能够在中国更大范围地推广其进口商品；再次，京东和沃尔玛将在供应链端展开合作，包括扩大进口产品的丰富度；最后，沃尔玛在中国的实体门店将接入京东投资的众包物流平台“达达”和O2O电商平台“京东到家”，并成为其重点合作伙伴。从两者的合作方式和发展方向来看，这一起并购是双方各取所需优势互补的双赢，也是线下零售供应商、电子商务平台、仓储配送物流体系等各要素的生态构造完善。

2016年投资格局虽然并不像2015年那样大型合并层出不穷，但是2016年仍旧存在有一些影响垂直产业格局的合并事件，如表5-1所示。首先是滴滴出行与Uber中国的合并，使得国内的交通出行市场真正成为一家独大的局面，滴滴出行成为市场垄断者并占据绝对的市场份额，Uber中国告别烧钱竞争，Uber本身也成为滴滴出行最大的单一股东，继续有着财务投资上可能的收益。另外则是蘑菇街和美丽说的合并，组合成为新的“美丽联合集团”，使得时尚女性电商市场进行新一轮的竞争格局，内容、社交和直播要素将更多地融合进这一垂直市场，蘑菇街和美丽说之前并不重合的用户受众群也将面对重新定位和划分，从另一个角度来说，这也为时尚女性电商领域提供了创新的蓝海空间。

表5-1 2016年部分并购整合①

收购方	被收购公司
阿里巴巴	豌豆荚、亚博科技、Lazada、杭州星际、五千年医药
腾讯	China Music(酷狗酷我)、天闻角川、Sanook、Supercell
天神娱乐	口袋科技、一花科技、绿洲游戏、和润传媒
科达股份	汽车头条、亚海恒业、爱创营销、数字100
携程	Skyscanner、唐人接、海鸥假期、纵横旅游
万达院线	新媒诚品、北欧院线集团、时光网、胡莱游戏
苏宁	天天快递、龙珠直播、国际米兰俱乐部
北京君正	豪威科技、视信源、思比科微电子
勤上光电	龙文教育、小红帽教育、爱迪国际学校
卓尔集团	中农网、兰亭集势、汇茂科技
三七互娱	墨鹍科技、智铭网络、中汇影视
盟云移软	酷炫游、一点网络、易天互联网络
光线传媒	猫眼电影、呱呱视频、七维科技
兴民钢圈	远特科技、凯立德、奥腾电子
立思辰	跨学网、百年英才、留学360教育

阿里巴巴在2016年共披露了5起并购事件，涉及行业相对比较多元化，这也从侧面反映了阿里巴巴的产业布局也具备相当的规模，具体来看，豌豆荚是典型的

① IT桔子. 行业重组洗牌推动资本整合 跨境并购兴起[EB/OL]. 搜狐科技，[2017-01-30]. http://www.sohu.com/a/125280521_355020.

移动互联网应用商店与APP分发入口，对其的收购一定程度上弥补了阿里的移动渠道；亚博科技则是一家上市彩票公司，阿里巴巴收购亚博科技的布局，使得后者将成为阿里巴巴及蚂蚁金服独家彩票业务平台；杭州星际主要从事影城经营与管理、电影放映及其他相关业务，旗下拥有11个影厅，这对阿里影业的院线端是一种有力的补充；五千年药业则是一家持有互联网药品交易服务资格证书的医药零售连锁店，被阿里健康以1 680万元收购之后，天猫的医药领域业务将实现重要跨越；最后一家公司Lazada是东南亚第一电商，这显示了阿里巴巴实现国际化的决心，它将成为其海外战略的有机组成部分之一。

整体来看，2016年的并购格局呈现稳健态势，而并购的目的也可以被分为两类：一是基于传统行业与“互联网+”的产业升级与转型，比如勤上光电、立思辰等于在线教育领域的探索；另一类则是基于自身互联网业务布局的扩展和衍生，比如万达院线、光线传媒等。两相对比，前者的风险性更高，如果不能与本身的企业结构完成有机的结合，做到将互联网融入其商业模式之中，而是将其作为工具的话，或许并不能达“互联网+”产业升级与转型的目的，而后者对自身业务布局的扩展，如果能够利用好互联网文化产业的平台性特征，将构建自身的良性产业生态圈，或将达到一定的产业互动和链式发展。总的来说，无论是传统行业企业追求产业升级与转型，还是新兴行业企业业务拓展，其并购的目的性和针对性都需要更加明确，并购实现之后的业务消化过程比购买过程本身要更为重要。

（三）技术环境

移动用户成为市场核心。根据中国互联网络信息中心(CNNIC)第39次《中国互联网络发展状况统计报告》显示，截至2016年12月，我国网民规模达7.31亿，新增网民4 299万人，增长率为6.2%。其中，手机网民规模达6.95亿，占比达95.1%，增长率连续3年超过10%，与之相对的，台式电脑、笔记本电脑的使用率均出现下降，手机不断挤占其他个人上网设备的使用。同时，移动互联网与线下实体经济联系日益紧密，手机网上支付用户规模增长迅速，达到4.69亿，年增长率为31.2%，网民手机网上支付的使用比例由57.7%提升至67.5%，手机支付向线下支付领域的快速渗透，极大丰富了支付场景，有50.3%的网民在线下实体店购物时使用手机支付结算。

移动用户成为市场核心这一格局早在前几年就已初现端倪，2016年只是将这一趋势进一步巩固和发展，无论是游戏、音乐、影视等这一类互联网娱乐领域，还是支付、教育等这一类互联网综合领域，企业在创新市场时都需要以移动用户的使用体验诉求为核心目标，移动趋势也是互联网文化产业发展不可忽视的重要市场特征之一。

二、互联网文化产业创新态势

(一) 多领域直播化

2016年互联网文化产业首先的创新态势就是多领域直播化(如表5-2所示)，值得注意的是，直播领域绝大多数甚至是全部市场均集中在移动互联网端，这是对这一行业市场分析的前提和条件。

表5-2　部分互联网企业直播布局情况整合

公司	直播布局情况
百度	百秀直播、Ala直播、百度视频、爱奇艺、奇秀直播、快手、百度传课、作业帮
阿里巴巴	淘宝直播、天猫直播、陌陌、优酷、火猫直播(游戏)、来疯直播、目睹直播、淘宝同学、VIPKID、新浪微博(一下科技：秒拍、小咖秀、一直播；美图：美拍)
腾讯	NOW直播、腾讯视频、企鹅直播、腾讯直播、花样直播、斗鱼直播、龙珠直播、哔哩哔哩、呱呱社区、红点直播、QQ空间、抱抱APP、企鹅辅导直播平台、腾讯课堂、猿题库/猿辅导、疯狂老师、新东方在线
欢聚时代	YY直播、虎牙直播、ME直播、知牛财经、早道日语网校、牧师天成、火猫TV、MarsTV耀宇文化传媒、51Talk无忧英语、邢帅网络学院
乐视	乐视视频、乐嗨视频、大咖台、章鱼直播

包括BAT在内的互联网企业纷纷在直播行业领域布局，涉及范围包括娱乐、视频、游戏、体育、财经、教育等。以阿里巴巴为例，其布局的淘宝直播和天猫直播，与其本身的淘宝和天猫购物平台相结合，实现了直播内容和变现渠道的结合，也增加了用户的现场感和体验感，是与其本身业务息息相关的战略布局。另一方面，利用新浪微博的入口，其布局了秒拍、小咖秀、一直播、美拍等一系列直播平台，实现了社交直播的转化。

整体上说，2016年的前4个月是直播市场的快速增长期，不仅仅涌现了大量的移动互联网直播APP，日活跃用户量的规模也经历着快速增长，使用者群体逐渐形成，并在不同直播平台之间做出消费选择。反过来说，这也是移动互联网直播APP之间争夺用户体量和市场份额的重要时期，通过明星效应带动粉丝社群等一系列手段，各个平台之间基本形成了各自的核心受众群和市场规模差别。直到11月份，移动互联网直播市场的日活跃用户量达到峰值887.6万[①]，随后逐渐呈现下降趋势，不仅在日使用时长上有所缩减，同时直播市场本身也开始呈现分化和垂直的态势。

另一方面，从直播市场的主播角度来看，具有市场号召力的主播往往能够通过用户打赏收入数量来获得明确的体现，根据Trustdate相关研究数据，排名前5的主播人均年收入可以达到近千万，即使是排名前50的主播人均年收入也可以超过300万。然而，对比直播市场的全部主播数量来说，整体主播收入结构基本呈现金字塔形态，打赏收入较少的主播数量仍然占据大多数。因此，如何获得更多的主播资源，尤其是排名靠前具备市场号召力的主播，以此最大限度创造用户黏性将成为各直播平台首先考虑的问题。

互联网直播行业的垂直化趋势则体现在两个方面，首先是行业领域的不断细分和专注，体育、财经、电商、教育、游戏等行业方向纷纷进驻直播领域。以虎牙直播为例，其前身是YY直播，虽然早在2012年就创立了，但是与映客直播、一直播以及花椒直播相比，其覆盖范围并未达到相当的体量，然而其以游戏内容为核心，将主播直播分类为网游竞技、单机热游、娱乐综艺、手游休闲四类，基本囊括时下大部分热门游戏，并具备极高的内容专注度和用户忠诚度，根据猎豹全球智库的数据，虎牙直播成为2016年周活跃渗透率最高的直播类APP，达到0.569%，周人均打开次数为30.0次，与之相比映客直播的周活跃渗透率为0.547%，周人均打开次数为24.9次。

其次，用户群体的不断细分带来的投资和生产目标受众转化。正如前面所说，2016年前4个月经历了直播APP的快速增长期，在这一过程中，面向C端的直播行业机会窗口或已关闭，直播行业第一阵营基本形成，行业内竞合局面也在不断加剧，但是这并不意味着直播行业已经没有市场蓝海，相反，正是由于C端的红海局面，带来了直播技术支持服务企业的新契机，谁能迅速占据技术支持的尖端市场，谁就将为直播APP的用户体验提升带来空间和潜力，成为资本竞相追逐的市场热点。另一方面，除了C端直播以外，B端仍有大量待开发的市场空间，面向企业等用户的直播市场亟待创新发展，这或将成为接下来互联网直播行业的新趋势，阿里巴巴对目睹直播、华睿投资对EduSoho阔知网络的投资等也印证了这一点。

---

① 数据来自：Trustdate移动大数据监测平台，直播应用统计口径：独立第三方的全民直播APP，不包括秀场直播和游戏直播，也不包括平台内的视频直播频道.

（二）网络影视多元产业链

2016年也是网络影视的高速发展期，呈现多元产业链齐头并进的增长态势，既包括院线电影与网络端共同发行方式，也包括网络大电影和网络电视剧等原生网络影视发行方式，通过内容IP培育和孵化粉丝群体，结合衍生周边产品、线下主创见面会等变现方式，最大限度地提升网络影视产业链的多元化和丰富化程度，挖掘核心IP和培养明星的市场价值与号召力。整体来看，从用户规模上来说，2016年网络影视领域月活跃用户量呈现稳定发展态势，在8月份达到一个历史新高之后有一定的下降趋势①。

另一方面，从用户层次上来说，互联网影视领域用户以二三线城市为主体，两者加起来占据全部视频用户的一半以上，而一线城市用户占比仅为10%左右，这是互联网影视作品创意和发行时需要着重关注的一点，是确定受众市场取向的重要基础，如图5-1所示。

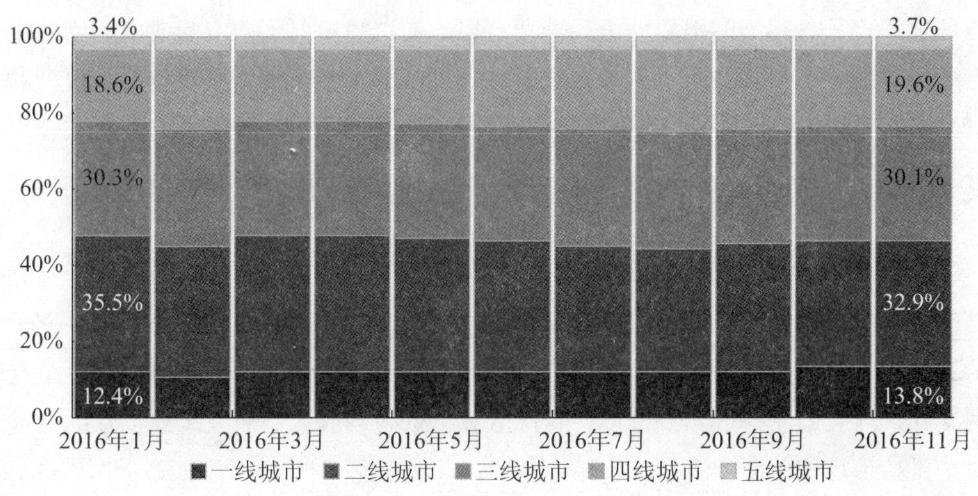

图5-1　互联网视频用户城市分布②

1. BAT的绝对优势市场

从企业本身的角度来看，根据Trustdate相关研究数据表明，2016年的互联网影视行业领域，BAT依然占据市场的绝对优势地位，爱奇艺、腾讯视频、优酷的月活跃用户量规模稳列第一梯队，与排名第三的乐视视频和排名第四的芒果TV相差超过一倍以上。另外，其全年新增用户量规模也占据前三位，马太效应明显，虽然与月

① 数据来源：Trustdate移动大数据监测平台。不包括短视频、视频直播应用。

② 数据来源：Trustdate移动大数据监测平台。

活跃用户量相比，同乐视视频、芒果TV的差距并未达到数倍，但是仍然处于绝对优势。究其原因，与BAT雄厚的资本实力和稳定的用户接入渠道密不可分，在雄厚的资本实力加持下，获得强势IP并成功导流的可能性会更高，包括《芈月传》《老九门》《微微一笑很倾城》等内容IP在内，结合寒暑假期的档期优势，其带来了网络影视平台的月新增用户规模增长小高峰，这也意味着互联网条件下，资本、IP、用户之间的相互转化是具备高可行性的。

2. 孵化粉丝群体与培养IP

与院线电影不同，一部网络大电影或网络电视剧要想成为爆款，其对于粉丝群体的依赖度更高，这也催生了一种生产线式的商业模式，那就是以小说IP的原著粉丝为基础，通过培育自己的主创明星，结合改编电影或电视剧内容，孵化和培育新的粉丝群体成为目标受众，"'互联网+文化产业'的新商业模式是连接"[①]，对粉丝群体的孵化正是连接内容和用户的有效途径。这部分粉丝群体或者是原著粉丝转化而成，或者仅仅是主创明星吸引而来的新粉丝，但是有一点最重要的是，其核心群体一定具备相当的消费能力和消费意愿，在这种情况下，电影或电视剧的主创方再通过发行周边衍生产品，举办主创明星线下见面会等变现渠道创收，典型的如《上瘾》《刺客列传》等一系列网络电视剧，正是利用这一商业模式，视频的播放本身带来的收入并不是其主要目的，打造自己具有市场号召力的明星和IP才是核心。

3. 稳健发展的付费趋势

2016年互联网视频用户日付费笔数平均达到了110万笔，在国庆期间达到峰值156万，整体保持稳健发展的态势，如图5-2所示。从推进网络音乐、视频、文学等一系列内容正版化的进程开始，互联网消费付费成为不可逆转的趋势，这也是互联网文化产业良性生态的重要基础，保障版权方的合理收入是激发产业创意的前提，也是维持市场资源循环活力的条件。

互联网影视初期阶段基于新增用户，向广告商对用户进行二次售卖的流量型商业模式，会随着付费习惯的逐渐培养而转变，当会员价值和付费消费的良性互动形成，将会形成一种"内容+场景"的商业模式，用户规模不是平台最具市场价值的资本，与之相反，消费意愿将成为衡量用户质量的核心，也是互联网影视精准营销的重要参考条件。

---

① 傅琳雅."互联网+文化产业"的新业态及发展趋势[J]. 沈阳工业大学学报(社会科学版)，2016，9(4):306-309.

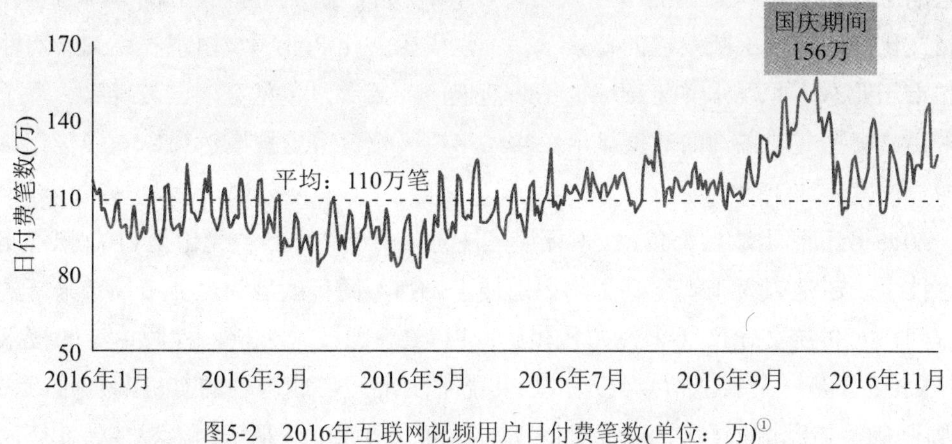

图5-2　2016年互联网视频用户日付费笔数(单位：万)[①]

与视频付费相关的另一重要表现是网络短视频与直播相结合带来用户活跃度的进一步提升，在互联网视频行业市场创造了新的增长点。以快手为例，与美拍、头条视频、秒拍、小咖秀等相比，快手的月活跃用户量超过一亿人次，是美拍的5.8倍，是头条视频的12.1倍[②]，然而直播功能上线后，快手的日活跃用户量持续增长，短视频与直播两个互联网视频热点消费的结合带来了用户活跃度的极大提升，两者的良性交互共同构成了快手的业务结构。

（三）传统文化产业的技术化转型

互联网作为一种新的市场模式强势进入经济格局初期时，相当一部分的传统文化产业，甚至是传统产业整体都面临着一种不破不立的困难局面，电子商务冲击实体零售业，包括服装、书籍等，网络影视冲击有线电视业，大娱乐化的产业形势使得博物馆等一系列的传统市场主体陷入被动。

然而从另一个角度来看，随着互联网技术、资本和商业模式的不断深度介入其他行业领域，传统文化产业与互联网开始融为一体，这不仅催生了新的互联网文化产业业态，也为传统的文化产业行业领域带来新生。例如，由淘宝众筹“故宫淘宝”团队设计的“清风”卡通版木版年画在淘宝众筹平台半天时间筹款达成率就超过150%[③]，契合了年轻新消费群体追求时尚、个性、品牌与注重消费体验的特点，

① 数据来源：Trustdate移动大数据监测平台。

② 数据来源：Trustdate移动大数据监测平台。短视频数据仅包括独立短视频应用，不包括微信、微博、头条新闻应用内短视频数据。

③ 卢浩然．“互联网+”为传统艺术搭建创新发展新平台[N/OL]．汴梁晚报，[2016-01-30]．http://www.kf.cn/blwb/html/2016-01/30/content_254817.htm.

古老的朱仙镇木版年画借力“互联网+”的新平台，焕发出新的生机与活力。在互联网文化产业市场不断发展的背景下，不仅娱乐文化产业领域出现一系列新商业模式和市场业态，非娱乐文化领域也不断涌现产业蓝海，包括金融、教育等。举个例子来说，根据艾瑞咨询的数据显示，2016年在线教育市场规模达到1 560.2亿元，同比增长速度为27.3%[①]。

2016年互联网文化产业在技术环境呈现充分的创新态势，无论是VR虚拟现实、全息技术，还是VI人工智能、生物识别技术，都不同程度地为产业市场带来新的创新空间，对传统文化产业来说尤其如此。以VR虚拟技术为例，摆脱单纯的技术视角，VR更像是一个智能信息终端，当其能够实现与搭载内容的有机融合时，它就实现了工具向平台的转化，无论是影视、赛事、游戏，还是购物、教育、社交，虚拟现实技术给这些行业领域带来了新的交互性，用户通过互联网和移动互联网本身所获得的体验，变得更具身临其境之感，也为产业市场创新提供新的契机。VR虚拟现实技术对内容IP的开发是改革性的，在VR的支持下，内容IP的产业链开发不再是一个单向的过程，它可以和受众实现充分互动，提高市场资本和潜在消费者的关注度，换句话说，这也使得文化产业各市场主体从“借用IP”转向“创造高价值IP”。内容IP也不再局限于影视作品或者游戏作品，而是使得传统文化产业缺乏体验性的部分获得了有效的提升，如首都博物馆利用VR虚拟现实技术的“妇好墓展览”，参观者只需要佩戴VR眼镜，就可以360度全方位体验妇好墓的不同发掘层，虽然画质还略显粗糙，很难达到真正的身临其境，但不可否认这使得参观者的观感获得了很大的体验提升，让普通的考古展览变得更加有趣。事实上，早在2003年，故宫博物院就成立了故宫文化资产数字研究所，其中第一个向公众展示的作品就是“故宫VR《紫禁城·天子的宫殿》”，但是随着VR技术的不断成熟和市场资本的不断进入，其与产业各环节的互动性将更加密切，商业模式也会成长得更加成熟。

再如VI人工智能技术，除了以“阿尔法围棋”(Alpha Go)为代表的一批围棋人工智能程序颇受关注以外，北京龙泉寺的贤二机器僧也为传统文化产业展示了一种新的发展方式。作为龙泉寺最具代表性的“人物”之一，贤二机器僧从2016年4月份开始爆红于网络，它可以与人语音对话，能够诵念佛经佛法，并且通过微信公众号平台与网友线上互动。贤二机器僧的成功带来了“贤二”这个小和尚形象的市场价值猛增，通过授权周边衍生产品的贩售，一系列线上和线下布局逐步推出。作为

① 搜狐. 2016年在线教育市场规模超1 560亿，中小学教育或成市场主体[EB/OL]. [2017-01-07]. http://www.sohu.com/a/123700649_460424.

一个宗教文化色彩突出的智能机器人形象，贤二在文化产业市场中仍然具有较强的新鲜感，也具有一定的开发潜力，但是仍然需要注重产品本身的创意度和迭代速度，保持源品牌，也即龙泉寺贤二机器僧的市场号召力。

（四）互联网音乐产业格局稳定

截至2016年12月，网络音乐用户规模达5.03亿，较2015年底增加176万，占网民总体的68.8%，整体用户规模未见明显增长。其中手机网络音乐用户规模达到4.68亿，较2015年底增加5 152万，占手机网民的67.3%[①]。具体来说，2016年互联网音乐产业呈现2个方面的发展新态势。

1. 数字版权蓬勃发展

2015年7月，国家版权局下发《关于责令网络音乐服务商停止未经授权传播音乐作品的通知》，这份文件为此后2016年的音乐行业发展奠定了变革的基调。得益于行业版权意识的形成与用户付费意愿的提升，网络音乐营收进入高速增长期，艾媒咨询数据显示，2016年中国内容付费用户规模为0.98亿人，预计在2017年中国内容付费用户规模将超1.8亿人，增长率或超100%，2018年用户规模将超2.9亿人。

数字音乐从彩铃时代开始，到互联网初期野蛮阶段，免费试听、免费下载的消费习惯长期作为市场主流，以对用户资源向广告商的二次售卖为主的变现方式主导市场，互联网音乐产业无法形成良性的市场生态。随着市场监管的不断加强和用户消费观念的不断培养，产业市场也不断发展成熟，不仅数字音乐版权销售额不断增加，基于数字音乐内容开发的衍生市场泛娱乐经营也成为重要的变现渠道，数字音乐的版权销售仅仅是最基础的收入方式，而通过粉丝经济的挖掘，社群经济的创新开发，产业链运营等实现内容营销将是获得市场的重要方式。

2. 竞争格局基本稳定

互联网音乐产业市场在2016年基本整合完毕，PC端网络音乐用户加速向移动端转移，经过自2015年开始的连续并购，腾讯、阿里巴巴、百度和网易云音乐四家网络音乐集团割据市场的竞争格局逐渐形成，2016年7月，腾讯宣布以27亿美元估值控股酷狗和酷我音乐的母公司CMC，而此前已经收购了天天动听和虾米音乐的阿里早在2015年就组建了阿里音乐，并在2016年归入大文娱组，再加上坐拥2亿用户的网易云音乐，以及百度音乐，2016年移动音乐市场已经基本形成了稳定竞争格局。

① 中国产业信息. 2016年中国网络音乐用户规模达5.03亿人，市场发展前景广阔[EB/OL]. [2017-03-01]. http://www.chyxx.com/industry/201703/499559.html.

一方面，由于版权投入的高昂资金需求，以及垂直突围的高难度，以网易云音乐等为代表的版权数量规模较小的音乐平台，面对市场“马太效应”越发明显的大环境，在BAT等巨头企业大流量入口和大资本投入的双面挤压中，要想占据市场就需要通过独特的竞争策略，着力打造专一性、社交性和个性化的文化产品和服务，事实上，互联网音乐产业领域的新竞争态势表现为，从单一的音乐曲库数量竞争已经转变到对用户“推荐和发现音乐”[①]和内容数量多重层次竞争上，网易云音乐正是基于此核心竞争力，增强用户体验，保证用户黏性，并通过细分市场实现垂直化的突围。

另一方面，在互联网音乐企业集团内部，网络音乐与游戏、视频等其他网络娱乐服务的联动也逐渐加深，以IP为核心通过多种服务共同挖掘粉丝价值的手段已经趋于成熟。以腾讯为例，在完成了对CMC(中国音乐集团)的战略控股，并将QQ音乐并入CMC旗下后，在2016年年底，腾讯独立成立QQ音乐业务线，至此，CMC旗下的酷狗音乐、QQ音乐、酷我音乐目前已经占据了音乐类产品的前三名，除此之外，腾讯还拥有一款近5 000万月活的K歌产品——天天K歌。从版权和付费数字音乐方面，QQ音乐付费用户规模超过1 000万，累计数字音乐专辑销量2 000万张[②]；这些数字的基础则是腾讯拥有索尼、华纳等几大唱片公司独家版权代理协议。除了互联网音乐产业本身核心业务线产品以外，腾讯还有两个至关重要的相关业务，分别是腾讯视频和微影时代，其构成了互联网音乐产品开发的完整联动。具体来说，其市场逻辑是这样的，基于其与各唱片公司的独家版权代理协议获得海量版权，一部分版权被用于其数字音乐平台独家发售，一部分版权则被用于向其他音乐平台分发，针对前者来说，在微信、QQ社交平台和星影联盟等粉丝孵化成熟的条件下，利用音乐作品和音乐人的市场号召力、影响力，实现内容销售收入，再以微票儿售卖其腾讯视频上直播的明星演唱会在线门票，实现内容的多位开发变现和融合联动，丰富音乐播放场景，甚至延展至音乐智能硬件设备产业链环节。

三、互联网文化产业发展趋势与展望

在政策、资本、技术等一系列要素的综合作用下，互联网文化产业在2016年稳

① 孟兆平，周辉. 网络音乐产业发展现状与趋势研究[J]. 学术探索，2016，(5):110-116.

② 艾瑞网. 数字音乐：变革的2016，新生的2017[EB/OL]. [2017-01-06]. http://column.iresearch.cn/b/201701/789536.shtml.

健发展，在一部分市场环节和行业领域中涌现了新的商业模式和资本风口，各个市场主体之间融合竞争关系不断演化，但是，一派繁荣的产业背后也存在一些不稳定隐患和资本泡沫，在2017年产业发展的过程中需要更加注意，各企业也应该顺势而动，趋利避害。

（一）企业竞合关系多元化

互联网文化企业之间的竞合关系，将在现有格局的基础上进一步多元化。与传统产业甚至是传统文化产业不同，互联网文化企业市场形势更加复杂，在互联网环境下，“传统企业是以竞争为主，互联网是以合作为主”[①]。一方面，由于互联网资本的大体量特征以及马太效应的作用，以BAT为代表的市场主体在产业内表现强势，具有一定的资本、用户、产品优势，对其他第二梯度的企业和大部分初创企业形成挤压的竞争格局；另一方面，由于互联网平台的无边际特征，和区别于传统传播方式的交互性，一些拥有热门要素的互联网初创文化企业和产品，更容易借助具备一定用户规模的平台获得市场关注，这部分企业和产品既要同BAT竞争，又要能够成为其合作对象，甚至通过资本市场运作成为其麾下一员。暂且不论这一过程对市场的作用是否积极，但是它是目前互联网文化产业市场最普遍的发展过程之一，这种多元变化的竞合关系趋势在2017年将只增不减。

企业竞合关系的多元化，势必会带来资本市场的活跃度提升，正如前面所列举的诸多合并和收购案例所展现的。但是，也要注意的一点是，资本市场的活跃是产业市场发展的重要前提，但过度的资本运作，甚至是借由资本市场炒作热门概念和商业模式，或将带来严重的资本泡沫，破坏产业市场生态平衡，降低市场创新积极性。即使是对于企业本身来说，消化业务结构以及融合产业布局，可能是比盲目并购整合更具效能的。

（二）内容核心竞争力本位化

在互联网文化产业发展初期，“平台为王”“内容为王”以及“渠道为王”等一系列发展模式核心思想，在市场中不断探索，既有成功案例也有失败教训，但是，值得注意的是，对互联网文化产业的判断应该更加辩证，这是一个平台与内容的综合体市场，任何一种模式核心思想都是以其他条件均衡为前提的。另一方面，互联网文化产业的中心，仍然是以创意和内容为本的文化产业市场，这意味着内容

① 黄锦宗，陈少峰. 互联网文化产业商业模式创新[J]. 福建论坛(人文社会科学版)，2016，(2):63-68.

依然是产品在市场中竞争的本位和核心。随着产业市场结构逐渐成熟，相关政策法规的规范化，以及用户需求表达的不断提升，内容核心竞争力的本位化趋势将越加明显，对平台或内容单一依赖的企业将无法适应市场变化。

在这种趋势下，对内容要素的监管环境也提出了更高的要求，既要规范化生产内容本身，也要完善内容版权保护，保障内容生产者的创意积极性。事实上，在政策法规方面，立法具备先天的滞后性，当市场出现了新的发展状况时，政策法规的制定总是要晚于问题出现，因此不能一味追求立法的迅速及时，这只是保障市场的一个方面，更重要的是执法的有效性，尤其是面对互联网文化产业的动态发展，诸多技术性的市场违规操作，也需要通过提高监管执法的技术环境来遏制，从技术本身着手，保障产业良性发展生态。

（三）产业布局生态化

越来越多的互联网文化企业倾向于构建自身的产业生态圈，典型的如阿里巴巴和乐视，这与文化产业自身的强产业链开发属性密切相关，尤其是本身具备内容IP资本的企业，当其对产业链各个环节都有所掌控时，产品开发成本将最大限度地降低，而价值产出则能达到最大化。另一方面，这也是互联网资本大体量特征的必然结果之一，资本市场横向整合具有一定的局限性，很难达到完全垄断市场的格局，因此企业会将横向和纵向整合相结合，而纵向整合就是基于互联网文化产业各个行业领域的不同产业链环节，通过业务合作或合并收购的方式，实现产业市场的绝对优势。

产业布局生态化的趋势在2017年将更加突出，在这个过程中，最重要的一点是要避免“摊子”铺得太大，各环节之间缺乏必要的融合互动，缺少核心业务和产品，从而丧失了市场核心竞争力。

（四）移动化和国际化

互联网文化产业企业的两大核心趋势在于移动化和国际化。具体来说，移动化是基于移动用户的不断增长，移动端市场份额不断扩大的产业背景而产生的必然趋势，但是，要注意的一点是，移动化并不意味着直接将PC端的产品或内容搬到移动端，而是要基于移动用户的特殊性和移动设备的便捷性，实现充分的创新，向打造移动创新综合体的目标转型，让用户通过一个入口就可以实现绝大部分消费需求。

而另一方面，随着全球文化服务贸易与文化产品贸易越来越呈现融合趋势，国际化也是企业以扩大市场和增加品牌价值为目的的战略过程，对互联网文化产业来说，其市场边界与传统产业不同，地域市场边界只是产业拓展的影响因素之一，国际化是所有互联网文化企业的战略目标之一。例如，携程收购天巡Sky scanner、海鸥假期、纵横旅游以及唐人接，正是其国际化战略的重要体现。互联网文化企业也只有把握住移动化和国际化趋势，才能适应产业动态，不被市场淘汰，进一步占据优势主动地位。

（五）模式创新开发边缘蓝海

在互联网技术背景条件下，传统的内容和产品创新越来越成为基础性创新过程，而契合目标受众的消费需求，满足网络关注热点的模式创新，反而成为影响市场号召力的关键要素之一，原因在于，互联网的海量化特征带来了内容和产品创新迭代率的猛增，区别于传统产业和市场的传播方式，跨越时间和空间维度的交互性使得模式创新的作用凸显。

以共享经济、网红经济、社群经济以及超龄儿童经济等为代表的概念性经济模式，为市场结构和行业生态不断带来创新增长点。具体来看，共享经济[①]是基于陌生人物品使用权暂时转移的商业模式，其本质上是一种互联网平台经济，如滴滴出行、Airban等，依托平台整合实现分配时间、供应技能、置换资源的市场效能，为用户提供了一种新的获得收入方式。而与之相比，网红经济和社群经济则是以人物符号和用户关系为核心，架构基于互联网的新型人际传播关系。所不同的是，网红经济是基于核心人物符号创造的、基于粉丝群体的定向营销，并以此通过用户二次售卖获得广告投放收入或衍生周边产品收入；而社群经济的重点，则是建构基于无形内容或有形商品的用户服务模式，其核心在于对用户价值观和审美定位的精准性，并立足这种定位对用户实现准确划分和定向营销，另一方面则是对用户社群关系的维系和巩固，具有生命力的社群才具备大规模转化为经济效益的潜力，典型的如小米、罗辑思维等。

模式创新开发在2016年表现亮眼，这一创新趋势也将在2017年持续发展。从本质上来说，模式创新并不是基于用户消费对象的创新，而是基于用户消费方式和行为的创新，以共享经济为例，包括旅行短租、交通出行等行业领域在内，其消费对象就是民宿酒店或交通工具，传统的产业市场中也存在这样的行业领域，但是通过

① 艾媒咨询. 2016中国移动互联网5大创新概念与7大创新技术盘点[EB/OL]. 搜狐，[2016-09-01]. http://mt.sohu.com/20160901/n467241024.shtml.

互联网平台的资源整合效应，不仅实现了分配时间、供应技能、置换资源的目标，事实上也为双边平台的用户端提供了工作以外的收入渠道，最大限度地利用了互联网用户资源，而非简单对广告商的二次售卖，实现了商业模式创新，转换了核心市场以及目标受众的定位，实现了传统消费行为的转型更新。

（六）面向B端的投资风口

随着互联网文化产业市场格局的不断发展成熟，面向C端用户的行业领域及产业环节逐渐成为竞争红海，实力较强的市场主体影响整体产业发展，甚至一定条件下能够发挥决定性作用，初创企业快速进入市场的可能性更低。在这种情况下，面向企业服务的B端或将成为投资风口，资本及企业将纷纷涌入。

以直播行业为例，在以下这两个方面或将呈现产业蓝海：一是从产业链环节来说，以直播技术为主营业务的企业将获得发展契机，无论是以哪个群体作为目标受众，无论是哪个直播平台，对用户来说，直播体验是十分重要的选择因素之一，包括时延、中断，以及卡顿等在内的体验都会在一定程度上打消用户的观看积极性，因此产业链上游的直播技术企业就显得尤其重要。另一方面，则是针对企业等群体用户的在线直播领域值得深度探索，具有较大的开发潜力，包括教育直播、企业培训直播、会议直播等一系列垂直细分领域。

（撰稿人：胡艳，中国海洋大学）

第六章 VR/AR文化企业发展

- 政策加资本的东风将VR/AR不断送到风口。中央在生态环境构建方面，专项建设结合产学研促进VR/AR技术的发展。各省市地区为VR/AR企业提供真金白银的扶持政策，加快产业链条建设，试图将VR/AR打造成地方特色产业及新的经济增长点。
- 2016年，中国VR投融资主要集中在天使轮，这说明我国VR行业还处于初级阶段，大半企业还处在初期的摸索期，商业模式尚未完全形成。VR/AR文化企业的发展既面临着一般VR/AR企业所面临的如基础技术积累薄弱从而导致的用户体验反馈不良、杀手级应用/内容缺乏、盈利模式待完善的问题，也具有自身问题的具体性和特殊性。
- 技术是基础，内容是关键。UGC+PGC丰富内容，逐渐完善内容生态系统，加强传统资源VR化，实现文化的创意的多次加工，内容加服务，创新商业模式实现VR/AR产业长尾价值。
- 2014—2016年3年的爆发增长期后，VR产业将呈现波动、渐进的发展态势。消费级VR产品及VR杀手级应用将会成为虚拟现实市场的转折点。VR/AR不仅将在游戏、影视等娱乐领域普及，它更将可能成为一个多元化、多行业的平台。科技与文化的深度融合，线上与线下的有效闭环，体验与营销的全面交互，传统媒体与新媒体的无缝对接，VR/AR应运而生，风起云涌。

一、2016年中国VR产业概况

作为对国家“创新驱动战略”的响应，前些年，互联网+、大数据、人工智能等纷纷登上“大众创业，万众创新”的舞台。最近几年，VR作为全球科技圈创新领域的新技术、新概念、新消费方式，正在成为资本新宠。2016年更是被众多媒体称为VR元年。虚拟现实(Virtual Reality)简称VR，是一种仿真技术，也是一门极具挑战性的时尚前沿交叉学科，它通过计算机将仿真技术与计算机图形学、人机接口技术、传感技术、多媒体技术相结合，生成一种虚拟的情境，这种虚拟的、融合多源信息的三维立体动态情境给人们的感觉就像真实的世界一样。[①]AR是Augmented Reality的缩写，即增强现实，就是让你看到现实中不存在的物体和现实世界融合在一起的图像并与其交互。[②]VR与AR不过是将虚拟与现实相交融的不同技术分支，未来两者融合的概率较大，统称为虚拟技术类，故本文将重点分析虚拟现实。

（一）政策利好

2016年3月17日，“中华人民共和国国民经济和社会发展第十三个五年规划纲要”发布，提出对虚拟现实进行创新并产业化。2016年5月，证监会叫停上市公司的跨界定增，包括VR行业，并表示将重点核查VR等热门虚拟经济并购重组案，此举对规范VR投资、增强VR行业健康长远发展大有裨益。2016年8月8日，国务院在《“十三五”国家科技创新规划》中提出培育虚拟现实产业，规范行业标准。2016年8月30日，虚拟现实被发改委纳入“互联网+”专项建设内容。此外，相关部门鼓励建筑行业、游戏游艺设备生产企业使用虚拟现实技术，如2016年9月19日，住建部印发的《2016—2020年建筑业信息化发展纲要》及2016年9月21日，文化部对外发布的《关于推动文化娱乐行业转型升级的意见》。

除了国家层面不同部门的相关VR政策频频发布外，各地方省市在2016年也纷纷出台VR支持政策，具体政策信息如表6-1所示。

---

① 卢博. VR虚拟现实[M]. 北京：人民邮电出版社，2016:2-3.

② 王莉，杨明辉. 虚拟现实时代：智能革命如何改变商业和生活[M]. 北京：机械工业出版社，2016:11.

表6-1 2016年各省市VR相关支持政策

地区	具体政策
南昌	南昌市制定了《南昌市人民政府关于加快VR/AR产业发展的若干政策》；成立中国(南昌)虚拟现实产业天使创投基金和产业母基金，为创业企业提供股权投资、创业投资、创业管理服务等业务
北京	北京市石景山区人民政府和中关村科技园区管理委员会印发《关于促进中关村虚拟现实产业创新发展的若干措施》的通知，旨在促进中关村国家自主创新示范区虚拟现实产业的创新发展，聚焦中关村石景山园区，打造虚拟现实产业创新发展引领区和创新应用先导区
福州	中国·福建VR产业基地在福州揭牌，福州市政府出台全国首个VR产业专项扶持政策《关于促进VR产业加快发展的十条措施》，提出充分利用数字福建产业园现有基础，规划建设“中国·福建VR产业基地”，形成全产业链的产品和服务供应体系
重庆	重庆市经信委制定出台了《关于加快推进虚拟现实产业发展的工作意见》，指出到2020年，实施30个以上虚拟现实应用示范工程，形成基本完善的虚拟现实产业体系
长沙	长沙市经信委初步制定《长沙虚拟现实产业发展规划》(征求意见稿)，提出将长沙打造成中国虚拟现实之都，力争到2020年，VR相关产业成为新的千亿产业。同时成立VR产业联盟、VR产业基金，设立VR产业专项基金
青岛	5月28日，虚拟现实唯一国字号研发机构——北京航空航天大学青岛研究院，及北航虚拟现实技术与系统国家重点实验室青岛分室正式落户崂山。青岛崂山区将成立1亿元的VR天使创投基金、5亿元的协调创新基金、30亿元的VR产业投资基金，用于扶持虚拟现实产业的发展
郑州	郑州经济开发区将建设VR/AR科技产业园，郑州成立河南省VR旅游产业联盟，逐步规范“VR旅游”行业标准，推动VR在河南旅游产业链的延伸和布局
宁波	宁波市经信委组织举办了VR产业对接沙龙，同时计划建设VR产业园，将VR产业打造为宁波新的经济增长点
邢台	邢台政府同北京航空航天大学虚拟现实技术与系统国家重点实验室签订《战略合作框架协议》，为北航VR国家重点实验室提供优惠政策和便利的发展环境
上海	8月31日，在上海市政府新闻发布会上，上海市经济信息化委主任陈鸣波在介绍《上海市制造业转型升级“十三五”规划》主要内容时表示上海进入工业化后期，必须把握人工智能、量子通信、虚拟现实、精准医疗等新兴技术，推动制造业转型升级，迈向发展新征程
成都	3月27日，成都宣布中国西部虚拟现实产业园已确定落户成都，产业园以政府扶持、引导为依托，以公司运营为主体，通过虚拟现实和增强现实技术，致力于打通VR/AR文教、娱乐、制造等领域的软硬件产业链条，凝聚创意人才，进行产业孵化
贵安	10月，贵州省发改委、贵安新区管委会发布支持VR产业发展的十条政策。凡是在贵安新区注册登记并在新区实际办公的VR企业，除及时享受国家、贵州省有关政策措施外，还可以得到新区给予的行政服务、生产场地等十项政策支持
深圳	11月，深圳市人民政府与HTC签署《深圳市人民政府与宏达国际电子股份有限公司战略合作协议》，组建“VR中国研究院”，双方将联合发起总规模达100亿元人民币的“深圳VR产业基金”

数据来源：根据公开资料整理

纵观2016年度VR相关政策，中央层面具有VR产业扶持政策密集的特点，主要集中在生态环境构建方面，从宏观角度提供政策支持，专项建设结合产学研促进VR技术的发展。省市政府积极响应国家号召，不同省市地区政策侧重点有所不同。但都为VR企业提供了真金白银的扶持政策，加快产业链条建设，试图将VR打造成地方特色产业及新的经济增长点。

(二) 资本全力“围剿”VR企业

2015年国内VR投资规模为21.8亿元，投资案例共60轮；2016年VR作为资本的宠儿，投资规模已达49.8亿元，投资案例178轮，投资规模增长128.4%，投资轮数增长196.7%。[①]如表6-2所示。

表6-2 2016年国内VR投资规模及增长

	投资规模	投资案例
2015年	21.8亿元	60轮
2016年	49.8亿元	178轮
增长率	128.4%	196.7%

数据来源：根据公开资料整理

按项目轮次统计VR投融资，2016年中国VR投融资主要集中在天使轮，天使轮和种子轮在国内VR融资项目轮次结构中分别占比6%和41.9%，这说明我国VR行业还处于初级阶段，大半企业还处在初期的摸索期，商业模式尚未完全形成。

根据图6-1，VR融资天使轮居多，据赛迪顾问统计，VR天使轮融资还集中在应用环节。VR企业产品及项目或停留在想法或有了一些项目产品，但是产品、技术及服务尚未成熟，值得进一步挖掘，内容红利在2016年获得发展机会。而A轮融资仅次于天使轮，占比23.1%。获得A轮融资的企业一般已经正常营运且具有完整的商业模式，其产业或服务在行业内获得一定的口碑和认可。另外，硬件及解决方案主要集中在A轮融资阶段，说明国内VR企业在解决方案和硬件上已经具备较为成熟的商业模式。此类VR企业的投资多为上市公司领投，VC/PE跟投。B轮及以上轮次的融资占比较低，共占12%。这些公司中一部分已经开始盈利，现在已经进入到开发新业务、拓展新领域的阶段，需要进一步融资，来获得更大发展。其中，硬件环节占比最高，说明VR硬件设备发展较内容及应用而言，已经经过一波洗牌，存在技术壁垒，并且硬件在VR产业链中的先导性地位使其存在一定主动性。此类公司一般已经

① 2017中国虚拟现实产业投融资白皮书[R]. 北京：虚拟现实产业联盟投资促进委员会，2016.

具备一定的核心技术，资金来源除了A轮的风投，还有新风投及一些PE加入。

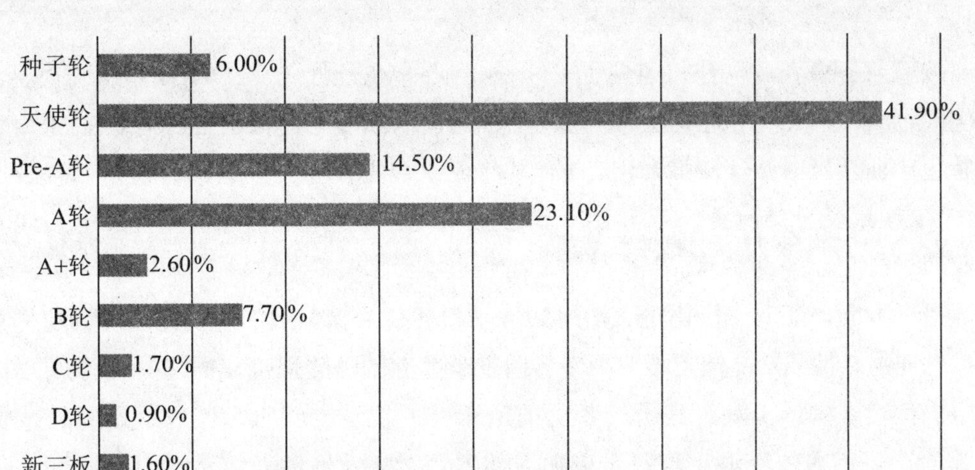

图6-1　2016年国内VR融资项目轮次结构图

数据来源：赛迪顾问(www.mtx.cn/bg/index.jhtml)

从2011年开始，国内VR企业数量出现较大增幅，到2015年开始爆发，2016年下半年投资环境趋向理性后，VR企业数量将处于稳定增长状态。2017年随着各省市VR产业集群建设的进一步推进，如2017年3月，青岛市崂山区成立全国首个虚拟现实高新技术产业化基地，可以预见的是，国内VR企业数量还会进一步增加。如图6-2所示。

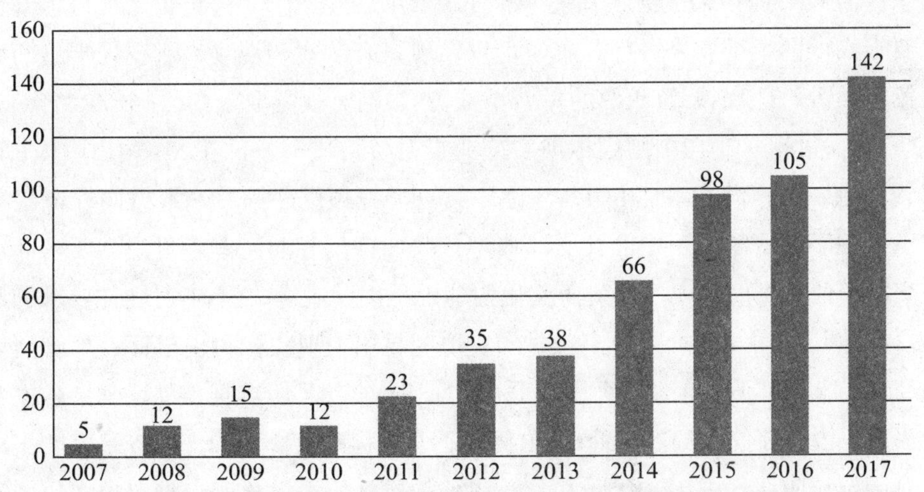

图6-2　2007—2017年中国市场新创立VR公司(单位：个)

数据来源：易观(www.analysys.cn)

二、2016年VR文化企业发展特点

按照业务内容，现有VR企业可以分为五类：VR硬件企业、VR操作系统企业、VR内容企业、VR应用企业及VR分发平台。其中，VR文化企业主要集中在VR内容企业、VR应用及VR分发平台上。VR内容企业主要有两大形态，分别是影视及游戏；VR应用又分为行业应用和用户消费级应用；VR分发平台则包含线上及线下企业。

另一方面，随着中国由过去清单式的消费转变为探索式的消费，消费者的需求也从单纯的感性或功能消费转变为多种附加值并存的体验消费。VR技术不仅可以成为用户探索未知的工具，其所具备的前所未有的视觉、听觉、嗅觉、触觉、味觉"五觉"多感知体验也让消费者更加立体地消费文化产品及沉浸性交互感知文化服务。

（一）游戏及影视领跑娱乐应用

前几年，传统游戏行业特别是国内游戏产品正面临玩法趋同、形式固化、增速放缓的问题。而VR技术为游戏产业带来全新的契机，游戏是VR进军娱乐领域的第一步。[①]从更宽广的层面来说，游戏与VR特点最为契合，VR沉浸性的特点注定了早期其必是一个消费工具而非生产力工具。在互联网时代，消费型应用主要有以下几种形态：游戏、视频、电商、社交、资讯阅读、工具等。[②]从商业化难易程度及对视觉要求高低两个维度来进行分类，可以发现只有游戏和视频、影视处于这两个维度的第一象限，即离钱近(成熟的付费游戏习惯)且对视觉要求高(符合VR特点)。如图6-3所示。根据《2017中国虚拟现实产业投融资白皮书》，在2016年中国VR行业应用领域融资中，游戏占比44.1%，位居第一，视频位居第二，数据同样证实了上述观点。关于消费型应用中的社交，典型代表如微信界面简单，对视觉要求低，同时社交的商业化难度较大，社交商业化的基础是规模流量，但VR对硬件要求的天然壁垒，导致其早期发展阶段规模流量的实现明显不太现实；再说电商，尽管阿里通过电商赚得盆满钵满，但除了阿里在进行电商的VR化且困难重重外，其余各家互联网巨头几乎没有在此布局，电商的VR化缺乏参考标准及成熟的支付等基础的支撑模块；对于资讯阅读，中国文化研究专家周宪教授从传播学角度，将人类文化划分为

① 刘丹. VR简史·一本书读懂虚拟现实[M]. 北京：人民邮电出版社，2016:153.

② 胡卫夕，胡腾飞. VR革命：虚拟现实将如何改变我们的生活[M]. 北京：机械工业出版社，2016:68.

三种不同的历史形态：口传文化、印刷文化和电子文化。互联网下，我们正处于由文字到图片再到视频的演变，信息传输速度更快、信息更丰富，接受成本更低，值得注意的是后者可融合前两者，但获取成本却决定了其他事项的必要程度。

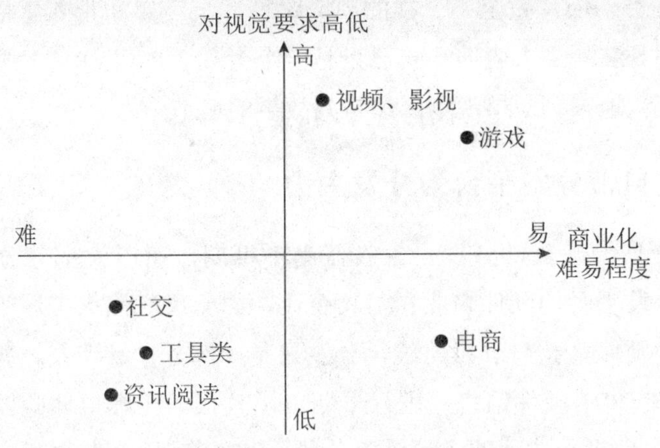

图6-3 消费型应用(两个维度区分)

资料来源：胡卫夕，胡腾飞《VR革命：虚拟现实将如何改变我们的生活》

VR技术下的极端拟真及完全虚构都给游戏玩家前所未有的沉浸感，在VR游戏里，机器将最终隐形，人机交互形式得到重新定义，同时，VR游戏里的人际互动更人性化，需要我们从表情、动作等方面真情投入，从而VR游戏社交性强，游戏中人的虚荣心、攀比心和占有欲都会被激发，它们是消费动机的重要组成部分，刺激游戏内的消费，增强游戏的变现能力，空间追踪技术实现虚拟与真实空间双向反馈，刺激VR线下游戏繁荣。放眼腾讯、盛大、完美世界、游久等国内具有代表性的游戏厂商，对待VR的态度各不相同，但在VR领域的布局上都选择了“占坑”。以游戏内容制作、发行见长的公司，在对待VR硬件的态度上，都不约而同地选择了合作或投资，而不是自主研发，主要涉足的方向在游戏内容制作和VR平台的构建上；投资规模相对保守，试水性质较强。激进的厂商，与硬件厂商合作更紧密，在深入参与VR的同时，也在借风口造势。

与此同时，影视市场受到VR企业的热捧。一些传统的经典IP，比如中国传统动画片以及文学名著等，都在二维影视时代取得了成功，现在通过二维影视很难再有新的突破，但VR影视有望重建叙事体系，通过新的艺术形式重新演绎IP，实现IP价值的多次开发，并赋予新的内容。国内的VR影视开发商里创业公司活跃，如兰亭数字、焰火工坊、次元矩阵、创幻科技、米粒影业等。在大公司层面，乐视、爱奇艺也相继入场，但以内容运营为主，除部分自制内容，多以平台方身份寻找与CP的合作联盟[①]。以国内首部VR影片《禁闭》为例，它由乐视出品、芭乐承制、强氧科技提供技术支持，在乐视360全景频道上映，该片采用全景拍摄方式，给观众提供了与普通悬疑推理类恐怖片完全不一样的观影路径，沉浸感和带入感极强，传统影片给观众的感觉都是在看别人表演，自己只是一个旁观者，但VR影片则让观众参与故事情节，身临其境地来到故事现场，参与到故事的情节中。[②]

（二）线上自带分发平台为分发主力

由于分发变现的缺失，分发平台收益尚不可期，所以大部分分发渠道动作较少。一些自带分发平台的硬件企业和工具企业，如暴风、焰火工坊等是目前分发主力。这些企业走硬件+内容+分发路线，分发只是一部分，都涉及一些内容和其他业务，借VR内容带动VR硬件销售，进行早期市场教育。在虚拟体验发展的过程中，VR虚拟现实会率先进入快速的市场覆盖阶段，VR的应用分发渠道也就成了竞争激烈的地方。2016年，除了上述来自于硬件产品本身的分发平台外，第三方平台，如同智能手机领域的APP下载站，虚拟现实领域也出现了一些分发平台。以橙子VR平台为例，它是北京橙子维阿科技有限公司开发的一款提供3D全景、VR视频播放、VR游戏下载、VR热点资讯的VR内容聚合平台，成立于2015年7月，在产品上线一年来，安装激活用户超过850万，相当于覆盖65%以上的VR用户，曝光率极高[③]，这一方面与其提供的65款覆盖不同硬件标准并形成统一下载渠道的适配设备有关；另一方面，值得注意的是，橙子VR平台拥有海量电影、视频、网剧、海内外游戏内容资源，与其他VR平台不同的是，橙子VR对每一版块内容都具有用户下载量统计和用户评分功能，有助于玩家选择优质内容。在虚拟现实领域，内容分发与应用下载基本合为一体。

出现的第三种是过往的下载平台，转型进入虚拟现实领域，包括现有的APP下载平台、视频平台[④]，其中，有着流量优势及知名度优势的视频网站也纷纷进入这个新的市场分一杯羹。VR垂直分发企业如百度视频、爱奇艺、优酷土豆、乐视网

---

① 蜗牛网. 深度报告：给你一幅中国VR产业的全景图[EB/OL]. [2016-09-18]. http://www.wnw3d.com/news/hyzx/166.html.

② 何伟. VR+：虚拟现实构建未来商业与生活新方式[M]. 北京：人民邮电出版社，2016:132.

③ 搜狐. 树大招风？内容平台橙子VR被点名侵权[EB/OL]. [2017-05-12]. http://mt.sohu.com/20170512/n492739262.shtml.

④ 王赓. VR虚拟现实：重构用户体验与商业新生态[M]. 北京：人民邮电出版社，2016:159.

等带有制作能力的传统视频分发商依托视频内容近来也在扩展全景内容，瞄准VR影视，使IP效益最大化，基于不断的市场竞争和收购整合进入渠道领域的争夺是其发展趋势。此外，整合资讯、游戏、教育、社区等内容的新型垂直分发平台开始出现，如作为我国最早用户数最多的87870虚拟现实网，目前已经形成以VR资讯内容为核心，发力C端用户体验与B端资源整合的一站式VR平台。分发平台最终还是会落到应用与内容整合的渠道上来，进行应用孵化与开发者生态经营。

（三）线下渠道缩短产品与用户距离

线下渠道缩短了用户与新产品的距离，特别是2016年下半年以来，得到资本和用户的大量关注。拿线下体验店来说，国内主要存在三种模式：一是以蛋椅为主的小型体验店，成本投入有限，空间需求有限却覆盖面广。中国目前有将近5 000家这类体验店，其中近六成集中在北京、上海、广东、江苏、浙江等发达省市；[①]二是多样化的VR娱乐中心，面积大，产品展示较为丰富；三是主题公园，占地面积从数百平方米至数千平方米不等，设备多样，内容丰富。如表6-3所示。

体验店运营方从硬件厂商那购买或租赁各种硬件设备，再从内容制作商那获取内容，统一控制系统将硬件和内容整合成一套娱乐系统。[②]典型的有乐客、乐创等。一方面，体验店用相对低价的体验方式使消费者获得较多内容体验，另一方面，也避免了劣质硬件和内容的缺乏而导致用户受伤，对VR失去兴趣。目前，体验店是许多硬件厂商和内容开发者的主要收入来源。

除了单纯的VR体验外，许多影视及游戏公司也借体验馆及主题公园的流量导入，进行游戏或影视IP的实景转换，形成营销闭环。如2016年4月初，网龙旗下游戏产品《魔域》在福州推出VR线下体验馆。从外观设计来看，体验馆突出奇幻、神秘的氛围，场景布置上多参考比照游戏环节背景，在体验过程中，玩家化身手持利剑的战士，脚踏巨龙穿梭在魔幻世界，与魔王对决。在促进游戏用户留存的基础上，进一步丰富了游戏感受形式，实现游戏用户与VR体验用户间的转换。再比如2016年元旦，米粒VR的“星核”线下体验馆开始营业。以米粒影业真人特效电影《星核》为主题，通过VR体验店和大电影合作打造IP，吸引玩家，未来其还将制作多部VR

① 87870，易观. 中国虚拟现实行业白皮书2016[R/OL]. 易观(行业分析). [2017-03-23]. https://www.analysys.cn/analysis/8/details?articleId=1000668.

② 极客公园. 给你一副中国VR产业全景图[EB/OL]. 网易科技，[2016-03-28]. http://geekpark-media.qiniudn.com/geekpark-vr-report.pdf.

影片，推出以影片为主题的VR游戏，打造VR主题公园。实现IP制作、IP体验和IP营销的多重价值收益，让“虚”的内容实起来，让“实”的内容活起来。2016年中国VR应用各领域的融资结构图，如图6-4所示。

表6-3　2015—2016年国内VR投融资轮次对比

	总轮次	硬件	软件	解决方案	应用内容	服务分发
2015年	60次	30次	4次	4次	17次	5次
2016年	137次	36次	6次	21次	63次	11次
增长率	128.3%	20.0%	50.0%	425.0%	270.6%	120.0%

数据来源：赛迪顾问(www.mtx.cn/bg/index.jhtml)

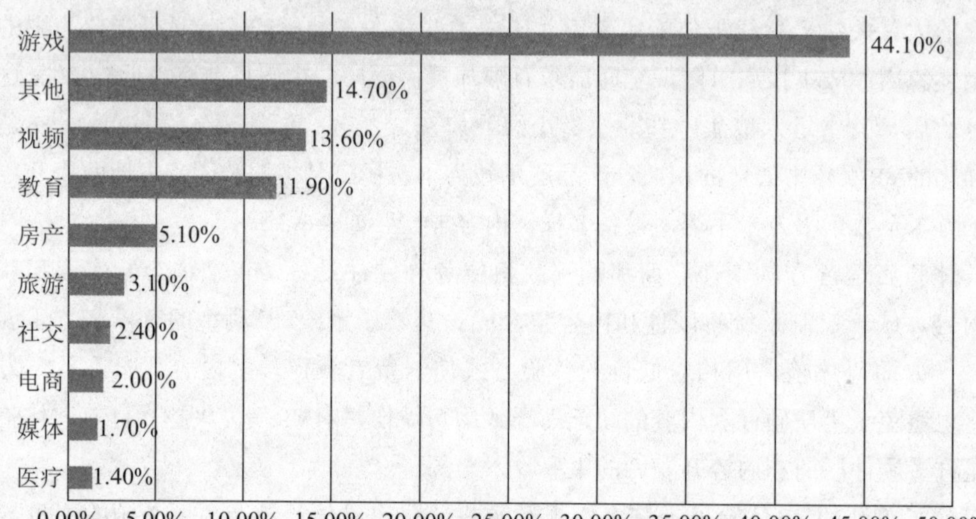

图6-4　2016年中国VR应用各领域的融资结构图

数据来源：赛迪顾问(www.mtx.cn/bg/index.jhtml)

（四）泛娱乐领域积极布局VR

与一级市场投资机构的谨慎投资相比，国内二级市场十分热闹，多为泛娱乐类企业。如奥飞娱乐自2015年11月以来，先后投资了6家VR公司，分别为诺亦腾、泽立仕、乐相科技、灵龙集团、TVR和互动视界，这些标的企业业务包含头显、动作捕捉技术、IP、虚拟偶像运营、VR特效与音效制作、游戏开发及全景视频等VR产业链上多个环节。其投资逻辑在于将自身IP与各环节相关企业结合，形成多样化的协同发展模式。华闻VR布局仅次于奥飞，业务布局很广，包括广告、影视、物流、房产等多个领域，共投资四家VR相关企业，如兰亭数字、乐相科技、3Glasses、青研科技，涉及影视、头显、硬件、眼球跟踪技术，资本及概念布局有望实现借助VR进行广告营销与推广。在影视领域，华谊兄弟、光线传媒等对VR进行布局，各自重点不一，华谊投资圣威特打造VR主题公园；光线传媒投资当虹科技及七维视觉，看好VR视频；联络互动投资在VR直播方面已有实践经验的兰亭数字和热波科技，看中VR影视，内容上偏于综艺。这些泛娱乐类上市公司比起风投，对风险的承受能力更强，此外，布局VR也是为实现自身业务转型与升级，同时，带动股市上升。几大上市文化企业2016年VR布局如表6-4所示。

表6-4　几大上市文化企业2016年VR布局一览

公司名	标的	交易数额	时间	标的公司业务
奥飞动漫	TVR	A轮，金额不详	2016年2月	游戏开发
	互动视界	增资控股，金额不详	2016年2月	全景视频
光线传媒	当虹科技	6 150万元占股14.5%	2016年1月	全终端视频解决方案
	七维科技	在2015年基础上追加4 000万元，控股达到51%	2016年3月	VR全景视频
华策影视	兰亭数字	1 470万元Pre—A轮	2016年3月	VR影视
	热波科技	640万元增资	2016年3月	VR影视
	拟用500万元与赵琦及合伙人成立目力远方(天津)科技有限责任公司		2016年5月	VR内容制作

数据来源：根据公开资料整理

BAT三大巨头，没有像高通、Android一样在移动互联网的技术和系统层面占有难以撼动的技术地位，但是三大公司通过用户和商业模式的积累，建立了基于移动网络应用的巨大用户网络。面对VR这个风口，三大巨头在内容和应用平台上积极布局，嫁接自身掌握的用户使用习惯、关注内容、资金支付等资源，通过丰富的业务更加直接地触及虚拟现实的商业层面，抓住用户最本源的需求，辐射并扩展海量用户，扩展用户再以特定场景下的需求，聚焦垂直的高价值的用户。

三、从BAT看VR/AR文化企业产业布局

随着VR概念的火爆，各行各业都在布局VR的情况下，作为中国互联网排头兵的BAT当然也不甘寂寞，百度希冀打造内容与爱好者交流平台，线上内容聚合线下体验活动；阿里巴巴VR布局更偏底层技术，VR化提升购物体验，建立VR内容输出标准，培育VR内容产业；腾讯投资软件多于硬件，本身主要负责产品的交互设计和应用体系，整合资源搭建全方位VR服务平台。

（一）百度："内容+交流"平台，线上内容聚合线下体验

1. 布局概况

AR其实算百度较早布局的产品线，资料显示，百度在2012年及2014年分别注册了两个AR专利，2013年及2014年连续申请了四个"头戴式显示设备"的专利。在2015年百度世界大会上，试水AR营销，与以伊利为代表的企业合作，尝试基于3D视觉为核心的移动端增强现实技术，技术试水的同时直接变现，优化用户消费体验。在产品上，百度地图及浏览器均有分布AR功能。据了解，目前手机百度已经集成百度自己研发的AR引擎，通过照相机拍照和相应的Web页面调其VR应用。还召集媒体展开一次AR复原北京老城门的活动；成立AR Lab，要打造AR平台。而2017年3月时候，百度又宣布将AR重心从在线广告转到建筑、旅游和医疗上。

在VR方面，2015年百度视频开始试水VR影视内容，提供优质内容链接，举办多次VR线下体验活动，为VR由小众人群发烧到大众娱乐提供强力助攻。2016年7月中旬，百度推出国内首款VR浏览器，集全景、视频、导航、下载等功能，并且可以将普通网页转化成VR版本，但目前浏览器只限安卓版本。另一个重磅产品则是百度VR助手，里面聚合了最新最热门的咨询内容和最全面最好玩的游戏体验，旗下爱奇艺打造内容生产和频道，"发布iVR+虚拟现实产品套件，启动VR生态激励计划，将在10个热门IP上全面实现VR化，开放100个IP进行游戏合作开发，联合300家合作伙伴共同打造VR生态"。此外，推出百度VR开发者平台及百度VR社区，其中百度VR社区，项目目标定位于中国区第一VR媒体社区，通过内容服务聚合用户。如图6-5所示。

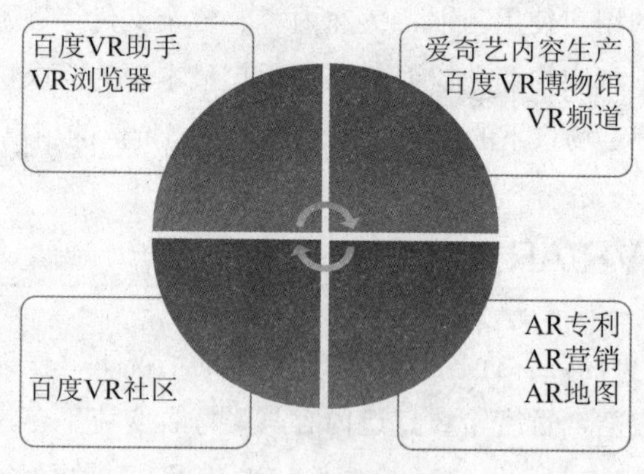

图6-5 百度VR/AR布局

2017年4月13日，百度全资收购美国科技公司xPerception。这是一家专注于机器视觉软硬件解决方案的科技公司，面向机器人、VR/AR、智能导盲等行业客户提供

以立体惯性相机为核心的机器视觉软硬件产品。

2. 案例分析

作为中国最大的互联网公司之一，由于面临巨大的转型压力，百度布局VR/AR是合理的。但作为一家以搜索引擎起家、积累了大量用户数据的互联网企业而言，百度最大的优势是在AI领域，例如图像与语音识别、无人驾驶。从2017年4月百度全资收购汇聚中美视觉感知领域的技术人才公司xPerception，看出百度在AI上的布局正变得十分灵活，具备顶级人才及技术的硅谷企业成为补充百度AI技术生态和业务矩阵的重要元素。

百度在VR/AR上的布局相比其他两家而言，较为低调，出手慢却效率高。除了在硬件上没有什么大动作外，百度在内容和平台上均有布局，旗下爱奇艺在VR内容上全面布局，推出的百度VR开发者平台也已经向开发者开放，利于技术开源及积累。百度VR助手+VR浏览器+百度VR社区形成组合拳，聚合VR平台内容线上体验与线下活动。百度社区是百度VR内容分发渠道的重要环节，与VR核心团队共同促进VR生态发展。对于硬件厂商，百度VR+提供产品曝光、评测、导购、直播、沙龙、推广等媒体平台服务体系；对于用户，百度VR+提供内容资讯、游戏应用、视频、直播、评测、活动、社区等内容服务及平台；对于VR游戏/应用/内容提供商，百度VR+提供游戏/内容上架、发布、推荐、活动推广等媒体平台服务体系；对于开发者，百度VR+提供完善的开发平台，生态共赢；对于全产业链布局商家，百度VR+凭借流量数据优势提供更为深入的服务。

百度对VR/AR的布局都是基于自身优势及对未来理解进行布局的，前期线上线下活动进行VR推广，伴随着VR概念的普及，后期拉动大众消费者群体通过VR/AR加速其核心业务矩阵产业化、智能化服务。

（二）阿里巴巴：内容培育+硬件孵化+购物场景

1. 布局情况

2016年1月19日，阿里百川和合一集团联合发布创业加速计划，投入10亿元资金支持创业，VR/AR是此次创业加速计划的三个方向之一。同月，优酷土豆上线360度全景视频，在“两会”期间推出了VR版两会节目点播。2016年3月17日，阿里巴巴宣布成立VR实验室，开启“造物神”计划，意在建立全球最大的3D商品库，为商家开发标准化工具，实现3D快速化建模。2016年7月，上海世博展览馆展示完整版Buy+，用户带上头盔进入相应购物情景。不仅在VR，阿里也在AR上进行布局，2016年2月，以7.94亿美元领投了AR技术创业公司Magic Leap的C轮融资，AR+电商的商业模式正在悄悄发展。与百度搭建的VR内容平台不同的是，阿里在2016年3月31日，对外发布了“蚂上”这一生活服务平台，糅合AR和面部识别技术，让弹幕内容随时随地出现在你身旁，提供或享受个性化服务。在硬件上，通过淘宝众筹如暴风魔镜3代、灵境小白等加快VR设备的销售和普及。如图6-6所示。

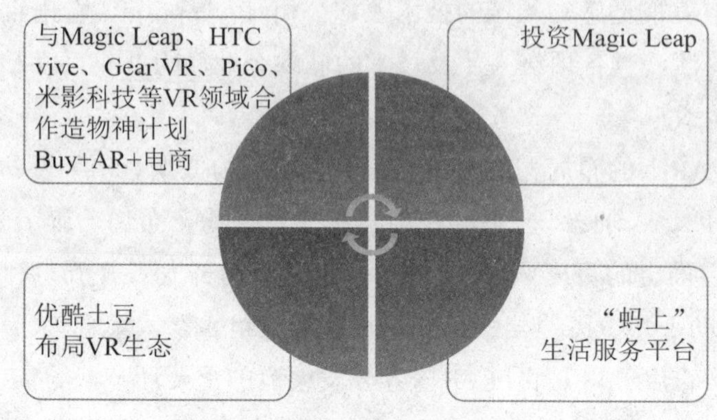

图6-6 阿里巴巴VR/AR布局

2. 案例分析

阿里在硬件、内容及应用场景上进行VR/AR布局，主要集中在购物上，阿里巴巴的VR实验室将专注打磨未来购物体验，利用VR技术，彻底颠覆传统的“平面式、单维度、限制性”网购模式。但由于其商品建模工程量巨大且标准不易确立，商家要想真正实现自己商品VR化展示也是困难重重，Buy+路途遥远，现在谈VR颠覆淘宝现有购物消费模式还为时尚早。AR购物比VR购物更加实际可行，“蚂上”可能要比Buy+前进的步伐更高一些。前段时间红火的AR游戏包正说明AR具有社交娱乐一体化的潜力。“蚂上”结合面部识别再配合阿里商圈影响力，阿里会打造出一个集社交娱乐消费一体化的AR平台也是极有可能的。

（三）腾讯：整合资源，构建全方位VR服务平台

1. 布局情况

腾讯是BAT里最早公布VR计划的，2015年公布了Tencent VR SDK 及开发者计划，首次阐明对VR的规划。它主要涉及两部分，即平台和硬件。在硬件领域，腾讯称，从2016—2017年分三步推出不同产品。在平台上，腾讯想要借助自己游戏、社交、影视、直播、地图等方面的资源，为用户提供内容和硬件，为开发者提供服

务及发行渠道。2015年12月22日，腾讯领投赞那度，赞那度在2015年12月15日发布虚拟现实APP“旅行VR”，用户借助观看VR旅行短片，激发起出门旅游的欲望。2016年7月4日，腾讯游戏频道上线VR频道，产业链联动，与合作伙伴共享生态资源，此外，腾讯还成立微信公众号“VR次元”来全面推广自身业务。2016年7月18日，腾讯联合创维数字发布mini Station微游戏机第二代，并计划推出mini Station的mobile VR计划，加快布局VR及AR游戏。如图6-7所示。

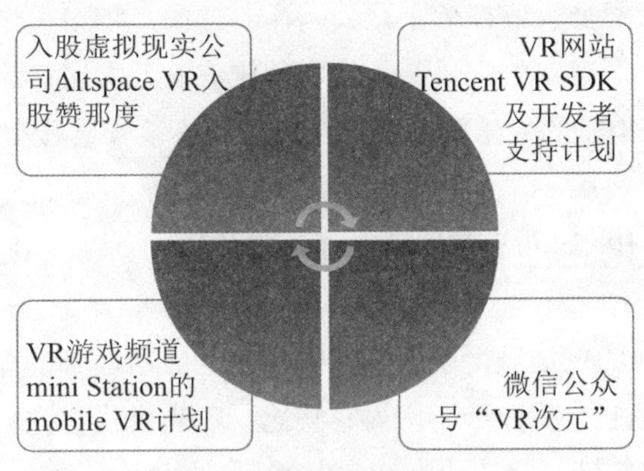

图6-7 腾讯VR/AR布局

2. 案例分析

2014年腾讯领投将社交媒体入虚拟现实体验的Altspace VR公司，2015年宣布VR游戏生态战略，成立VR网站，开发SDK计划，投资赞那度等，2016年上线VR频道，腾讯在这波VR浪潮中也是在逐步实现VR战略布局，前期入局，后期在自身业务重点上发力及产业布局，硬件方面，腾讯不会亲自生产，较多采取与行业巨头合作方式，绕开技术平台卡位，更加注重内容开发，如面对开发者的SDK、对内容提供商的支持。抓住内容开发商，腾讯可以整合资源进行优质游戏开发，或代理、推广与渠道发行，形成商业价值。

以互联网三大巨头为代表的VR企业对VR的关注还处在卡位阶段，在各自核心业务及流量优势上嫁接VR/AR，阿里对电商进行无限畅想，百度和腾讯进行战略布局等风来，同时，BAT的内容及服务都嫁接在硬件普及基础上，就像智能手机时代一样，当VR硬件不能普及时，内容及服务变现道路就会遥遥无期。

作为VR文化企业，内容是核心，如何将VR化内容而不是内容VR化将是以后长期取胜之道，对比BAT企业，其他类型VR文化企业的产生和发展所涉及的主要是前期的设计创新环节。由于硬件平台的不完善、缺乏统一的开发平台及内容分发渠道，虚拟现实娱乐内容制作还十分不成熟，但机遇与挑战并存，由于平台的不确定，对于内容制作商而言，无法预测哪一款硬件设备将在未来占据主流地位，如早期手机应用商无法预知谁是苹果，与此同时，也就意味着存在无限可能，借鉴文化创意“一意多用”“一干多枝”“一枝多花”[①]，VR文化企业前期应找准自己内容独特定位，坚持原创精品内容，与高度相关和关联性的产品企业进行合作，形成内容生态。创业企业要善于发现机会、发起创新、积极谋取与文化巨头企业的合作实现共赢，如华谊投资圣威特打造主题公园，一方面，华谊可以将实景娱乐完成从光影到现实的转化，丰富实景娱乐产品线，使IP价值最大化和流转最大化；另一方面，圣威特利用华谊丰富的娱乐资源平台，成长为该领域最具实力的供应商。

四、VR/AR文化企业面临的发展问题

VR/AR文化企业的发展既面临着一般VR/AR企业所面临的如基础技术积累薄弱从而用户体验反馈不良、杀手级应用/内容缺乏、盈利模式待完善的问题，也具有自身问题的具体性和特殊性。接下来，主要从视频、电影、游戏、分发平台及体验店方面进行具体分析。

（一）缺乏交互式视频，VR电影尚处于试验阶段

VR视频主要有三种形态，其中，3D效果视频门槛低，将现有影视内容进行转码，生成3D效果，影院效果的3D视频就是让用户通过头显获得影院效果的感受。如DreamVR的有梦影院、焰火工坊的焰火影院。现阶段，由于VR内容的稀缺，通过播放器将原有影院内容转码成VR体验，可以实现内容快速产生规模的方式，但VR视频只是过渡阶段。同样，VR全景视频由于拍摄设备从前期就得进行介入，通过前期全景拍摄和后期拼接还原360度场景，而目前市场上还缺乏通用的拍摄设备，其次相关从业人员的培训周期较长，全景视频生产缓慢。无论是3D效果视频还是全景视频，都不会实现真正的交互体验，自然也不会给传统的影视行业带来革命性的颠覆，目前市面上还没有真正的VR电影，VR电影更多的是作为传统电影“衍生品”，前期宣传噱头，吸引大众眼球，在首映礼出现，给观众提供体验增值，以此来促进电影的票房业绩。VR电影不仅是技术的迭代升级，更是对编剧和导演艺术能力的挑战。“VR交互视频中有多少人物，就应该有多少条故事线，并且这些故事线

① 陈少峰，张立波. 文化产业商业模式[M]. 北京：北京大学出版社，2011:179.

对观众来说，他自己也不是被动地观看，而是主动地参与——自己选择跟着哪个人物的视角发展故事。”①

(二) 硬件设备缺乏统一标准，等待“爆款VR游戏”

目前，国内的VR游戏开发商大致可以分为三类：以超凡视幻、TVR为代表的创业企业，专攻于VR游戏；传统的手游、页游、网游、端游企业，低调尝试在内部成立VR游戏孵化室；腾讯、完美世界、盛大为代表的游戏巨头以及一些在传统游戏上的失败企业，转型开发VR游戏。但是，无论是游戏巨头还是初创企业，在VR头显和外设都缺乏统一标准，各厂商各行其是，VR游戏领跑娱乐应用，让玩家置身其中，关键是其沉浸性和临在感，这两方面关键在技术上实现可能性体现在画面、交互和音效上，其中，交互与VR视频一样，也最考验开发者。鉴于此，直接从其他平台将游戏移植过来的举措注定VR游戏爆款仍未出现。目前VR游戏多为大厂家大手笔制作的精品游戏，质量优却数量少，难以满足市场持续性需求。另一方面，小企业制作的不知名VR游戏数量较多却难以保证质量。

(三) 内容平台盈利能力差，市场多观望

由于VR硬件企业的应用渠道相对分裂，在虚拟现实应用分发平台建设阶段，独立性的第三方VR应用分发平台借助“整合”可以实现一定的引流。但是，目前第三方内容分发平台还没有特别明显的布局，现有的内容分发平台大多未实现盈利。此外，在移动互联网中有着强大用户基础和强渠道的手机厂商却没有从移动应用分发切入到VR内容和内容分发，这些“流量大户”在等待，当国内形成“几家独大”的局面，行业与用户稍微集中，盈利能力有所提升时，他们更有可能以收购或投资方式快速获取行业地位。

(四) 体验店机遇与挑战并存，主题公园蓄势待发

这一年来，VR体验馆在全国遍地开花，但盈利情况不容乐观，据《中国VR体验店现状白皮书》显示，2016年在全国3 000家VR体验店中，实现盈利的仅三成，绝大部分体验店仍然处于亏损状态。随着硬件出货量的大幅增加，VR设备在市场中普及程度不断提升，未来，用户还会去体验店体验吗？从体验店本身来看，遍地开

① 张雨忻. 给你一幅中国VR产业全景图[EB/OL]. 极客公园，[2016-03-28]. http://chuansong.me/n/2763066.

花的体验店的体验效果良莠不齐，内容更新速度慢，质量和成本暂时还是负相关，内容单一、体验不佳的体验店使用户失去多次消费的兴趣，甚至伤害用户，但高前期成本能否及如何换来持续的现金流来保持长期盈利能力是其不能忽视的挑战。

具备差异化优势的主题公园虽然被VR从业者看好，但国内现有VR主题公园更多是传统主题公园的VR化，并且由传统主题公园来推动。如华谊将主题公园内的部分IP做成VR娱乐设施，由圣威特提供技术解决方案。

五、对策分析与趋势展望

技术是基础，内容是关键。借鉴国外的开源技术，进行交互设计及人体工学攻关，未来中国市场上硬件厂商也会龙头显现，设备普及率提高，用户体验优化；UGC+PGC丰富内容，逐渐完善内容生态系统，加强传统资源VR化，实现文化创意的多次加工，内容加服务，创新商业模式实现VR/AR产业长尾价值。2014—2016年3年的爆发增长期后，VR产业将呈现波动、渐进的发展态势。消费级VR产品及VR杀手级应用将会成为虚拟现实市场的转折点。早期虚拟现实产业投资的关键在于落子，关注人和创业者的商业敏感性，而把握了产业的关键节点后，让企业顺势而为，待时机成熟，东风一起，多点成线，线连成面，自然成势[①]。VR投资者需要携手创业者，共谋发展，共享成果。

（一）UGC+PGC丰富影视内容

随着全景视频拍摄设备的普及，越来越多的个人和工作室将会加入到VR全景视频拍摄与制作中，可以预见的是未来UGC+PGC的全景视频将会越来越多。对未来具有颠覆影响的交互视频，则需要改变传统的镜头语言及叙事方式，从影视作品策划、摄影、灯光、美术等拍摄环节到后期制作重新探索新的一套方法，可以说，由前期策划和导演所作用的艺术表现效果才是最终交互视频是否被消费者接受的关键。

而VR直播将会是内容突破口，VR直播以综艺节目、演唱会、体育赛事等内容形态为主，用户对直播需求更显性，一方面，能够在现场观看节目的观众很少，而这些节目往往需要现场感和沉浸性，大量想看却无法亲临现场的观众易转化为VR直播用户；另一方面，这些内容大多与明星有关，而明星自带粉丝效应，对应强大的

---

① 文钧雷，陈韵林，安乐，宋海涛. 虚拟现实+平行世界的商业与未来[M]. 北京：中信出版社，2016:XXVI.

消费意愿。有着全景视频制作能力的企业都可以涉及VR直播，谁掌握了优质直播资源及明星IP，谁才会杀出重围。此外，大量UGC内容经互联网传播将会引发新一轮社交革命，多个场景实现虚实结合。

对于VR内容生态圈的构建，国内众多创业企业可寻求与大公司进行优势互补，借鉴上述BAT案例中腾讯与赞百度的战略合作，内容创业公司的创意结合大公司的技术及平台优势。在IP=价值，IP=品牌，IP=粉丝效应的消费时代，做VR原创内容固然有很多好处，但很多创业公司开发及宣传成本下，无法进行大力推广VR原创内容，更谈不上延伸品牌价值了。不妨嫁接强势IP内容，俘获消费者喜好，并融入自身品牌理念，慢慢培养消费者对其品牌的忠诚度，或者移植IP内容，进行VR内容的再创造，延续粉丝效应。

（二）“硬件+内容+团队”激活游戏市场

无论是拥有产业资源支持、开发及渠道发行优势的游戏巨头还是专注游戏开发的初创团队，开发者都需要根据不同硬件的性能特点及可交互方式，开发针对性的游戏，中间关系到创意的迸发、团队的磨合及技术迭代的适配，这必然是一个不断尝试的过程。从这个角度看，游戏巨头和初创企业是站在同一起跑线的，大企业、游戏巨头可以生态布局，结合其传统核心业务提前谋划大而全，后期兼并收购，进可攻，退可守；而小企业则可以另辟蹊径，从某个细分人群入手，一款游戏的游戏不一定开始就是要满足大众需求，在技术不成熟的情况下，只要在特定场景、特定硬件条件下，体验足够优秀，小而美也能持续刺激消费需求及欲望。

在国内还没有一款足够引爆市场的“爆款VR游戏”出现前，游戏巨头和创业企业都有机会，参照移动互联网兴起的手游市场，2011年愤怒的小鸟成就了Rovio、水果忍者成就了Halfbrick、部落战争成就了Supercell等，爆款游戏不仅让游戏开发商赚得盆满钵满，成为产业链上集聚用户的入口，还在不同时点上逐步激活了手游市场。从移动端VR游戏入手，进一步发展到PC端及一体式，多人游戏、体感游戏。

（三）线下分发渠道品牌化及差异化运营

在VR体验店中，系统集成商不仅要做好集成，而且要改变购买手段获得合作，完善计费系统，从而采取合作分成手段，调动硬件、内容、自身管理软件各方积极性，最大化各方收益。而综合运营商要在系统集成商的基础上参与内容创意的生产过程，加强内容和体验创新，形成差异化竞争。

网咖有着流量优势及易转化目标人群，也是VR体验店最可行的载体之一，如顺网科技已经与HTC Vive达成战略合作，在全国范围的网吧内布置小型体验店。未来，VR应用由B端过渡到C端，VR体验店可以充分借鉴网吧到网咖的转型，根据市场需求变化不断调整运营方式与变更内容，品牌化及差异化竞争。

高前期成本的主题公园虽然不多，但由于打造出的高端用户体验不易被复制，具备增值服务空间和品牌溢价能力，内容形态更加丰富，开发者创造空间更加广阔，今后很可能成为团体活动、家庭聚会、休闲娱乐的一个新选择，正蓄势待发。

（四）VR+应用释放无限潜能

除了影视及游戏外，VR内容红利到来必然要在更多应用领域上发力，即为行业应用做内容开发，如VR+旅游，虚拟现实技术具备的交互、安全、自主和超越时空等天然优势直击传统旅游业“痛点”，VR技术在目的地观光体验和提高酒店及预订平台转化率方面无可替代，主题娱乐公园还可以实现现有IP价值在虚拟空间的延伸，丰富主题公园体验内容，VR旅游线上及线下蓝海值得开拓；VR+体育，在赛事直播外还可以开发模拟训练及体验游戏等。社交平台具有黏性，拥有用户优势，比较容易整合其他各类服务。VR/AR文化企业多为内容制作商或渠道分发商，比起全产业链布局的互联网巨头或行业翘楚，VR+应用除了在各自领域瞄准目标人群外，应借助社交平台，整合IP价值，实现1+1>2的集聚效应。在社交平台上定期推出面向用户的轻量级产品，用较小成本试探消费者的接受度，加快内容由2B向2C转化。

未来，由政府牵头成立的VR产业园将会遍地开花，形成“三创四体”组合平台，即创业、创投与创投辅导，产学研服四位一体，融合VR产业链上下游企业，打造垂直化产业园区，整合政府资源与各界资源，实现各方价值最大化，最终形成组合平台竞争优势。10年之后，中国VR技术及产业将迎来辉煌时期，满足大众的刚性需求。

（撰稿人：朱萌，中国海洋大学；赵雅兰，东莞文化创意研究院）

第七章 自媒体文化企业报告

- 近年来，“自媒体”日益成为中国传媒领域一个炙手可热的词，大量的自媒体文化企业纷纷涌现，2016年自媒体文化企业进入内容迭代升级的时代，发展态势由传统的文字、图文、短视频向直播拓展，由此网络直播企业风生水起，发展迅猛。2016年大量自媒体平台蜂拥而现，可谓百舸争流，自媒体平台服务提供商们，在内容供给上各出奇招，不断变革，自媒体平台之间的竞争越发激烈，各种奖励扶持政策不断，为自媒体文化企业的发展和成长提供了更多的机遇。
- 2016年自媒体文化企业发展呈现出依托平台多元化、内容分发渠道多元化、融资规模化的特点。
- 在网络直播企业自身优势和外在资本力量的推动之下，无论是用户数量、网络直播企业数量还是营业收入，均在2016年得到迅猛的发展。在网络直播的热潮之下，2016年移动互联网已进入“直播+时代”，尤其在垂直细分领域中的直播企业中表现最为明显。直播作为一种载体，为垂直细分领域的发展提供更为丰富的展现形式，主要有直播+体育、直播+旅游、直播+电商、直播+教育培训等。但随着市场的变化，到2017年上半年网络直播整个行业热度降低且趋于稳定，而且网络直播企业两极分化现象凸显。

- 自2017年以来资本进入网络直播企业的热度减退，但是整个自媒体行业会有更多的资本进入，资本化的趋势越发加快。随着自媒体的不断成熟，自媒体文化企业对盈利模式的不断探索，其商业模式未来将呈现多元化的态势。各大互联网公司的进入使得自媒体文化企业依托平台也将多元化。未来自媒体文化企业两极分化现象更加凸显，强者越强，弱者越弱。随着AR和AI技术的成熟和广泛的应用，在自媒体领域AR和AI技术的应用会愈加广泛。随着监管的加快和自媒体文化企业发展的需要，自媒体文化企业在内容上会愈加专业化、精品化。

近年来，自媒体日益成为中国传媒领域一个炙手可热的词，大量的自媒体文化企业和自媒体从业者纷纷涌现，2016年自媒体文化企业进入内容迭代升级的时代，发展态势由传统的文字、图文、短视频向直播拓展，由此网络直播企业风生水起，发展迅猛。2016年大量自媒体平台蜂拥而现，可谓百舸争流，自媒体平台服务提供商们，在内容供给上各出奇招，不断变革，自媒体平台之间的竞争越发激烈，各种奖励扶持政策不断，为自媒体文化企业的发展和成长提供了更多的机遇。

一、自媒体文化企业发展环境

自媒体作为一种新的传播方式得到了迅猛发展，由此带来自媒体文化的快速发展，但是它在快速发展的同时也出现了一系列的问题。以直播类企业为例，网络直播企业在迅猛发展的同时，有一些网络直播企业为了赚取粉丝和关注度，不惜采取打擦边球甚至违法的行为，如传播低级趣味、色情、暴力等信息。这导致网络直播企业乱象丛生，破坏了社会文化生态。对此，国家相关部门一方面出台文件和措施加强监管，另一方面加大对违法违规行为的查处力度，同时自媒体文化企业也积极开展行业自律和净化行动，净化自媒体文化企业的发展环境。

(一) 政策不断收紧

伴随着自媒体文化企业发展的火热，相关不良现象不断出现在大众视野中，尤其是网络直播企业。从2016年9月以来，国家新闻出版广电总局、国家互联网信息办公室、文化部等部门纷纷针对网络直播企业下发系列文件和措施。针对经营单位(即网络直播企业)的监管要求不断提高，在监管内容方面也愈加细化，不仅对网络直播企业表演者提出要求，对网络直播用户的互动行为也采取了一定的监管限制。

2016年7月，为切实加强网络表演管理，规范网络文化市场秩序，文化部印发《关于加强网络表演管理工作的通知》，对网络文化经营单位利用信息网络传播现场文艺表演、网络游戏等文化产品技法展示或解说的行为进行规范。2016年9月，国家新闻出版广电总局发布《关于加强网络视听节目直播服务管理有关问题的通知》，《关于加强网络视听节目直播服务管理有关问题的通知》重申互联网视听节目服务机构开展直播服务，必须符合《互联网视听节目服务管理规定》和《互联网视听节目服务业务分类目录》的有关规定。开展网络视听节目直播服务应具有相应资质。对开展网络视听节目直播服务的单位应具备的技术、人员、管理条件，直播节目内容，相关弹幕发布，直播活动中涉及的主持人、嘉宾、直播对象等作出了具体要求。2016年9月，《互联网广告管理暂行办法》开始实施，《互联网广告管理暂行办法》对自媒体文化企业发布商业广告进行了规范，要求显著标明“广告”。2016年11月，国家互联网信息办公室发布《互联网直播服务管理规定》；明确禁止互联网直播服务提供者和使用者利用互联网直播服务从事危害国家安全、破坏社会稳定、扰乱社会秩序、侵犯他人合法权益、传播淫秽色情等活动。为切实加强网络表演经营活动管理，规范市场秩序，推动网络表演行业健康有序发展，2016年12月，文化部发布《网络表演经营活动管理办法》。上述关于自媒体文化企业尤其是网络直播企业的监管政策紧锣密鼓的出台，这些政策相互补充，措施有力，为净化自媒体文化企业尤其是网络直播企业行业发展环境提供了政策基础和外部监管。

（二）加快网络直播市场净化

针对网络直播企业存在的严重违法违规行为，国家文化部门加大对网络直播企业的查处力度。2016年4月，文化部宣布将对国内各大型网络直播平台的违法违规内容进行查处，并首次对网络主播认证和内容备案提出具体要求。2016年7月，首批23家网络文化经营单位旗下的26个网络表演平台受到查处，4 000多个涉嫌严重违规的表演房间被关停。2017年2月，文化部正式启动并部署了对网络表演市场的双随机执法检查。第一轮将依法随机抽查50家网络表演经营单位，对随机抽中的网络表演经营单位“全面体检”，重点清理整治价值导向错误、淫秽色情低俗、封建迷信等禁止内容。

（三）行业自律进程加快

在国家对自媒体文化企业规范的同时，自媒体文化企业行业也在积极开展自我净化和行业自律。2016年4月，国内20多家从事网络直播的主要企业负责人共同发布《北京网络直播行业自律公约》。该公约承诺网络直播房间必须标识水印；内容存储时间不少于15天备查；所有主播必须实名认证；对于播出涉政、涉枪、涉毒、涉暴、涉黄内容的主播，情节严重的将列入黑名单；审核人员对平台上的直播内容进行24小时实时监管等以加强自律。

2016年10月，全国首个具有官方性质的省级自媒体联盟——上海自媒体联盟正式成立。上海自媒体联盟的主要任务，一是加强自媒体的底线意识，促进自媒体的行业自律；二是加强自媒体的举报意识，增强自媒体的行业监督；三是加强自媒体的教育引导，成为与党政部门沟通联系的桥梁纽带；四是加强自媒体交流合作，促进自媒体健康发展。随着国家文化部的介入，以及自媒体文化企业行业的自律规范，整个自媒体文化企业尤其是网络直播企业行业必将迎来一个健康的发展环境。

（四）流量平台奖励扶持不断

2016年各类流量平台为吸引自媒体企业入驻，纷纷实施扶持计划，并给出强有力的优惠奖励政策，如表7-1所示。 2016年以前只有极少部分门户网站推出开放平台计划，2016年大部分门户网站都不约而同地在推出吸引自媒体文化企业入驻的开放平台计划。平台角色逐渐从原创为主过渡到原创精品和分发优质的自媒体内容。不仅门户网站，以今日头条和一点资讯为代表的个性化的资讯阅读应用，为了提高入驻自媒体文化企业的质量和黏性，也大力进行扶持，甚至投资入股。还有百度开放内容平台，增加用户黏性并与其产品形成协同。视频网站如爱奇艺通过吸引自媒体文化企业入驻巩固和扩展其内容生态。这些流量平台奖励计划，为自媒体文化企业发展创造了良好的环境，同时也使得自媒体文化企业的内容分发平台增多。

表7-1　2016年流量平台对自媒体文化企业扶持计划和奖励政策①

流量平台	扶持计划	推出时间	奖励政策
腾讯	芒种计划——企鹅号	2016.3	1. 多平台流量分发(天天快报、腾讯新闻客户端、手机QQ新闻插件、QQ公众号、手机腾讯网、QQ浏览器等) 2. 广告分成 3. 编辑推荐+机器自动化推荐 4. 原创作者补贴(2亿元)
搜狐	搜狐公众平台	2014年推出。2016年优化改版	1. 多平台流量分发(搜狐网、手机搜狐网和搜狐新闻客户端) 2. 编辑推荐+机器自动化推荐 3. 广告分成
网易	网易媒体开放平台——网易号	2016.4	1. 多平台流量分发(网易新闻客户端、网易新闻) 2. 优质自媒体扶持(亿元奖励) 3. 编辑推荐+机器自动化推荐 4. 加强地域合作，推进直播
	天网计划	2016.8	1. 全球化、全天候的咨询直播布局 2. “Top 100伙伴计划”激励精品直播PGC

① 根据企鹅智酷联合企鹅媒体平台发布的《2017中国自媒体全视角趋势报告》进行整理。

（续表）

流量平台	扶持计划	推出时间	奖励政策
新浪	新浪看点平台	2016.5	1. 运营资金(千万元) 2. 新浪经纪人计划：2016年打造100位黑马型自媒体人 3. 广告分成
	摘星计划	2016.6	1. 自媒体成长孵化 2. 融资对接
今日头条	头条号创作空间，提供给早期内容创业者的孵化空间	2016.3	1. 投资早期内容创业团队(2亿规模基金) 2. 融资对接 3. 创业培训
一点资讯	一点i媒体平台的一点号点金计划	2016.2	符合条件的优质账号可以获得效益
百度	百度百家号上线	2016.9	1. 2017年百度将累计向内容生产者分成100亿 2. 在内容分发上打通手机百度资讯流、百度搜索和其他百度系列产品的流量矩阵及百度联盟的流量入口，在更大范围上增加内容的曝光量 3. 为内容创作者提供大数据画像和分析工具
爱奇艺	爱奇艺号	2016.12	1. 原创补贴和广告分成 2. 吸引图文字媒体与视频内容形成互补 3. 个性化推荐，去中心分发

二、自媒体文化企业发展现状

2016年自媒体文化企业发展呈现出依托平台多元化、内容分发渠道多元化、融资规模化的特点。

（一）依托平台多元化

随着媒体技术的不断进步与媒体融合进程的加快，经过新的传播方式的出现和新技术的运用，2016年自媒体文化企业的平台发展呈现出更加多元化的局面。从传统的微博、微信公众平台到新兴的客户端运营号，再到2016年火热的直播平台，各类自媒体平台层出不穷。自媒体平台多元化的发展使得自媒体文化企业呈现多元化发展的态势。在自媒体文化企业依托的平台方面，2016年被称为直播的元年，直播平台在2016年得到迅猛的发展，受到资本市场的热捧和用户的青睐。在2016年，新闻资讯行业继续延续前两年的势头，积极布局自媒体行业。如2016年4月网易推出网易号，网易号自带自媒体直播功能，是网易打造的自媒体内容分发和品牌互助平台。2016年9月凤凰新闻和一点资讯打造的凤凰号和一点号实现内容互通。

按照自媒体文化企业的展现形式划分，当前自媒体文化企业类型主要分为四类，如图7-1所示。一是文字类的自媒体文化企业，这类自媒体文化企业准入门槛较低，当前从业人员多，但是各大企业之间的竞争也非常激烈。二是音频类的自媒体文化企业，准入门槛相对较高，火热程度不是很高。三是视频类的自媒体文化企业，主要是主流视频网站推出，平台为自媒体提供流量入口和扶持计划。四是直播类的自媒体文化企业，互动性强、准入门槛低，竞争较为激烈。除此之外，还有上述四种展现形式融合的自媒体文化企业。

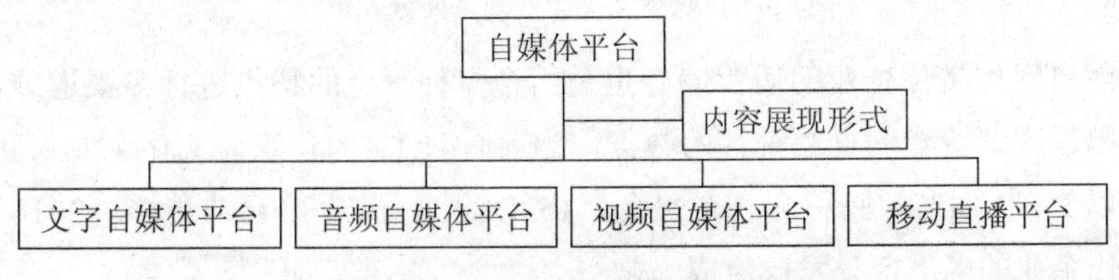

图7-1　自媒体文化企业所依托平台

在不同自媒体平台当中用户覆盖差异化显著，根据《2016年度自媒体行业发展报告》统计的数据显示，经过2016年11月和1月的对比分析，自媒体平台当中的综合音乐和社交网络用户覆盖率分别下降12.2%和1.3%，而直播类和电商类的自媒体平台分别增长120.9%和249.2%，如图7-2所示。

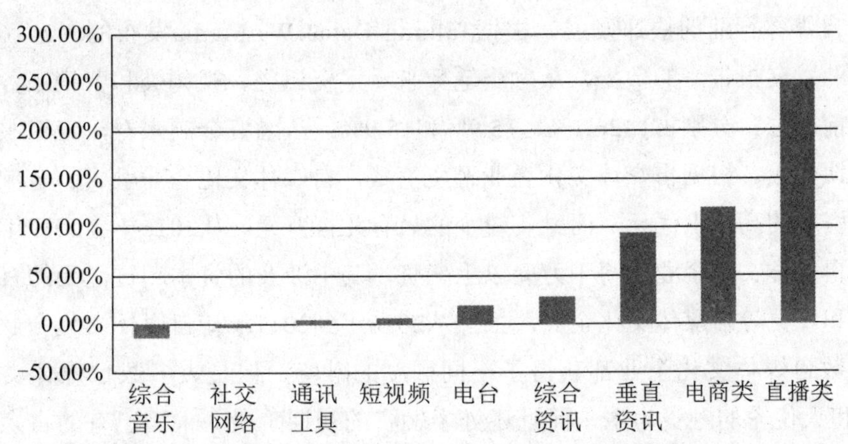

图7-2　2016年不同自媒体平台用户覆盖率增速(11月和1月的对比)

（二）内容分发渠道多元化

由于不同的流量平台对自媒体文化企业持开放的态度，流量平台为自媒体文化企业提供了扶持的奖励政策环境，使得自媒体文化企业向多渠道分发。自媒体文化企业的主要分发平台有移动新闻资讯应用、垂直资讯应用、知识分享平台、个性化资讯应用和音频、视频应用，如图7-3所示。

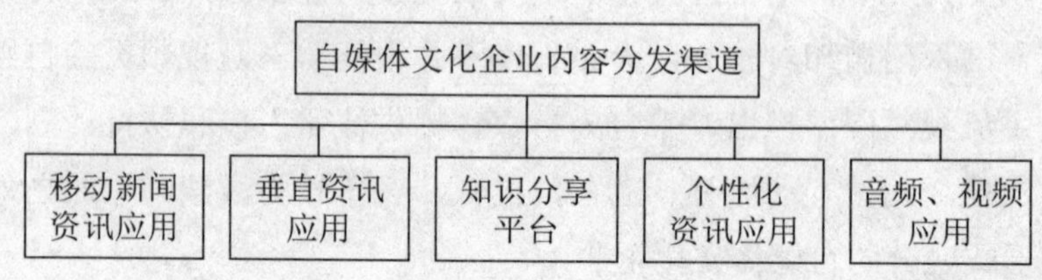

图7-3 自媒体文化企业的主要分发平台

当前自媒体文化企业的运营偏好也是结合多种平台的特点进行多渠道分发。根据《企鹅智库消费者调查》统计的数据，当前有41.1%的自媒体文化企业入驻了3个平台及以上，43.1%入驻了4～6个平台，15.8%入驻了7个平台或更多。2016年，自媒体文化企业的多平台分发已然成为常态。

（三）融资规模化

自从2015年自媒体文化企业受到资本市场的密切关注后，2016年自媒体文化企业不仅延续这一良好势头，而且呈现出更加火爆的融资局面。根据表7-2可以看出，自媒体文化企业融资的速度和频度正在加快。自媒体文化企业融资规模化也在推动着整个自媒体行业的快速发展。根据Talking Data&We Media发布的《2016年度自媒体行业发展报告》的数据，从融资笔数来看，资讯类、视频类和营销服务类自媒体位列前三位，分别占比26.1%、15.9%和15.9%；从融资金额来看，营销服务、视频和餐饮较大。根据自媒体文化企业融资笔数，自媒体文化企业融资的金额差距较大，融资多的高达上亿元，而融资较少的只有几百万元。从2016年到2017年初有超过20家自媒体文化企业获得千万元以上融资，其中涉及的资本超过亿元的有一条、梨视频和二更等自媒体文化企业。虽然从2016年到2017年初自媒体文化企业融资火爆，多数自媒体文化企业都获得了不同额度的融资，但是大多数自媒体文化企业以A轮和天使轮的融资为主，而且还处于融资的初期阶段。根据已有的自媒体文化企业融资可以看出，粉丝数量多少与是否能够获得融资和融资的多少没有太大的关系，如闹客邦在获得投资时粉丝数量还不足一万。投资者更看重的是投资媒体企业用户定位是否精准，是不是垂直领域的佼佼者等。

表7-2　2016年至2017年初自媒体文化企业融资情况

时间	名称	融资金额	投资方
2016年1月	有车以后	A轮2 400万元	梅花天使创投领投、北京史努克基金跟投
2016年1月	铅笔道	天使轮投资480万元	猎聘网CEO戴科彬、K2VC(险峰长青)、真格基金、BAI(贝塔斯曼亚洲投资基金)
2016年1月	环球旅行	天使轮500万元融资	中原科创风险投资基金领投
2016年1月	小羽私厨	天使轮300万元融资	平安创投
2016年1月	闹客邦	200万天使轮融资	北京老鹰基金、深圳雷雨资本、浙报传媒梦工场等
2016年2月	北美留学生日报	Pre-A轮1 000万元	小站教育领投、北美省钱快报等跟投
2016年2月	政商参阅	A轮1 500万元	分享资本
2016年3月	正和岛	不详	头头是道基金
2016年3月	二更	A轮超5 000万元融资	真格基金和基石资本
2016年3月	快来租我	500万元天使轮融资	不详
2016年3月	Papi酱	1 200万元融资	真格基金、罗辑思维、光源资本、星图资本
2016年3月	硅谷密探	300万元天使轮融资	中科创星领投，集结号资本跟投。
2016年4月	电影头条	500万元天使融资	寺库、金种子创投基金
2016年5月	功夫财经	1 500万元A轮融资	合一集团
2016年6月	餐饮老板内参	5 000万元A轮融资	美团大众点评网、今日头条、源码资本和千味央厨
2016年6月	蛋解创业	300万元天使轮融资	华盖资本、华澍资本、众造未来
2016年6月	南七道新媒	500万元天使投资	易一天使
2016年6月	寻找田野	300万元天使轮融资	辰海资本
2016年6月	胡辛束	450万元天使轮融资	真格基金领投，罗辑思维跟投
2016年7月	一条	1亿元B+轮融资	CMC领投，创伴飞马旅跟投
2016年7月	何仙姑夫	2 260万元A轮融资	清科岭协基金领投、华盖文化基金跟投
2016年7月	功夫体育	400万元天使轮融资	宁波道简基金
2016年7月	大话铲屎	200万元天使轮投资	范卫锋
2016年7月	真实故事计划	300万元投资	平安创投和高樟资本

（续表）

时间	名称	融资金额	投资方
2016年7月	毒舌电影	A轮融资不详	贝塔斯曼亚洲投资基金领投
2016年7月	梨视频	1亿美金融资	华人文化基金
2016年8月	玩车教授	3 600万元A+轮融资	广东文投
2016年8月	30秒懂车	1 500万元Pre-A轮融资	汽车之家领投，华映资本、松栢资本跟投
2016年9月	吱道二手车	1 000万元Pre-A轮融资	博派资本领投、龙腾资本跟投
2016年9月	Via	500万元天使轮融资	文化基金
2016年9月	笔记侠	400万元天使融资	原链资本和高维资本
2016年9月	有车以后	A+轮融资数千万元	成长基金、创金资本、蓝拓资本投资
2016年9月	We Media	A+4 000万元	PGA+ Ventures领投
2016年10月	野马财经	500万元天使投资	不详
2016年11月	铅笔道	Pre-A轮融资720万元	英诺天使基金、软银中国、星瀚资本、长安私人资本、知卓资本。
2016年11月	灵魂有香气的女子	1 500万元融资	头头是道基金领投，羚羊早安跟投
2016年12月	嗨球科技	数千万元天使+轮融资	华人文化控股集团领投，腾讯和元迅投资跟投
2017年1月	二更	B轮融资1.5亿元	元璟资本领投，厚德前海、以太资本跟投
2017年1月	硅谷密探	近千万元Pre-A轮融资	黑洞资本和云起资本
2017年1月	差评	千万级Pre-A轮融资	头头是道领投，老股东创享基金跟投

三、网络直播企业发展现状

在网络直播企业自身优势和外在资本力量的推动之下，无论是用户数量、网络直播企业数量还是营业收入，均在2016年得到迅猛的发展。在网络直播的热潮之下，2016年移动互联网已进入“直播+”时代，尤其在垂直细分领域中的直播企业表现最为明显。直播作为一种载体，为垂直细分领域的发展提供更为丰富的展现形式，主要有直播+体育、直播+旅游、直播+电商、直播+教育培训等。但随着市场的变化，到2017年上半年网络直播整个行业热度降低且趋于稳定，而且网络直播企业两极分化现象凸显。

（一）网络直播企业发展突飞猛进

2016年被称为我国网络直播元年，无论是主播还是用户网络直播，总体上准入门槛都较低，拥有多种多样的直播方式和特性、主播和用户之间良好的互动体验、用户优越的在场感、实时性的传播，再加上技术的进步和资本市场的角逐与推动，使得网络直播企业一路高歌猛进，网络直播企业和用户数量均呈现出井喷的发展态势。据统计，2016年各类网络直播企业将近300家。根据中国互联网络信息中心发布的第39次《中国互联网络发展状况统计报告》的统计数据显示：截至2016年12月，我国网络直播用户已达3.44亿，占网民总体的47.1%，较2016年6月增长1 932万。2016年各网络直播企业发展势头也很迅猛，根据网络直播企业的公开财报数据显示，陌陌直播自从2015年9月份上线后不久就成为陌陌的最主要收入来源，在2016年第一季度陌陌直播收入为1 560万美元，占整体收入的30.65%，在2016年第四季度，陌陌直播服务的付费用户就已达到410万人，到2017年第一季度增长势头强劲，陌陌直播收入高达2.126亿美元，已占整体收入的80.16%，陌陌也就成了当之无愧的网络直播企业。

（二）行业趋稳，两极分化现象凸显

在网络直播企业经过2016年一年的迅猛发展之后，到2017年的上半年，网络直播行业热潮逐渐退去，整体趋于平静。可以预见今后一段时期将会是网络直播行业的洗牌期，有很多规模较小的网络直播企业正在或将要退出网络直播市场。在网络直播市场趋稳的大环境之下，网络直播企业的红利期正减弱且很难恢复到2016年迅猛发展的势头。以映客直播为例，根据Talking Data移动观象平台的数据显示，映客直播在2016年1月份覆盖率和活跃率均为2%左右，之后开始显著增长。到6月份映客直播的覆盖率超过4.5%、活跃率接近4.5%，之后开始大幅下降。到2017年4月份时，覆盖率不到1%、活跃度不到0.5%，远远低于2016年1月份。根据易观推出的《2017年第一季度中国移动直播市场季度盘点》报告，在2017年第一季度移动全网用户渗透率前十名排名中，一直播以26.7%的移动全网用户渗透率排名第一，映客直播以22.9%的移动全网用户渗透率排名第二，花椒直播、YY Live以18.3%、17.8%的全网用户渗透率分列三、四位。而排名第八、九、十位的NOW直播、秀色直播、小米直播全网用户渗透率仅为5.4%、5.1%和3.2%。前十名之间的差距就如此大，可以看出，从网络直播移动全网用户渗透率来看，网络直播企业两极分化现象凸显。

（三）形式多样，内容丰富

在互联网广泛的渗透下，直播和多种应用相结合，当前网络直播企业呈现出多种多样的形式。从最早PC时代依托于PC端的传统直播网站，如以YY直播为代表的游戏类直播企业，以六间房、9158等为代表的秀场类直播企业。进入到移动互联网时代之后，移动端的网络直播企业开始兴起并迅猛成长起来，如以斗鱼TV直播、虎牙直播、龙猫直播等网络直播企业为代表的游戏类直播等；以映客直播、易直播、陌陌直播等直播企业为代表的泛娱乐直播。进入到当前VR时代以来，VR类直播企业开始出现，主要是以微鲸科技为代表的VR直播。

按照网络直播企业直播内容划分，当前网络直播企业类型主要分为四类，一是秀场类直播企业，在PC端时代最早出现，竞争门槛较低，可复制性高，同质化较为严重；二是游戏类直播企业，对直播技术要求较高，竞争门槛高，发展迅速，未来前景广阔；三是泛娱乐类直播企业，主要包括演唱会、户外等，对主播要求高，可复制性低，有着较为成熟的商业模式；四是垂直领域的直播，主打各类细分市场，包括财经类、美妆、旅游等细分领域的深度直播，用户定位清晰，细分市场明确，在单一领域深耕细作。如图7-4所示。根据中国互联网络信息中心发布的第39次《中国互联网络发展状况统计报告》统计数据：在各类网络直播的使用上，游戏直播的用户使用率增幅最高，半年增长3.5个百分点，达到20%，演唱会直播、体育直播和真人聊天秀直播的使用率相对稳定。其中体育直播使用率为20.7%，真人聊天秀直播使用率为19.8%，演唱会直播使用率为15.1%。

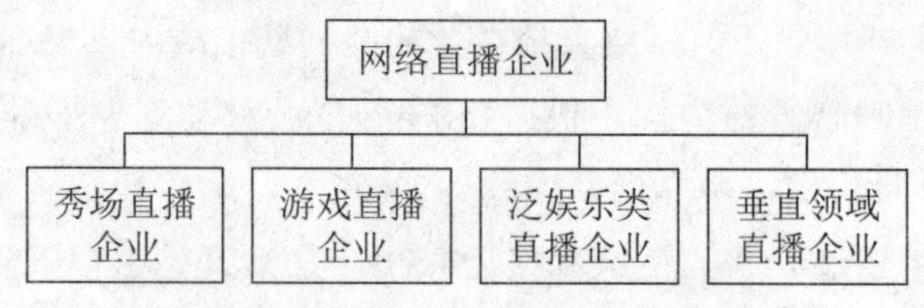

图7-4　网络直播企业主要类型

（四）巨额资本加持网络直播企业

虽然相关部门对网络直播企业的监管力度不断增大，但网络直播业务的强大营收能力使得资本对其发展前景依旧保持乐观态度。2016年网络直播企业延续2015年网络融资的良好势头，网络直播企业继续受到资本市场的青睐，如表7-3所示，巨额资本纷纷加持网络直播企业。网络直播企业背后的投资者主要分为四类：一是专业的投资机构；二是互联网巨头企业；三是天使投资人；四是上市公司。随着资本的持续涌入，在2016年，手机QQ、微博、乐视、盛大、PPTV等平台也积极跟进，相继开通或投资了网络直播业务。除此之外，互联网巨头BAT也纷纷布局网络直播行业，如表7-4所示，尤其以腾讯为最，目前布局了9家直播平台，在未来的一段时期内网络直播企业间的竞争将更加激烈。

斗鱼TV、熊猫直播、花椒直播等已经具有一定规模的网络直播企业也在2016年获得大量融资。以游戏直播类为主的网络直播企业斗鱼TV为例。斗鱼TV于2014年1月成立，仅在成立2年多的时间里，就已迅速成为国内直播行业里的龙头企业和“独角兽”。斗鱼TV在2014年9月获得了奥飞动漫和红杉资本中国数百万美元A轮融资之后，在2016年，斗鱼TV又获得了两轮巨额融资——2016年3月份的B轮1亿美元融资和2016年8月份的15亿元C轮融资，2016年斗鱼TV融资额就超过21亿元人民币。

表7-3　2016年中国网络直播企业融资情况

时间	融资平台	融资金额	投资机构
2016年1月	映客直播	A+轮8 000万元	昆仑万维领投
2016年3月	易直播	A轮约6 000万元	不详
2016年3月	三好网	Pre-A轮7 500万元	亦庄互联基金领投，沃衍资本、金百朋和天使投资方磐谷资本跟投
2016年3月	斗鱼TV	B轮1亿美元	腾讯领投、红杉资本、南山资本追投、天神娱乐跟投
2016年4月	早道网校	A轮1 500万元	YY领投、华创跟投
2016年8月	斗鱼TV	C轮15亿元	凤凰资本、腾讯领投，红杉资本中国、南山资本跟投
2016年8月	目睹直播	A轮数千万元	不详
2016年9月	花椒直播	A轮融资3亿元	首建投、奇虎360
2016年9月	熊猫TV	A轮融资6.5亿元	乐视领投
2016年9月	全民TV	A轮融资5亿元	不详
2016年12月	梦想直播	Pre-A轮数亿美金	不详

表7-4 BAT的直播布局情况[①]

公司	APP名称	直播形式	具体情况
腾讯	QQ空间	内嵌式	自家产品
	腾讯新闻	内嵌式	自家产品
	企鹅直播	纯直播	自家产品
	花样直播	纯直播	自家产品
	腾讯直播	纯直播	自家产品
	NOW直播	纯直播	自家产品
	斗鱼TV直播	纯直播	投资
	哔哩哔哩动画	纯直播	投资
	龙珠TV	纯直播	投资
阿里巴巴	淘宝	内嵌式	自家产品
	天猫	内嵌式	自家产品
	优土	内嵌式	自收购
	来疯视频直播秀	纯直播	优土
	陌陌	内嵌式	投资
	一直播	纯直播	投资的微博
	Acfun	内嵌式	投资的合一集团
百度	百秀直播	纯直播	自家产品
	Ala直播	纯直播	自家产品
	爱奇艺	内嵌式	收购

四、自媒体文化企业发展中存在的问题与对策思考

2016年自媒体文化企业发展势头持续迅猛，尤其以网络直播企业表现更甚。但是我国自媒体文化企业处于发展初期阶段，内在的自媒体行业市场体系仍不健全，外部相关的法律法规也不完善，这或多或少地导致了我国自媒体文化企业发展过程中出现了一些问题。

（一）自媒体文化企业发展中存在的问题

1. 企业自律不足，侵权现象严重

由于很多自媒体文化企业没有核心竞争力和在内容方面没有核心竞争优势，自媒体行业出现内容产出困难、用户审美疲劳、激烈的行业竞争和自身同质化严重、

① 郭全中. 我国互联网直播业发展综述[J]. 传媒，2017，(4):11.

内容创意不足等问题。一些自媒体文化企业为了快速发展和融资，未能做到严格的自律，使用一些打擦边球的行为，如抄袭、拼凑、乱改标题，有些甚至利用色情、暴力的内容吸引用户的眼球。此外，近年来自媒体文化企业侵权现象屡见不鲜，根据《2016年自媒体行业版权报告》的统计，近六成的自媒体作者曾经遭遇过内容侵权，自媒体文化企业成为版权弱势群体。但是维权成本太高，维权收益太低，成为自媒体作者们维护版权时的最大痛点，法律政策、社会意识等外部环境不利于自媒体作者进行版权保护。一些自媒体平台也存在对自媒体文化企业严重的侵权问题，如2016年4月百名自媒体人发出《联合维权公开信》，控诉新闻资讯应用一点资讯严重侵犯知识产权的行为。公开信中称，一点资讯利用技术手段系统将自媒人拥有版权的原创内容，抄袭、复制到自己的平台和应用软件上，导致整个自媒体文化企业行业尤其是网络直播企业行业内乱象丛生。

2. 外部监管混乱，有效监管缺失

由于自媒体文化企业在内容和技术上涉及多个方面，分属不同部门监管。这使得当前我国对自媒体文化企业实施监管的部门有很多，现行的有文化部、国家新闻出版广电总局、国家互联网信息办公室等国家部门在各自的职责范围内对自媒体文化企业发展进行监管，而且监管力度也很大。然而，由于有众多部门进行监管，在监管的过程之中难免就会出现管理职能交叉、管理权重叠等混乱局面；而且各部门和各级部门之间如果出现协调性不足的现象时，那么就有可能出现越位和错位，对自媒体文化企业的监管效果就会带来很大的影响。此外，多部门实施监管，在监管的过程中会导致监管过度，致使自媒体文化企业创新性和活力不足，阻碍自媒体文化企业的成长和发展。

（二）自媒体文化企业发展对策思考

1. 加强企业自律，打击侵权

行业自律即通过行规行约来约束行业自身的行为。作为市场治理手段的一种，行业自律是政府管制的重要补充，在约束不良行为、增强行业公信力、维护净化行业发展空间等方面具有重要的作用和意义。互联网本身具有开放性、平等性、海量性、互动性和包容性等特点，如果仅仅从外界进行管理，会遇到大量技术问题和监管难点，并不能取得良好的效果。因此，在他律的同时，绝对不能缺少自律的参与。要充分利用互联网作为一个有机体的自我净化功能，规范行业秩序，明确行业底线，形成健康有序的互联网行业文化。要成立行业组织或自律组织，建立起行业自律机制，实现自律管理与外部监管相协调。[①] 自媒体文化企业应当积极打破当前同质化竞争的局面，向垂直细分市场拓展，增强原创内容和产品创新，积极加强自身自律。尤其是网络直播企业，要实行“实名制认证”，并通过技术手段全时段对直播内容进行巡查，一旦发现有主播播出违法违规内容，永久关闭主播账号。面对自媒体文化企业侵权屡禁不止的现象，一方面各大自媒体平台要积极服务于自媒体企业版权保护，开放原创保护功能，另一方面自媒体文化企业应自发组建维权组织，加强行业自律，积极维权。如2016年9，咪咕数媒、掌阅科技、阅文集团等公司联合发起成立“中国网络文学版权保护联盟”并发布《中国网络文学版权联盟自律公约》；2016年12月，40家津企加入京津冀知识产权发展联盟，人民网与各党报新媒体发起党报新媒体版权联盟。

2. 强化协同监管

明确各监管部门之间的职责归属，加强各监管部门之间的协调和协同机制建设，建立高校监管、权责明确、协同打击、层级清晰的监管体系。各级监管部门应严格按照现行法律法规进行管理，履行监管责任。各监管部门应对自媒体监管高度重视，综合运用各种手段加强管理，维护网络环境并促进自媒体文化企业的良性健康发展。

五、自媒体文化企业展望

2017年以来，资本进入网络直播企业的热度减退，但是整个自媒体行业会有更多的资本进入，资本化的趋势越发加快。随着自媒体的不断成熟，自媒体文化企业对盈利模式的不断探索，其商业模式未来将呈现多元化的态势。各大互联网公司的进入使得自媒体文化企业依托平台也将多元化。未来自媒体文化企业两极分化现象更加凸显，强者越强，弱者越弱。随着AR和AI技术的成熟和广泛的应用，在自媒体领域AR和AI技术的应用会愈加广泛。随着监管的加快和自媒体文化企业发展的需要，自媒体文化企业在内容上会愈加专业化、精品化。

（一）资本化

据新榜统计，在2016年有108家新媒体吸引了21亿左右资金，其中估值过亿的超过10家，单笔融资金额过亿的就有4家。从2016年开始，内容创业得到普遍的认

① 王欢，庞林源. 网络直播监管机制及路径研究[J]. 出版广角，2017，(6):82.

可，变现能力也很强，当前自媒体文化企业融资还处于初期阶段，随着自媒体文化企业原创内容的增多和差异化、商业模式的逐渐清晰、人才团队的稳定和强大、受众定位的精准等，在未来，自媒体文化企业将会获得更多的融资。可以预见的是，今后会有更多资本进入，自媒体文化企业的资本化进程也会加快。在2016年，自媒体交易平台和联盟持续获得融资，如2016年5月新榜和今日排行榜获得融资，其中今日排行榜获得数千万元融资；2016年9月We Media和社群科技分别获得4 000万元和2 000万元融资；2016年10月一道获得融资；2016年11月引爆点和鼹鼠文化分别获得3 000万和1 000万融资，在自媒体交易平台和联盟持续获得融资之下，未来越来越多的优质自媒体文化企业将会出现，同时在资本化的驱动之下，自媒体文化企业之间的竞争越来越激烈。自媒体文化企业在资本化的趋势下，获得越来越多的融资，使得自媒体文化企业在原有优势基础之上，有资金支持深耕内容，推出更多原创性精品化的产品，并且在其他行业布局。如二更在北京、上海、广州、深圳、成都等多个城市启动了“二更伙伴”，推出视频新媒体，并在财经、旅游、体育等行业做出新的布局。

（二）多元化

1. 商业模式多元化

当前自媒体文化企业盈利模式仍以广告收入为主。根据《2017中国自媒体全视角趋势报告》的统计数据，如图7-5所示，自媒体文化企业盈利模式当中广告收入占比高达88.8%，打赏收入占比为14.3%，电商收入占比为9.1%，付费收入占比为4.5%。但是随着互联网行业中垂直和细分领域内的自媒体文化企业逐渐增多，在垂直细分领域内自媒体文化企业的优质内容也会增多。而且当前垂直细分领域里很多自媒体文化企业都拿到了融资，这些拿到融资的自媒体文化企业一方面有资金支持，另一方面有优越的合作资源，未来自媒体文化企业与相关产业会实现深度融合，因此商业模式也会向多元化扩展。如开发内容IP、内容付费、内容电商、精准化社群运营，甚至会形成自生态的平台化发展。

YY直播是我国成立较早的网络直播企业，到目前YY直播仍能长盛不衰，引领我国网络直播企业发展与其多元化的商业模式有关，如图7-6所示，YY直播构建了以合作伙伴、核心业务、核心要素、客户关系、价值主张等商业模式要素为一体的多元化商业模式版图。当前能像YY直播这样商业模式多元化的网络直播企业少之又少，未来会有更多的网络直播企业向商业模式多元化方向发展。

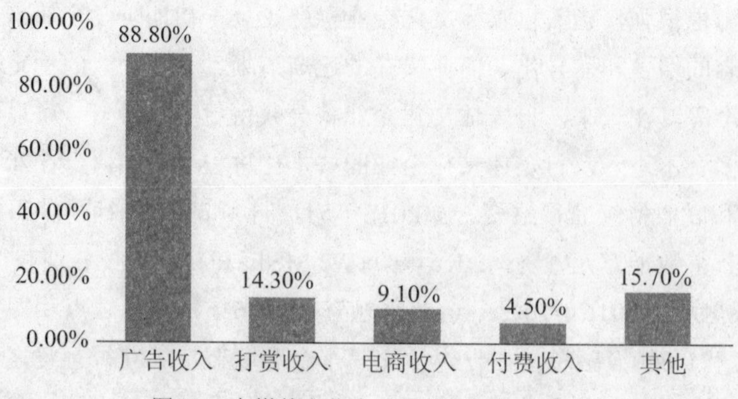

图7-5 自媒体文化企业当前主要收入来源

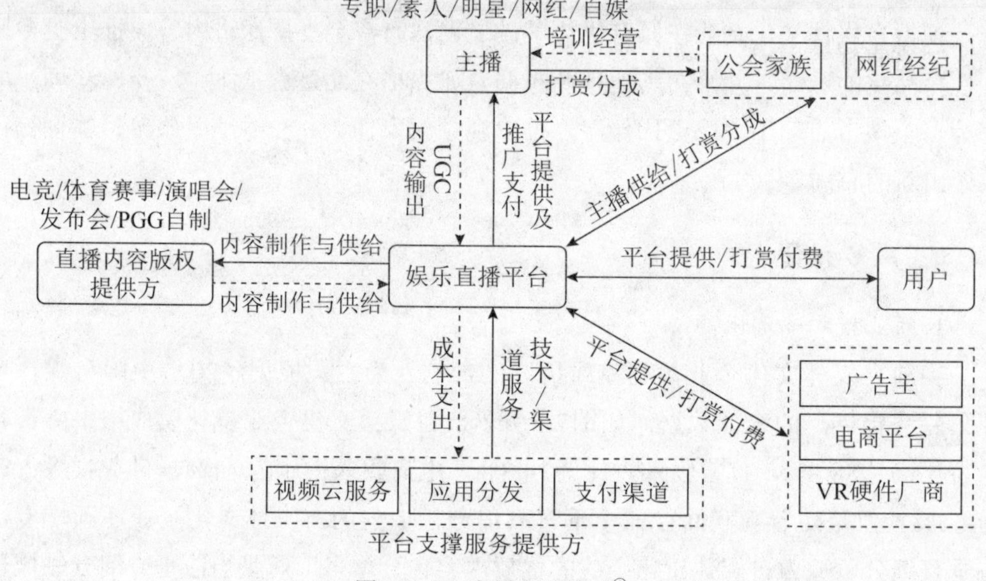

图7-6 YY直播商业模式①

2. 依托平台多元化

根据《2016自媒体行业版权报告》的统计，当前各类自媒体总数超过30家，自媒体平台数量迎来井喷，BAT等互联网巨头强势介入，企鹅号、头条号等自媒体平台不断加码，迅雷、WiFi万能钥匙等公司跨界入场。各大自媒体平台在内容扶持上不断加大力度。展望自媒体文化企业的未来发展，所依托的平台也会多元化，因此内容渠道分发的平台也会越来越多。

① 卢紫馨. 网络直播平台发展分析——以YY直播的发展及受到新兴直播平台冲击为例[J]. 湖北经济学院学报：人文社会科学版，2017，14(2):53.

（三）马太效应凸显

随着资本的不断涌入，未来将会有更多优质自媒体文化企业被投资，自媒体文化企业被资本市场注入，将会增加企业发展动力，吸引更多的人才，从而实现内容生产的多元化和优质化，自媒体文化企业发展规模也会扩大。然而能够得到融资的毕竟是少数，一些刚起步或没有资源的自媒体文化企业将会被市场抛弃。因此未来自媒体文化企业的"马太效应"越发凸显，将呈现出强者愈强、弱者愈弱的局面，有影响力的自媒体越发炙手可热，普通的中小型自媒体文化企业越来越难吸引人的眼球，生存状态不容乐观。2016年网络直播全面爆发，从游戏直播到全民直播，网络直播企业的形式多种多样。然而网络直播企业之间的战争愈演愈烈，在资本市场的大力推动下，网络直播企业被大量创业者和热钱追捧，其中斗鱼直播、虎牙直播、映客直播等网络直播企业融资早已数亿。直播市场规模越来越大，优质直播内容的竞争也将是极为激烈和残酷的，随着巨头的加入、监管的升级，直播行业将会迎来第一轮残酷的大洗牌，更多的中小网络直播企业将会被淘汰。

（四）技术应用广泛化

"十三五"规划纲要明确提出，"大力支持虚拟现实等新兴前沿领域创新和产业化"，这表明政策层面支持新技术的发展。媒体可以推动VR技术助力受众感官的延伸，VR技术为受众获取更具真实性的新闻开启了一扇新窗户。2016年，在关于全国两会的实时直播、里约奥运赛事的精彩报道中，都可以看到VR技术的应用。然而，目前VR技术在自媒体行业中的运用还处于起步阶段，从长远来看，要让VR技术能拥有更多的用户，还面临着诸多挑战，比如降低采制成本、提升用户的视觉体验、兼顾技术与舆论导向等。[①]

以当前火热的自媒体文化企业当中的网络直播企业为例，运用AI识别可以降低运营成本，运用VR技术升级用户体验。如可以将AI技术用于直播内容检测，直播违规行为屡禁不止，以往的监管主要依靠人工检测和举报，对网络直播企业来说人力成本太高。如果网络直播企业在直播监管中采用人工智能和深度学习等技术，既能降低人工审核的成本，又能提升对直播内容风险的防控能力。直播作为时效性、互动性极强的视频形式，将VR技术与之结合将大大提升用户的沉浸体验。比如旅游直播，VR直播可以带领用户穿越目的地，提前感受当地美景；对于表演型直播，VR

① 谭云明，朱小羽. 2017年媒体发展前瞻——2017年媒体发展环境前瞻[J]. 青年记者，2017，(1):8-11.

技术能更好地拉近用户与主播的距离。

（五）内容视频化

借助于互联网和移动互联网的快速发展，尤其是新媒体技术的不断变革，各种各样的以视频为平台和形式的自媒体文化企业纷纷出现。自媒体企业视频化目前呈现愈发火爆的态势，如今视频化已成为互联网、移动互联网的主要内容形态和社交的新形态。据统计，视频是近八成自媒体文化企业已经或即将使用的内容形式，38.9%的自媒体已经在内容中使用视频，近五成的自媒体文化企业会转型图文+视频，如功夫财经推出古装版财经脱口秀节目《功夫财经》，南七道推出的《胡说七道》视频秀；电影头条、二更、政商参阅、大话铲屎也都将推出原创视频。视频所提供的内容更加丰富多彩、更能够彰显自媒体者的个性化。社会多元化的发展，使得单纯地使用文字、图片、音频等的交流方式已难以满足大众的需求和自我表达，而视频则包含了语言、图像及人物表情的不同形态，能够承载的信息量更大。

从目前视频直播平台井喷的态势中可以看出，由短视频所衍生出来的视频直播也很火爆。未来自媒体文化企业视频化，并不是说要去文字和图片化，而是视频这种方式更加符合青年一代的需求，更受他们的喜爱，特别是在线直播，能够实现直播者和粉丝之间的实时互动，更好地满足受众的体验价值。因此未来自媒体文化企业会向内容视频化扩展。

（六）专业化

随着我国互联网网民学历层次的不断提高，他们对依靠恶意炒作、低俗陋俗的内容、没有营养的段子博人眼球的自媒体内容尤其是网络直播会逐渐产生抵触的情绪和心理。与此同时，依靠一些自媒体者自身的经历和知识、阅历，能够为大众在某一垂直细分领域提供更为专业化的知识内容将会吸引更多的关注。未来自媒体者自身是不是有一定的才能，是不是在某一个垂直细分领域有擅长和突出之处，对自媒体文化企业能否持续红火至关重要。依靠自媒体者的专业化素养，推动自媒体文化企业内容精品化的发展将是未来趋势。

（撰稿人：韩东庆，中国海洋大学）

第八章 文化企业投融资与并购

- 2016年，文化产业资本市场可谓一波三折。从2015年并购及IPO历史新高，到2016年1月初股市熔断，再到2月、5月、9月及12月相关投融资及并购政策的出台，监管和创新是两大关键词。
- 与境内并购市场相比，中国企业出境并购交易活跃，且无论境内外，并购标的企业多集中在经济发达地区。信息技术行业是全球并购和中国企业并购的焦点，各企业从产业链的不同环节进行布局。虽然在全球与国内并购市场中，财务投资者并购交易数额少于战略性投资者，但财务投资者的力量不容小视。
- 文化企业VC/PE融资小幅上涨，融资规模创新高。从细分领域看，2016年影视音乐仍保持2015年的强势发展势头，依旧在数量及规模上领先；文化传媒企业IPO走低，融资规模有所下降；新三板挂牌企业中文化传媒企业增多，但占比低。
- 针对并购市场中出现的一些问题，企业要提高自身造血能力，在外源性融资前，其产品或服务要具备清晰的商业模式和盈利模式，提升原创能力和投资价值。在并购方面，企业自身要明确战略目标和并购逻辑，收购后也要格外注重从流程再造、治理结构、内部控制重塑等方面夯实其价值创造的基础，提升整体盈利能力。

- 政府除了以财政支持文化企业外，还需完善产权制度、税收政策、搭建中介服务平台、建立文化产业融资担保制度。在金融市场上，创新文化产业金融工具。根据文化企业轻资产、重创意的特点，利用“知识产权+社会资本+政府资本”及“IP+平台+名望”进行文化资本运作。

一、2016年全球与中国并购市场概览

经历了2015年全球市场并购活动异常活跃的一年，2016年全球并购市场开始降温，排名靠前的几大并购市场国在2016年多数有所回落，中国并购市场也充分证实了这一点。

（一）2016年全球并购市场

根据Capital IQ数据显示，2016年，全球交易案例4.32万件，交易金额3.36万亿美元。数量及金额较2015年同比分别下降14.71%、9.20%。另一方面，由于发达国家及发展中国家的经济转型与对外投资热情高涨，宽松的货币政策下各国对外并购交易成本降低，2016年单个案例平均并购金额创历史新高，达到0.77亿美元/案例。根据投中研究院的相关数据，全球并购交易北美地区领先。从细分行业来看，并购交易多集中在信息技术、房地产及工业行业。并购交易投资主体多为战略投资者，比起单纯的投资获利，并购交易主体更偏向于通过并购整合行业资源，从而提升企业竞争力。

（二）2016年中国并购市场

与2015年并购案例数量及规模的持续火爆相比，2016年中国境内并购交易规模缩小。根据CVsource统计显示，2016年中国境内并购金额为2 532亿美元，较2015年下降14.53%，案例数量也呈现减少趋势。但是，中国企业境外并购交易在2016年却实现了3年连续增长，达到458亿美元。在出境并购方面，2016年中国企业出境并购金额最高的地区为北美，行业主要集中在工业和信息技术行业，中国企业通过对北美及欧洲企业的并购来提升自身实力，同时扩展海外市场。投资主体多为战略并购者。

在中国境内并购中，并购交易主要发生在北京、广州、上海、浙江地区，这些地区产业化集中水平高，企业通过并购获得产业集聚效应，取得规模经济，降低成本。在行业方面，2016年金融业并购交易数额最大，但是案例数量少。并购投资主体多为战略投资者，从并购类型划分来看，2016年境内并购以收购为主。其他各种类型的并购较为分散，较多的是借壳上市。

整体而言，虽然各大统计机构有关2016年中国并购交易的具体数据不一，但是都反映了如下几个特点：第一，2016年，与境内并购市场相比，中国企业出境并购交易活跃，且无论境内外，并购标的企业多集中在经济发达地区。第二，信息技术行业是全球并购和中国企业并购的焦点，各企业从产业链的不同环节进行布局。第三，虽然在全球与国内并购市场中，财务投资者并购交易数额少于战略性投资者，但财务投资者的力量不容小视。

（三）2016年中国并购重组政策变革和业务创新

1. 并购重组政策变革

(1) 抑制跨界、炒作等投机投资

2016年2月，证监会启动并购重组委换届，并在保代培训中明确未来并购重组监管的五大方向，包括：优质并购重组申请豁免；借壳上市等同IPO；分类审核，强化信息披露；支持并购重组创新；扩宽融资渠道。

2016年5月上旬，证监会叫停互联网、游戏、影视、虚拟现实四个行业上市公司跨界定增，后面，又澄清再融资政策没有发生变化，通过案例，我们可以发现虽然证监会并没有“一刀切”，但是一些传统行业想要进入上述四大行业的确困难重重。在2016年5月中旬，概念股集体下跌，恒信移动(300081，股吧)、岭南园林(002717，股吧)、新国都(300130，股吧)、佳创视讯(300264，股吧)等公司甚至直接跌停。当月上旬，传统行业跨界四大行业的13起案例中，只有7家获得通过，其余6家或否决或终止。

2016年6月，《上市公司重大资产重组管理办法》公开征求意见，9月正式落地实施。该文件及并购新规都表现出严防炒壳、严控配套融资、严守业绩承诺的监管特点。

(2) 监管并引导市场理性投资

2016年9月20日，国务院发布《关于促进创业投资持续健康发展的若干意见》，鼓励并购作为创投退出方式。在跨境方面，2016年上半年跨境并购呈现大爆发，下半年呈现小回落趋势，大爆发后，监管方向从国内转向境外，加之人民币不断贬值压力，政府在下半年加强对资金外流的限制。2016年12月，四部委(发改委、商务部、人民银行、外汇局)发文关注“非理性对外投资”：房地产、酒店、影城、娱乐业、体育娱乐等领域，以及大额非主业投资、有限合伙企业对外投资、“母小子大”“快进快出”等类型对外投资。对外投资由备案制实际回归到审核制，资金出境前申报企业的财务效益、主营方向等方面审核加强。针对2016年近一年以来保险系资金举牌A股上市公司，2016年12月3日，证监会主席在会上严厉抨击了“野蛮收购”，从中可以看出，并购资金的合法性十分重要，充分真实的信息披露十分必要，投机性的并购不受欢迎，资本运作应该少投机，多投资性质。

从2017年第一季度并购市场，可以看出2016年各项监管举措的影响还在继续。根据清科季报，受跨界定增收紧影响，2017年Q1 TMT行业并购依旧回落，国内并购行业依然集中在互联网、金融、IT和机械制造，但2017年Q1国内并购与跨境并购双下滑。2017年第一季度，并购案例616起，同比下降12.13%，环比下降17.65%。并购交易披露金额为4 762.85亿元，同比上升47.12%，环比下降19.74%。其中国内并购559起，较2016年有所下降；跨境并购受外汇管制作用，Q1跨境并购案例57起，跨境并购回归理性。

2. 业务创新

(1) 交易支付工具创新

创新的两种交易支付工具分别是私募可交换债和跨境换股。其中，私募可交换债(私募EB)是上市公司控股股东通过抵押其持有的上市公司股份而发行的。对比传统的交易工具，私募EB更加灵活，并且可以以较低的成本，扩宽并购融资渠道；有益于标的企业认购私募EB的股东享受6个月较短时间换股锁定期以及以保底的利息收益使标的方股东获得兜底回报，接受股权支付的标的方企业获得额外收益。

跨境换股是指外国投资者以其在境外公司所占的股份作为支付手段。在政府不断加强的外汇管制下，跨境换股支付方式可以减少企业现金收购及出境的压力。

(2) 融资结构创新

2015年，并购市场变成以参与国有企业改革和“上市公司+PE”两种模式为主的并购基金投资模式①。2016年，尤其在跨境并购中，出现了多层融资方式相结合的新融资结构，如在艾派克收购Lexmark的并购方案中，通过引入“上市公司+PE”、SPV等模式，完成了“自由资金+PE投资+银行贷款+股东借款+发行私募EB”等多种结构的融资，实现“蛇吞象”收购。

回顾2016年并购市场，监管和创新是两个关键词。2017年并购市场由于面临着监管政策和市场机制的改革，境内并购短期内很难有大的爆发，但是境外并购受估值及产业发展需求的影响，仍然需求强劲。总体而言，并购的目的由单纯的资产配置和投机炒作变为更加理性的产业整合等战略性并购。

---

① 陈少峰，张立波，王建平. 中国文化企业报告2016[M]. 北京：清华大学出版社，2016:93.

二、2016年文化企业投融资与并购分析

根据投中研究院数据显示，2017年一季度文化传媒并购市场宣布交易19起，环比下降73.24%，披露交易规模18.67亿美元，环比下降49.65%；完成交易8起，环比上升60%，披露交易规模13.25亿美元，环比上升152.98%。经历了2015年的爆发及2016年政策不断的施压及市场的反馈后，2017年并购市场第一季度开始迈向理性方向。

（一）文化企业投融资分析

1. 文化企业VC/PE融资小幅上涨，融资规模创新高

根据CVSource统计显示，2016年文化传媒类VC/PE类融资规模为38.38亿美元，同比上升26.75%，融资案例数量241起，同比上升15.86%，融资数量和规模双升反映出2016年文化传媒市场逐渐升温(如图8-1所示)。

图8-1 2011—2016年中国文化传媒行业VC/PE融资情况

数据来源：投资中国(www.ChinaVenture.com CVSource)

从细分领域看，2016年影视音乐仍保持2015年的强势发展势头，依旧在数量及规模上领先，以102笔融资案例数量、11.78亿美元融资规模位列2016年文化传媒行业领域VC/PE融资榜首。此外，除了户外媒体连续几年融资位列倒数第一外，其他细分领域如动漫、广告制作、出版传媒等每年融资情况占比的变化幅度都比较大。如图8-2所示。

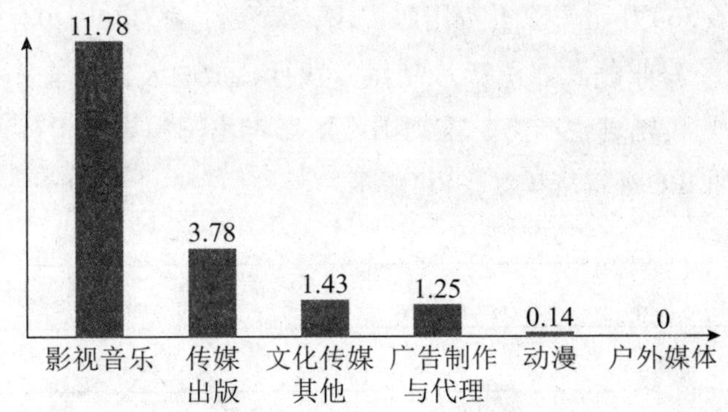

图8-2　2016年国内文化传媒行业细分领域VC/PE融资规模(单位：百万美元)

2016年文化传媒VC/PE融资规模最大的交易为博纳影业集团有限公司获得25亿元(约合3.8亿美元)的融资。根据相关资料显示，此次融资由阿里巴巴影业集团有限公司、腾讯领投，参投的机构包含海内外知名机构，分别为金石投资、招银国际(深圳)、国开金融、中国工商银行股份有限公司、中植企业集团有限公司等。此番A轮融资后，博纳影业估值达160亿人民币。2016年国内文化传媒行业细分领域VC/PE融资案例数量如图8-3所示。

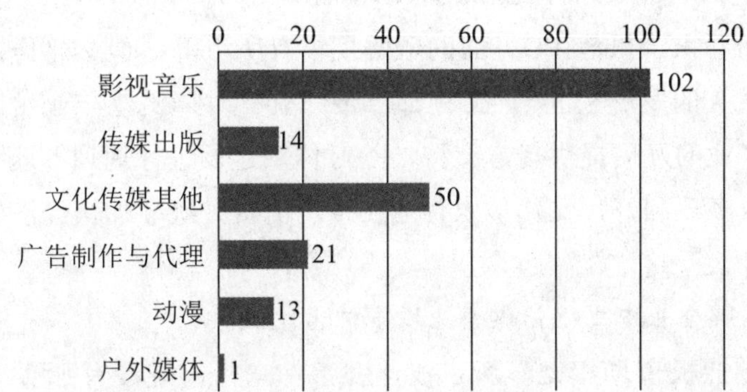

图8-3　2016年国内文化传媒行业细分领域VC/PE融资案例数量分布

数据来源：投资中国(www.ChinaVenture.com CVSource)

2. 文化传媒企业IPO走低，融资规模有所下降

2015年文化企业IPO获得新一轮增长，2016年在资本市场不断加大的监管力度与经济下行压力下，文化传媒企业IPO融资规模较2015年有所下降。根据CVSource数据显示，2016年全年共有6起文化传媒IPO案例，较2015年下降50%，融资规模为1 098.4万美元，较2015年下降22.52%。

具体来看，2016年度文化传媒领域IPO融资案例中规模最大的是中国电影股份有限公司，于2016年8月9日在上交所上市，发行股份46 700股，发行价格为8.92元/

股，募集资金416 564万元，除去费用等支出，募集净额为409 294.29万元。中国电影股份有限公司经营业务涵盖了影片制作、发行、放映及服务全产业链，本次IPO有助于进一步提升其先进生产力，推动国产电影走出国门走向世界。2011—2016年中国文化传媒行业IPO融资规模如图8-4所示。

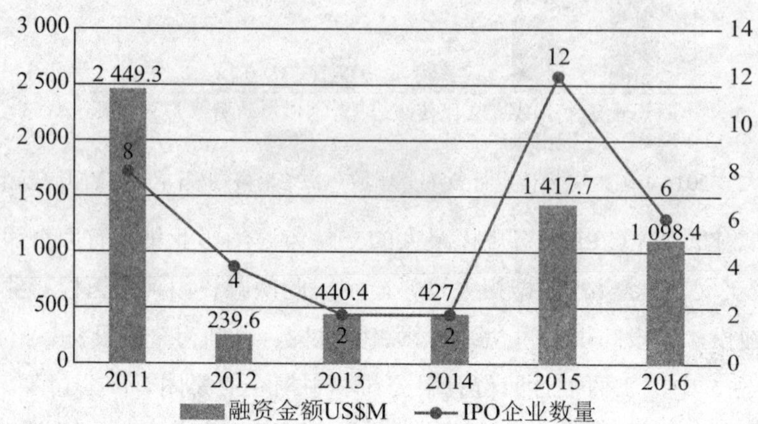

图8-4 2011—2016年中国文化传媒行业IPO融资规模

数据来源：投资中国(www.ChinaVenture.com CVSource)

在业内人士看来，虽然IPO方面的融资规模有所下降，但文化传媒行业的热度仍较高，并有较大的发展空间[①]。文化部“十三五”时期文化产业发展规划里多项政策均对文化产业的发展提供多方支持，并对体系建设进行规划，这些都会对文化产业的未来形成多项利好，文化传媒行业在推动消费升级，加快经济转型方面存在无可比拟的优势。

3. 新三板挂牌企业中文化传媒企业增多但占比低

与主板和创业板市场相比，新三板挂牌条件宽松，既没有那么严苛的审查条件，又无须长时间地排队等待，大量优质中小企业可以实现快速挂牌交易。自2014年起，我国文化企业就掀起了一股挂牌新三板的“热潮”，截至2015年10月31日，挂牌新三板的文化传媒类企业达63家，融资额17亿元，其中不乏云南文花、青雨传媒等比较知名的文化企业。此外，开心麻花、唐山影视、华强文化等知名文化企业也宣布挂牌新三板计划[②]。根据CVSource统计，2016年，新三板市场新增5 034家挂牌企业，其中，制作业、IT、医疗健康和互联网相关行业表现显眼，而文化传媒类

① 中国文化传媒网. 文化传媒VC/PE年融资超38亿美元[EB/OL]. [2017-01-15]. http://culture.dzwww.com/cy/201701/t20170105_15386958.html.

② 中国经济网. 证监会发文推动新三板发展 再掀文化企业上市潮[EB/OL]. [2015-11-25]. http://www.ce.cn/culture/gd/201511/25/t20151125_7119115.shtml.

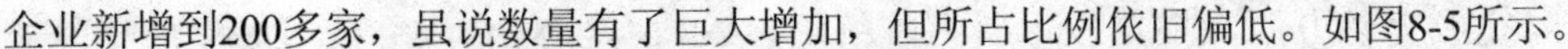
企业新增到200多家，虽说数量有了巨大增加，但所占比例依旧偏低。如图8-5所示。

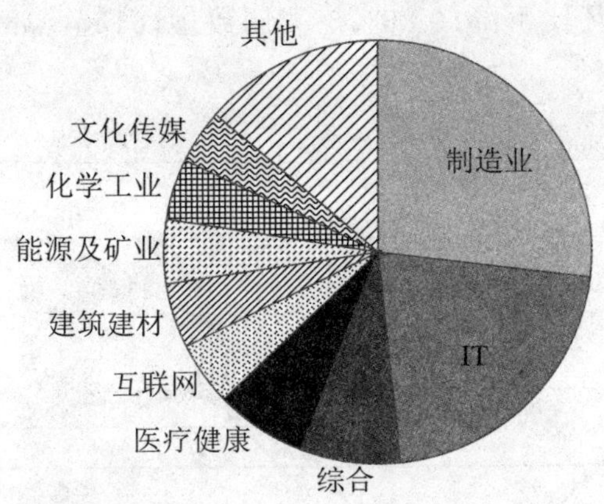

图8-5　2016年新三板挂牌企业行业分布统计

数据来源：投资中国(www.ChinaVenture.com CVSource)

2017年一季度文化传媒行业发展缓慢，根据投中研究院数据显示，VC/PE融资规模为1.45亿美元，环比下降85.2%，同比下降75.18%；融资案例32起，环比下降39.62%；文化传媒IPO市场略有回暖，共有4家公司上市。

（二）文化企业并购分析

与2015年相比，2016年文化传媒并购市场稳中有升，根据CVSource数据显示，2016年中国文化传媒并购市场宣布交易316起，与2015年持平，交易规模为425.91亿美元，同比上升14.22%，如图8-6所示。

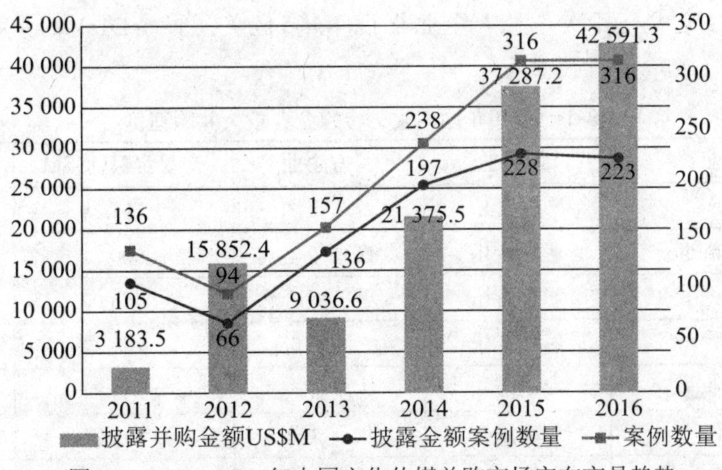

图8-6　2011—2016年中国文化传媒并购市场宣布交易趋势

数据来源：投资中国(www.ChinaVenture.com CVSource)

完成交易方面，根据投中研究院统计，2016年文化传媒并购市场完成交易规模为121.53亿美元，环比下降10.80%，案例数量161起，环比上升2.5%(如图8-7所示)。

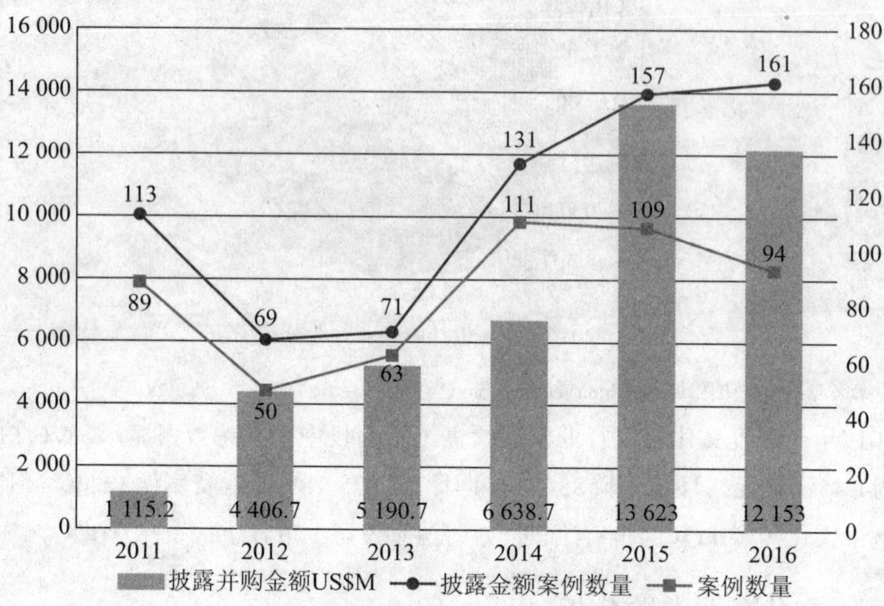

图8-7　2011—2016年中国文化传媒并购市场完成交易趋势

数据来源：投资中国(www.ChinaVenture.com CVSource)

从具体案例来看，2016年国内文化传媒并购案例中规模最大的为大连万达集团股份有限公司旗下美国AMC院线以13.13亿美元并购欧洲第一大院线——ODEON&UCI院线。其次是私人企业嘉视年华5亿美元投资Dick Cook Studios工作室。如表8-1所示。

表8-1　2016年国内文化传媒企业重大并购案例

标的企业	CV行业	买方企业	交易金额US$M	交易股权
ODEON	影视音乐	万达集团	1 313.28	100%
Dick Cook Studios	影视音乐	嘉视年华	500	100%
欢瑞世纪	影视音乐	星美联合	456.02	100%
观印象	影视音乐	三湘股份	288.82	100%
儒意影业	动漫	达禹资产	245.8	49%
世纪伙伴	动漫	北京文化	205.21	100%
东方梦幻	影视音乐	恒信移动	196.09	100%

数据来源：投资中国(www.ChinaVenture.com CVSource)

(三) 文化产业重点行业并购分析

1. 影视行业并购

根据广电总局数据，2016年全国电影票房为457.12亿元，与2016年年初定下的600亿元目标相距甚远。2016年中国电影高开低走，一季度，电影市场发展迅猛，春节档持续给力，年度票房前十电影中四部都集中在春节档，且各自票房都超过10亿元。此后，国庆档、暑期档甚至贺岁档都遭遇了滑铁卢。资本市场上，冰火两重天。

一方面国内并购受阻，资本热钱退出。根据Wind统计，2016年传媒类上市公司并购278起，平均每32小时一次并购，充分说明影视行业延续了2015年的并购浪潮。但是，与往年不同的是，监管层对影视行业的并购由无条件通过到“一事一议”。在2016年影视行业的并购案中，失败的案例有18起，包括万达院线、乐视网等行业巨头。2016年7月14日，深交所发布《修订广播电影电视行业信息披露指引，针对市场热点强化监督》，加强监管创业板影视公司信息披露及严控明星证券化。随后，2016年下半年，影视行业的并购案接连被监管层否决。8月，万达院线发布公告，拟终止注入万达影视的重大资产重组。此外，唐德影视欲重组并购范冰冰新公司受阻；共达电声放弃收购春天融合和乐华文化；暴风科技放弃并购稻草熊影业等。据证监会重组委的审核公告显示，2016年10—11月，文化行业仅两家上市公司的并购重组申请获得通过。这些并购搁浅的背后，都可以看出监管层的影子。

另一方面，在国内行业并购放缓之时，资本开始转向海外，剑指好莱坞。有关统计显示，自2016年1月起至今，中国影视行业对外收购额为63.9亿美元，相较于2015年同期的4.13亿美元，增长近13倍。以万达为例，2016年1月12日万达集团宣布与好莱坞最大的电影制作公司之一的传奇影业公司合并，3月3日，万达旗下AMC娱乐控股公司收购美国卡麦克影业及其债务，7月，AMC收购欧洲最大院线奥迪恩国际联合影院集团，11月宣布收购美国迪克克拉克制作公司。万达在全球电影制作和放映领域不断增添全球资产。

相较于2015年电影市场的热火朝天，2016年电影市场整个产业及资本运作都有所放缓，这既与2016年优质电影少，观众审美提高有关，又与之前影视业并购很大一部分是为了通过投资影视项目运作资金、炒作股票概念、产生金融产品等其他目的的短期资本，许多公司的估值溢价高得离谱有关。结合两方面来看，2016年国内影视行业并购重组失败率高，影视企业股价下滑，资本热钱退出并非是坏事，未来影视行业并购会呈现外延并购力度加大、多元化的特点。而在海外并购方面，受北美电影市场的发展放缓及好莱坞自身发展瓶颈影响，好莱坞也寄希望于中国资本"脱困"，中国资本欲乘机入驻全球影视市场，好莱坞与中国资本与企业合作进一步拓展中国市场。

2. 游戏行业并购

根据Digi-Capital的"2017年游戏报告"显示，2016年游戏行业交易额为303亿美元，其中游戏并购交易额284亿美元，游戏行业投资额为19亿美元。其中，表现抢眼的是腾讯以86亿美元收购Supercell公司，中国巨人以44亿美元收购Playtika，华谊兄弟投资英雄互娱2.88亿美元，腾讯投资斗鱼TV2.26亿美元。在经历2015年交易额下滑81%后，2016年前7个月游戏行业的并购额和2015年同期相比增长了12倍。资本市场繁荣的背后，不少并购失败的案例也不可忽视，截至2016年12月，在标的企业属于影视游戏娱乐行业的十几起并购失败案例中，仅一家为业内收购即掌上纵横终止收购自在游，多数为跨界收购，如方直科技终止收购某三家棋牌类游戏公司；立霸股份终止收购第七大道及游戏盒子、姚记放弃收购乐天派等。跨界并购失败的原因各不相同，包括因标的企业业绩波动或未达到预期目标、交易双方就某些事项无法达成统一意见、标的企业估值过高、标的企业实际业绩和承诺业绩存在较大差距、标的企业涉嫌侵权、未能通过证监会审核、上市公司自行调整收购方案等。

资本市场青睐游戏行业近几年已成为大家共知，游戏行业不同领域大规模并购主要是用户习惯和消费习惯的迁移，另外，许多泛娱乐类公司正在进行全产业链布局，游戏是其IP价值开发和内容变现的重要载体。但是，随着游戏市场巨头化现象的加重，中小游戏企业未来发展不确定因素增加，监管政策收紧，审核谨慎，各方资本涌入游戏的入口也正变得不那么宽敞。

3. 文化旅游行业并购

2015年中国旅游行业已经开始全面升级，特别是与文化产业相结合的文化旅游市场具有更为广阔的发展空间。2016年中国旅游行业呈现四个特点：合并、细分、"文化IP+旅游"及回归。

同程合并万达旅业，加速上市之路；携程收购旅游百事通、投资北美3大地接社，收购英国机票平台天巡走向国际市场……旅游集团通过并购实现快速成长，整合碎片化资源，多点连线业务面，加速行业整合。众信旅游通过跨界合作、投资并购，在户外、体育旅游方面打造出滑雪、马拉松等一系列主题产品。IP概念以往多出现在泛娱乐领域，2016年，旅游圈也刮起了IP热。2016年年初，凯撒旅游发布IP战略，旅游产品进行注册，服务IP化，推出各种“文化IP+旅游”的主题游产品；6月，景域集团表示将从三个方面打造九大IP；7月，飞猪启动旅游IP战略，在未来2～3年的时间里，阿里旅行将打造100个大IP。行业整合风盛行下，回归用户需求的消费升级的全新形式争夺战即将展开。

再从在线旅游来看，各大公司也资本运作频频，不断构建生态圈。如携程在2016年年初就开始投资印度最大的在线旅游公司MakeMyTrip，2月入股众信旅游，4月入股东方航空，10月投资旅游百事通等。去哪儿网携手携程，在酒店、机票两大业务上发力，第三季度实现盈利；飞猪不断向国际化布局，1月与新加坡旅游局及美国多家旅游集团战略合作，5月发布酒店2.0战略，8月升级机票“放心飞”业务，12月与广东省交通运输厅展开战略合作。途牛从旅游产业向旅游生态转变，业务方面，推出分销平台“笛风假期”，11月，升级会员服务；资本层面，海航集团年内两次增资支持；驴妈妈依靠其母公司景域文化定增及成立的大通驴妈妈文化旅游投资基金，实现自身渠道与母公司品牌营销、景区规划等旅游全产业链协同效应。

4. 体育行业并购分析

从宏观层面来说，政府大力推动体育产业改革，提出多项足球事业和整个体育行业的计划，使体育产业面临发展的黄金十年。2016年以来，除了阿里、万达、苏宁、乐视等产业巨头在体育产业展开积极布局外，红杉资本、如深创投、IDG、创新工场等创投机构也在此领域频频出手。阿里方面，2016年3月与蚂蚁金服入股体育休闲及体育彩票综合企业亚博科技；4月成立电子体育事业部，启动原创电子竞技赛事WESG；上半年重新获得国际橄榄球比赛独家转播权。万达在2015年入股马德里竞技足球俱乐部及世界铁人公司后进一步展开其全球体育产业宏图，与国际足联合作，获得2016—2030年国际足联顶级联赛赞助商权益。苏宁在今年开始海外扑球，获得意大利国际米兰足球俱乐部约70%股份。

足球俱乐部在2016年进一步引发资本关注和热捧，2016年中欧体育投资管理公司完成收购意大利AC米兰足球俱乐部99.93%的股权。同一天，云毅国凯(上海)体育发展有限公司宣布，将收购英超西布罗姆维奇足球俱乐部控股公司100%的股权。奥瑞金包装股份有限公司收购法国乙级联赛的老牌球队欧塞尔59.95%的股权。中国资本一天横扫三家欧洲足球俱乐部，仅是目前各类资本竞逐体育产业的一个缩影。

（四）重点案例解析

1. 慈文传媒——自有IP为核心的“泛娱乐”全产业链开发

(1) 并购投资概览

2017年5月23日，慈文传媒股份有限公司对外发布公告，历经四次调整，以慈文传媒最终获得募资9.3亿元结束了这场耗时19个月的“四改定增”之战，详情如图8-8所示。

图8-8　慈文传媒定向增发四次调整

数据来源：根据公开资料整理

从2015年借壳禾欣股份上市以来，慈文传媒便开始一路高歌猛进，先是定位从“影视制作公司”向“以精品IP为核心的泛娱乐产业优质整合运营商”的转型升级，紧接着并购赞成科技布局加码“影游联动”，推出超级IP《花千骨》一炮而红，成为现象级爆款影视作品。2016年，慈文传媒创办子公司，在半年时间里设立5家公司。1月上海慈文斥资195万设立微颗影业，通过股权变更最终持股55%；3月赞成科技出资1 000万设立天津慈文科技有限公司，持100%的股权；5月上海慈文出资1 000万设立霍尔果斯定坤影视传播公司，持100%的股权；6月，赞成科技出资1 000万设立新疆赞成科技有限公司，100%的持股；6月上海慈文出资80万参股设立灵河影视制作公司，持股26.67%。[①]如表8-2所示。慈文传媒在资本市场上动作频频，其定增融资的成功，对其自身抢夺头部内容话语权显得至关重要，透露出的整个文娱行业信息更多。

表8-2　慈文传媒2016年营业收入构成

	金额(元)	占营业收入比重
营业收入合计	1 826 189 606.67	100%
影视剧业	1 292 079 724.66	70.75%
游戏产品业	455 720 266.49	24.95%
艺人经纪服务业	18 311 957.13	1.00%
信息技术服务业	60 013 372.68	3.29%
其他	64 285.71	0.01%

数据来源：根据慈文传媒2016年财务报表整理

① 穆子. 慈文3.8亿卖剧给湖南卫视，能否再造《花千骨》？[EB/OL]. 娱乐资本论，[2016-11-15]. http://www.anyv.net/index.php/article-872890.

(2) 案例分析

这些年，文娱行业并购重组开始走向泛滥，资本助推使得本就估值困难的文化产品出现高溢价、业绩对赌泡沫化等问题。经过2016年监管部门的收紧指导下，资本处于紧绷状态。在此情况下，慈文定增获批，唐德影视苦等多月依旧未果，也可以看出监管部门的态度，即对符合支持政策、具有可落实发展前景的企业还是要支持，不会“一刀切”，遵从“一事一议”的原则。有专业人士认为，影视类资产重组全面劝退，是监管层“脱虚入实”的信号。因为目前国家政策就是脱虚向实，鼓励实体经济，鼓励制造业、工业4.0。

再从慈文自身来看，在同行中，慈文传媒的IP储备是非常强大的。从2003年至2015年，慈文传媒出品了《西游记》《神雕侠侣》《射雕英雄传》《七剑下天山》《小鱼儿与花无缺》《暗黑者》《花千骨》等优秀影视作品。从武侠片、谍战片到网生内容、网台联动剧，超级IP不断呈现。其近几年公司的利润迅猛增长也与其打造的一系列爆款影视作品有关，2016年营业收入主要来自于影视剧业。例如，《花千骨》不仅带给慈文传媒刷新中国电视剧网络播放量的最高纪录，还使慈文传媒的营收和净利润也一路从行业倒数攀爬至前几位。据悉，除了17部影视剧制作外，以“一带一路”为主题的作品正在筹备中，慈文进一步在打造精品及原创IP内容上借助资本发力。

从并购赞成科技，到频繁设立子公司，结合财务报告营业收入构成，不难发现，慈文传媒已经由电视剧投资、制作发行的核心业务拓宽为以自有IP为核心的“泛娱乐”全产业链开发。从IP的购买到孵化开发，最终延伸到各个终端，从传统影视业务扩展到电影、游戏、电子商务等方面，形成基于全IP概念的较长产业链。

2. 万达——商业转型与文化产业发展

(1) 并购投资概览

当前房地产行业格局发生巨大变化，万达这艘巨轮也开始转型，文化被认为是万达集团转型的主要方向，2016年文化产业收入占万达集团整体收入比重超过1/4[①]，以影视、体育为核心的文化产业将成为未来万达的主要发展方向。

在影视方面，2015年前后，王健林陆续收购美国AMC院线和澳洲Hoyts院线，2016年又先后并购了美国卡麦克院线、欧洲ODEON&UCI院线，一跃成为全球最大院线。同时，万达还收购了国内较有影响力的在线售票电商时光网，据不完全统

① 参见：王健林在万达集团2016年会上所作万达集团2016年工作总结，2017年1月14日。

计，截至2016年12月底，万达在影视方面的海外并购累计花费520亿元。在旅游领域，2016年开业了南昌、合肥两个“万达城”。除了影视和旅游外，目前万达体育旗下已经聚集了盈方体育传媒、世界铁人公司、马德里竞技足球俱乐部等平台。在此基础上，2016年王健林先后与国际足联、国际篮联和国际羽联达成战略和商业合作，通过引进方式充实体育产业规模。与国际自行车联盟签订中国区的独家合作协议。并且在中国落地环广西公路自行车世界巡回赛、小轮车世锦赛和“中国杯”国际足球锦标赛，成功举办合肥、厦门铁人三项比赛，赛事质量达到世界一流。这些赛事的成功举办为今后万达举办体育赛事，特别是举办自有IP赛事打下了基础。如图8-9所示。

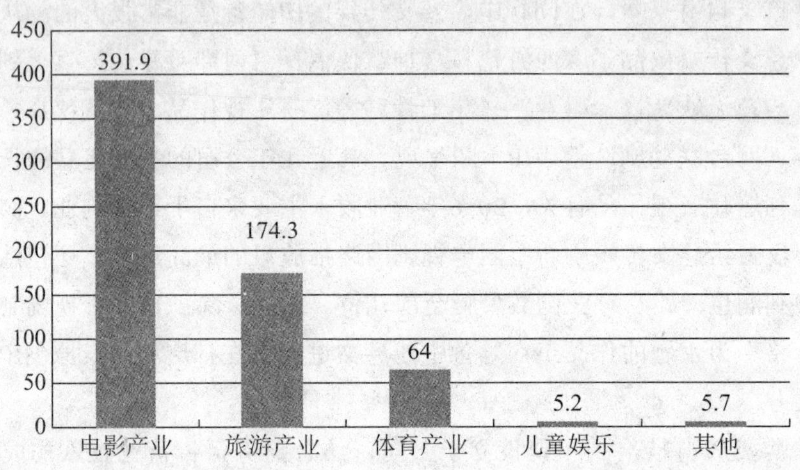

图8-9 万达集团2016年文化集团收入具体构成(单位：亿元)

数据来源：万达集团2016年工作总结

(2) 案例分析

相比于旅游及体育产业来说，万达通过这几年的资本动作已经在影视领域建立起一个初步的产业链条，而并购是实现这一产业布局最为关键的手法。万达一方面继续扩大市场份额，另一方面，在电影制作、发行、放映方面进行并购投资，如并购美国及欧洲院线、收购在线电商时光网等，发挥全产业链优势，提升经济效益。针对IP短板，两条腿走路，研发及并购。比如打造自有IP赛事，2017年万达新任务是在中国新打造一个自有IP赛事，在中国新落地两个国际赛事，新签约一家国际体育组织的商业合作。在实现自有IP打造前，代理赛事，如先后与国际足联、国际篮联和国际羽联达成的战略和商业合作。

万达的商业转型，在逐步减少地产投资的同时，加大文化产业为代表的轻资产运营，大规模布局文化产业，依托布局全国的万达广场、万达城和万达度假区，通过并购和收购在影视、体育和旅游行业进行全链条布局，逐步打通各个产业平台接口，形成多产业联动、协同发展的格局。万达四大产业(万达商业、文化集团、网络科技和金融集团)中每个产业视为一点，产业链视为一条线，每个平台比作一个面，点线面结合，放大产业联动效应。

三、中国文化企业投融资与并购中存在的问题

回首过去的2016年，文化产业资本市场可谓一波三折。从2015年并购及IPO历史新高，到2016年一月初股市熔断，再到二月、五月、九月及十二月相关投融资及并购政策的出台，资本市场及政策影响的投资行为背后是文化产业固有矛盾及新兴现象间的失衡。

(一) 跨界融合盲目性、炒作性及并购高估值高业绩承诺

文化产业具有高关联性的特点，文化产品生产需要配套设施与技术手段，从而带动上下游产业的发展。文化产业是将创意和内容导入到实物载体，提高了文化产业对相关行业的价值渗透，跨界融合符合创新性与多远发展的要求。在2016年资本市场上，跨界投资与并购层出不穷，除了那些基于自身业务及战略布局的企业，也存在部分企业借新概念、新技术进行炒作提升市值的投机性行为。许多跨界投资的企业一来没有相关的战略规划，二来没有相关领域的运营经验便盲目跟随市场热潮，唯恐掉队。

文化企业多为内容生产，不同于生活必需品，文化产品是高弹性商品。内容和服务等无形资产评估体系不完善，价值量化成为企业投融资和并购中面临的棘手问题。文化产业符合规模经济，初始阶段投入成本高，后边际成本下降，文化产业投资的时机十分重要，融资周期和市场收益是密切相关的，找准市场需求，资金投资，快速生产，获得市场。在时效性为收益性护航的原则指导下，许多企业和投资机构也是急于跑马圈地，高于标的企业业绩几十倍的估值，不惜一切代价拿下标的。因为未来收益独特的延伸投资回报链条，标的企业做出高业绩承诺，促进并购及投资。王健林在采访中也承认万达在最近一年的海外并购中对标的估值过高。但即使买贵了，万达仍有信心在未来获得回报。在体育产业里，前几年获得高估值的企业取得融资后，在变现上并没有交出让人满意的答卷。在跨境投资方面，许多投资偏向于战略性并购而非财务性投资，所以，并购是否成功，短期时间尚不可得出

结论，而能否帮助企业实现战略协同作用还需要并购方与标的企业共同努力。

（二）文化企业内源性资金积累及行业建设不足

内源性融资是企业融资优先选择的渠道，企业自身积累的资金是企业能够持续发展的主要来源且资本成本低。在我国，由中央集权拨款发展起来的文化企业多依赖于国家财政支持，自身底子薄，基金积累少，面对文化企业较高的市场风险，自然应对能力差，多借助外源性投融资和并购来获得进一步发展，导致文化产业巨头化现象突出。许多文化产业领域尚处于朝阳阶段，行业建设不足。如国内多数体育产业的市场化程度不高，盈利预期和商业模式并不明确，虽然产业形态丰富但核心环节盈利能力差，所以整个体育产业也需要较长的时间来培育。在财新·第二届中国体育产业论坛上，王健林指出了体育产业的几大问题：体育人口少、产业滞后、人均支出少、人均体育设施严重不足、体育产业体制落后、体育赛事太少。进一步来看，中国体育人口少且大众体育需求亟待被满足的矛盾突出。包括总局在内的许多服务机构正在转型，但还是缺乏一个为大众体育服务的机制，需要耐心地培养和发展体育赛事体育IP。

（三）文化企业投融资体系不健全

文化产业融资经过1978—1992年的中央集权拨款阶段、1992—2002年的市场融资起步阶段，到今天的市场融资快速成长阶段。虽然政府鼓励非公有资本进入文化产业，但仍存在诸多政策限制。由于政策及市场效益，外资不愿进中国文化产业，而国内文化产业融资渠道狭窄、机制不成熟，文化企业面临融资难、融资成本高、融资效率低的问题。

债权融资方面，文化企业缺乏固定资产抵押物，在现有金融评估机制下，无形资产难以评估、缺乏担保单位，加之无形资产贬值快、传统银行对无形资产信贷工作缺乏工作经验，银行贷款环节复杂，审批时间长等问题，使文化企业难以获得银行支持，即使获得高成本贷款也不一定满足当期资金需求。在债券市场上，对于发行债券的公司更是要求股份有限公司或者有限责任公司，注册资本较大，多数文化企业难以负荷，大型国有文化企业有能力且发债成功率高，如何提升众多中小文化企业发债比率值得关注。在股权融资方面，由于资本市场的变化、政策的收紧、IPO和借壳上市之路受阻，上市融资对中小企业而言需要的不仅是能力还有耐心，较长的上市谋求期与文化企业融资时效性相背离。文化产业需要中长期资金，回报周期较长，而风险投资对文化产业的投资急于更快的投资回报和资本退出，缺少与风险投资中介配套的机制。

四、文化企业投融资与并购的相关建议

十三五期间，文化产业将成为国民经济的支柱性产业，在经济结构转型中发挥重要作用。近年来，资本也格外青睐文化产业，政府出台各项政策扶持文化产业的发展。但是，与之对应的是我国资本市场的不发达，加之文化企业轻资产的特点，文化企业融资约束普遍存在，并购方式较为单一。为此，必须深化文化产业的金融改革，这需要企业、政府及资本市场三方共同努力。

（一）文化企业：内在建设与统筹规划

企业要提高自身造血能力，文化企业是轻资产性质，内容和创意是关键，不能只凭概念进行融资，在外源性融资前，产品或服务要具备清晰的商业模式和盈利模式，提升原创能力和投资价值。现在市场不乏投资者，真正缺的是对投资者产生吸引力的稳定、持续的投资回报的文化项目。文化创意产品开发，加强数字文化创意内容的创作和供给，创新文化产品和服务供给方式。产业关联度高的文化企业以资本为纽带联合重组，提高文化产业规模化、集约化、专业化水平。

在资金方面，通过向股东配股，发放股票股利而不是现金股利增加企业权益资金数额，提升折旧基金利用效率、盘活定额负债等方式加强内源性融资。文化企业管理层相关负责人员要加强金融专业知识学习，根据金融成长周期理论，在初创期，自身积累少，缺乏可抵押物资，可以借助政府资金扶持、吸引天使资本或风险资本。随着项目推进，规模扩张，在成长期，文化企业可加大债权融资，向金融机构贷款、发行债券。迈入成熟期后，具备上市融资条件可考虑在资本市场上寻求广泛的融资。在并购方面，企业自身要明确战略目标和并购逻辑，在并购目标公司选择上要综合考虑“客户+资源+行业+能力”因素，选择成长性好的优势企业，避免盲目收购。收购后也要格外注重从流程再造、治理结构和内部控制重塑等方面夯实其价值创造的基础，提升整体盈利能力[①]。

① 孙晓琳. 文化传媒企业并购对价与融资方式选择：融资约束、控制权转移与风险分担——蓝色光标系列并购案例分析[J]. 商业研究，2016，(8).

（二）政府：直接补助与间接支持

反观美日韩：美国公益性基金投资非盈利企业，韩国政府资金扶持文化产业，日本宏观层面推动，政府控股参股，各国政府在推动文化产业发展的过程中，均起到了重要的作用。

1. 政府财政支持

首先，加大财政拨款，对“专、精、特、新”的中小微文化企业提供投融资优惠政策支持。例如，文资办设立的文化创意产业发展专项基金，通过补助、奖励、补贴等方式，支持优秀文化企业及优秀文化项目。政府投资文化消费场所建设，推动区域文化中心、文化街区、文化广场、小剧场等文化消费基础设施建设，鼓励社会力量通过政府购买服务、政府和社会资本合作等方式，参与文化设施的建设与运营，创新文化消费信贷产品。发挥国有文化企业在实现社会效益和经济效益中相统一中的示范作用，推动建立健全有文化特色的现代企业制度。推动公司制、股份制改革。鼓励和引导非公有制文化企业发展，引导非公有资本有序进入。

2. 完善产权制度、税收等政策

一方面，我国产权制度不完善，影响了文化产业融资效率，应加强版权立法；另一方面，随着网络融资的发展，文化产业互联网融资形式兴起，所以对网络融资的法律约束也应该提上日程，规范网络融资平台建设，杜绝非法融资。加强文化企业上市监管，强化信息披露要求，合理定价，高溢价发行股票或者并购高估值会透支文化企业的未来。完善文化产业税收优惠政策。在税收方面，围绕着税收减免、返还和差别化税率进行。例如：对存进口物品公益性文化单位免征进口税；对重点扶持创新型文化产业可以适当减税；对图书馆、纪念馆等文化场所可以返税；针对不同文化产品实行差别化税率，通过税收优惠政策引导文化企业加强对传统文化的继承与开发，减少低俗化的娱乐活动开发①。此外，对跨界并购的审查及监管，除了主业并购外，要密切关注尤其是“快设快出”“母小子大”等非理性对外投资倾向。

3. 搭建中介服务平台

除了现有的文化部文化产业融资公共服务平台外，我国文化产业相关平台较少。下一步，应着力打造基于资源整合、信息共享及行业建设的政企银合作平台。例如，交易所携手文化部一起孵化、培育、推进拟上市文化企业的发展，为其提供

① 付卓. 我国文化产业融资模式研究[D]. 长春：吉林财经大学，2016:24.

全方位的金融服务。如进一步完善路演平台、做强区域内文化企业投融资路演，设立地区文创产业投融资联盟，促进文化企业与投资机构、文创企业之间的交流，促进文创企业金融深度融合发展。

地方文化产业投资基金，通过政府引入、民间投入，多元化将社会资本带入文化企业。在全国推动实施“文化补、贷、投”联动体系，依托中央文资办、北京市文资办和各项资金，对获得政府资助的优秀文创企业，组织债权类金融机构简化审批流程，批量低息贷款，在“补、贷”形成的信用评价打分体系的基础上，通过文化投融资路演等活动提供市场化的大额股权融资和债权融资，在几年时间内，滚动形成一个涵盖文化企业、投资机构、金融机构、信用评级机构、中介服务机构等在内的“文化企业+金融”生态系统。

4. 建立文化产业融资担保制度

完善文化产业融资担保制度，设立文化产业融资担保联盟。政府和公司共同成立担保组织，借鉴日本政府对担保资金再次保险，针对初创期的文化企业，即使最后企业无法还款，政府可以为担保企业提供资金补偿，提高担保企业的积极性，降低担保机构风险的同时，减少政府财政负担。文化产业融资担保联盟，作为第三方提供信用担保，分散金融机构投资风险。

(三) 创新文化产业金融工具

1.“知识产权+社会资本+政府资本”打破产业融资困境

(1) 知识产权证券化突破融资限制

以文化企业的知识产权为标的物，运用其未来现金流和收益作担保，通过特设机构SPV，进行资产证券。突破中小文化企业的融资限制，不仅没有稀释知识产权归属，还直接鼓励了文化企业积极自主研发知识产权，打击盗版侵权，不断改良知识产权，延伸价值增值，满足资金需求。

(2) PPP模式有效对接财政与社会资本

指将民营资本引入文化产业领域，政府和社会资本共同注资文化企业。这种模式将会是今后文化产业投融资的主旋律。一方面，可以加快政府的职能转变，由国家管理到国家治理，提升文化治理能力。另一方面，企业通过注资文化产业，在实现经济效益的同时获得社会效益，从而扩大企业影响力。西安大明宫遗址公园便是我国文化产业PPP模式的成功案例，PPP模式有效通过财政与社会资本，完成遗址公园这项民生工程遗址保护前提下的价值增值。

(3) 众筹模式打开产业融资新局面

利用互联网的力量，将社会闲散资金集中起来投资于某一特定领域。众筹模式使文化产业拥有广阔的资金平台，作为一个宣传通道还可以预测文化产品的未来走势。比起传统意义上的众筹，文化众筹还拥有一份人文情怀，更加激发了投资者的投资热情。如2015年暑假国产动画片电影《西游记之大圣归来》票房大卖，89位众筹投资者平均获利25万元。片尾打上参与众筹者的名单，我们看到文化众筹回馈给投资者的人文情怀，是超脱于利益之外的，这份情怀引领投资者和被投资者走到一起，引领文化金融的发展。虽说众筹与电影的热映不能直接挂钩，但众筹模式无疑打开了文化产业融资的新局面。

2. “IP+平台+名望”激活文化产业金融市场

结合文化企业IP效应，传播平台、名望融资及周边产品融资者三种新型文化产业投融资模式可以作为上述金融工具的有益补充。

(1) 传播平台融资

文化企业需要一定的传统平台来推广自己的文化产品，同样，传播平台也需要优质的IP吸引受众。两者之间相互需求的关系，也为文化企业投融资提供了新的模式。文化企业经营者可以与传播平台合作，文化企业根据传播平台用户需求更新文化产品，让渡部分权利和衍生服务如电影电视首播权、主演签名海报，从传播平台那获得融资。传播平台获得IP资源的同时，履行宣传推广及打击盗版等义务，双方各取所需，实现共赢。韩剧《太阳的后裔》在中国爆红，爱奇艺以高价版权价格引入该剧，作为国内首家首播平台，爱奇艺用《太阳的后裔》验证了付费模式的可行性，会员激增。

(2) 名望融资

影视明星、文化名人不仅是一种资源，由于明星效应和粉丝经济，他们也是一种财富，名望也是信用。将名望投入文化产业项目，可以让投资者对项目产生信心，名望也就成了可以换取投资的“抵押品”。这一点在影视行业特别突出，明星和导演的人气和名望对电影票房起着至关重要的作用，大牌导演及人气明星加盟的影片基本不差钱。最近，这一趋势在其他泛娱乐领域也是表现突出，如价值20亿的米未传媒，除了IP效应外，其明星+人才组合的团队才是其核心竞争力。真格基金创始人王强就说：“我不管马东做什么，我都要投，他哪怕不做，我也要投。因为早期投资最重要的哲学，就是你对人的判断。”

(3) 周边产品融资

一个成功的IP不仅促进周边产品的开发及销售，还可以带动跨领域发展，延伸产业链，这种辐射效应对投资者和文化企业来说都是机遇。如10年内便推出19部原创作品的北京开心麻花娱乐文化传媒公司，其内容为王的发展理念与成熟的品牌效应吸引了众多投资者。上海荣正咨询投资有限公司于2013年便开始投资开心麻花。董事长郑培敏就表示，开心麻花拥有足够多的话剧IP储备，并且通过了市场检验。通过之前已经成熟的话剧形式改编电影票房都会有一定保障。不仅是《夏洛特烦恼》，开心麻花的话剧例如《乌龙上伯爵》《羞羞的铁拳》等都曾有良好的话剧票房，而后续这些IP储备也都会进入电影领域，将会成为低成本投资的喜剧电影，话剧影业双引擎联动模式未来将会有巨大增长空间。成熟的IP无疑会带动跨行业发展，吸引投资者跨界融资。周边产品融资更贴近以IP为核心的泛娱乐文化产业布局，“IP+周边产品”的融资模式是其他产业难以获取的模式。

(撰稿人：朱萌，中国海洋大学；刘园香，中经网文化产业资讯部)

第九章 文化企业上市

- 中国文化产业步入繁荣阶段，随着政策红利不断被释放，文化产业将进入新一轮高速发展期。
- 内容创意与科技创新成为文化产业发展的重要驱动力。以创意为核心，以科技为手段，不断延伸文化产业价值链，文化产业新业态、新模式层出不穷。
- 国有文化企业“集群化”上市成为2016年资本市场的一大亮点，国有文化企业上市将为中国文化产业注入新的发展动力。
- 出版传媒类上市公司业绩增长突出，成为2016年上市文化企业中最赚钱的文化行业板块。

一、2016年中国文化产业市场发展分析

2016年是“十三五”规划的开局之年，也是供给侧结构性改革的深化之年。在宏观经济总体下行压力加大的情况下，中国文化产业仍保持了增长的态势，不仅发展速度保持快速增长，而且还与诸多相关产业实现了跨界融合，从而提升了经济发展质量，促进了经济转型升级。

（一）2016年中国文化产业市场发展保持稳定增长

2016年，在中国经济仍处于下行压力的情况下，中国文化产业仍然保持了相对稳定的增长态势。

根据国家统计局公布的2016年全国规模以上文化及相关产业统计数据，全国5万多家企业实现营业收入80 314亿元，比2015年增长7.5%。文化及相关产业10个行业的营业收入均保持增长，文化服务业快速增长。其中，实现两位数以上增长的3个行业分别是：以“互联网+”为主要形式的文化信息传输服务业营业收入5 752亿元、增长30.3%，文化艺术服务业312亿元、增长22.8%，文化休闲娱乐服务业1 242亿元、增长19.3%。

（二）文化立法及文化体制改革取得进一步成果

2016年文化产业领域立法取得重大进展，2016年11月7日全国人大常委会第二十四次会议表决通过《中华人民共和国电影产业促进法》，2017年3月1日起开始实施。作为我国文化产业领域的第一部专门法律，它将对中国电影产业的长期健康发展具有极为重要的意义。该法对电影创作、摄制、电影发行、放映、电影产业支持、保障，法律责任等分别作了详细规定，尤其明确了虚报瞒报票房收入的法律责任和处罚方式。2016年12月25日全国人大常委会第二十五次会议表决通过了《中华人民共和国公共文化服务保障法》，2017年3月1日起施行，它将有力促进基本公共文化服务标准化、均等化、提升服务效能，切实保障人民群众的基本文化权益。

从文化体制改革方面看，2016年11月，财政部新设立“文化司”，这是文化体制改革的又一个里程碑和重要成果。根据相关报道，原来财政部教科文司的“文化

处”与“中央文化企业国有资产管理办公室”职能进行合并，形成“大文化司”，既体现对文化的重视，是财政部践行文化自信的具体体现；也顺应文化改革发展的新形势，从体制机制上提高文化治理能力、激发文化创造活力。新设立的“文化司”，主要职能是研究提出支持文化改革与发展相关财政政策；承担宣传、文化、体育、旅游等方面的部门预算和相关财政资金、资产管理工作，拟订相关行业事业单位财务管理制度，负责旅游发展基金预算管理；承担由财政部代表国务院履行出资人职责的中央文化企业资产、财务、国有资本经营预决算等工作；承担中央文化企业国有资产监督管理领导小组日常工作。

（三）文化产业与数字科技深度融合产生创新业态模式

2016年是网络直播的发展元年，伴随着移动通信技术的进一步发展以及互联网智能化生活方式的普及，网络直播已融入我们生活中的各个方面。比如在线直播课程、体育直播、游戏直播等，视频直播行业呈现井喷状态，直播的内容与形式也越趋精细化与专业化。根据相关统计，2016年中国互联网直播平台已超过200家，直播用户访问人数达3亿多，初步估算，网络直播目前的市场规模超过150亿元，每日高峰时段同时在线人数接近400万，同时进行直播的房间数量超过3 000个。网络直播市场快速的“野蛮生长”也带来了行业规范和监督管理的问题，国家新闻出版广电总局、国家互联网信息办公室和文化部先后出台相关政策措施加以限制和指导，这些规定和措施互相补充，相辅相成，在明确了“谁能播”“怎么播”“播什么”等问题的同时，也预示着直播行业即将迎来的变局与改革，更为未来几年内中国直播行业划清道路和边界。网络直播市场的健康发展，无疑将为中国文化产业，特别是为具有价值的IP内容提供了又一重要的市场变现渠道。

VR技术是2016年出现的与文化产业相关的另一重要技术产品。VR技术把“人机交互”升级为“人机交融”，该技术能使用户获得沉浸式体验，能让人具有身临其境之感。不仅如此，虚拟现实的技术还可被广泛运用于娱乐、教育、医疗、体育、旅游等多个产业，具有巨大的市场预期空间。2016年也被称为VR 产业元年，但从实际发展现状来看，VR行业目前仍处于发展初期，其商业模式和市场应用仍在初期探索阶段。VR技术的内容也有短板，资源太少、质量不高，无法满足用户的基本需求。对于VR的市场前景，长远来说是被看好的，短期内仍处于商业应用的摸索阶段。

（四）文化旅游市场竞争激烈，特色小镇成为新亮点

2016年，我国旅游市场规模稳步扩大，除主题公园、旅游演出、文化艺术园区等旅游新业态之外，特色小镇独具竞争优势。根据“中国文化消费指数(2016)”，与2015年相比，2016年文化旅游的消费人数增幅较大，在十大文化产品/服务的消费支出水平方面，文化旅游位居第一。

随着“到2020年，培育1 000个左右各具特色、富有活力的休闲旅游、商贸物流、现代制造、教育科技、传统文化、美丽宜居等特色小镇”这一国家目标的提出，文化旅游市场又将迎来新的繁荣期。在首次入选的127个小镇中，有100个与文旅产业有关，占比78.74%。尤其是中西部地区的特色小镇，基本都与文旅产业开发有关。特色小镇嫁接特色旅游，为文化旅游发展提供了新方向。

二、2016年上市文化企业上市概况

（一）总体情况

截止到2016年12月底，文化传媒概念股共135只，2016年1—12月文化传媒概念股累计成交量为33.82亿元。如图9-1所示。

总体来看，2016年中国文化企业的上市数量继续保持增长。据新元文智公司发布的《2016文化企业资本运营报告》，截至2016年8月底，上市文化企业数量达215家，其中2016年新增15家，占比6.98%。其中，14家文化企业通过IPO上市，1家文化企业借壳上市，融资规模131.73亿元。较2015年同期，上市数量同比下降31.82%，但单个企业IPO上市融资均额显著增长，总融资规模同比增加17.51%，是2015全年上市融资额的1.03倍。上市文化企业IPO融资能力显著提升。

在“十二五”期间，文化企业的整体格局发生了巨大变化，在应对互联网飞速发展背景下的社会变革中，优胜劣汰，一批新型企业脱颖而出，一批老牌企业则通过转型迸发出新的活力。步入2016年，这种变化没有止息。一方面，互联网成为文化企业上市的最佳拍档，互联网的高速发展推动了文化消费的热潮，上市文化企业动作频繁，2016年投融资规模创新高。另一方面，资本的趋利性让强者更强，15家新增上市企业通过上市，将进一步巩固各自在细分领域的优势，抢夺更多市场份额。

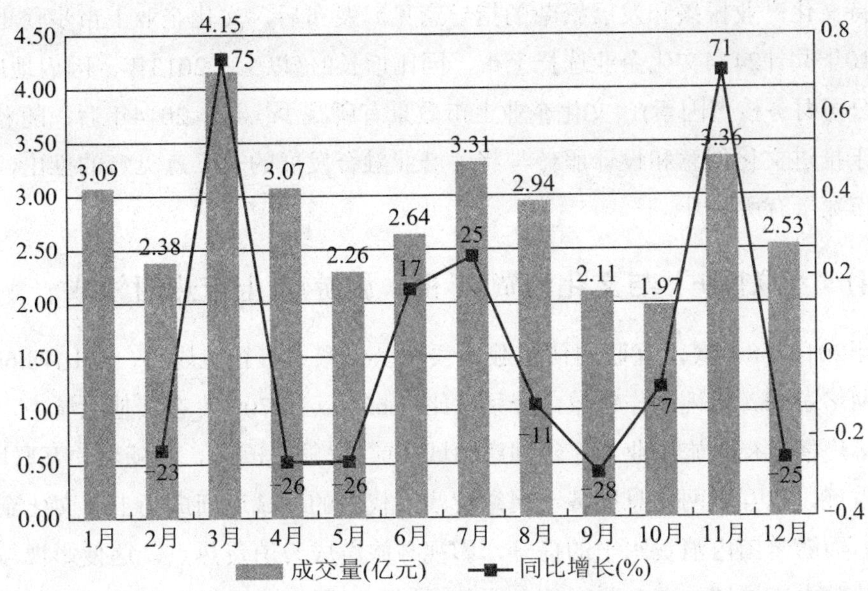

图9-1　2016年文化传媒概念股月成交量走势图

数据来源：同花顺，智研咨询整理

(二) 上市文化企业向热门领域和地域集中

在15家2016年上市的企业中，选择在中国内地 IPO上市的文化企业有11家，占比78.57%，选择在中国香港、纽约IPO上市的企业各有2家、1家。影视制作发行有3家企业IPO上市，出版与发行、广播与数字电视、网络游戏各有2家企业IPO上市；北京与广东各有3家企业IPO上市，合计占比42.86%，共同居于首位。

深交所为文化企业上市首选，海外集中于纳斯达克。截至2016年8月底，中国内地上市文化企业139家(深圳88家、上海51家)，占比64.49%；其次是中国香港上市34家，海外上市主要集中在美国纳斯达克交易所(26家)。回首过往，2000年之前，我国文化企业主要在中国内地上市；进入2000年后，文化企业上市地的选择逐渐多元化，由于中国香港、纽约以及纳斯达克等交易所上市条件较低，因此选择上市的企业增多；2012年，深圳创业板推出，成为众多中小型、创新型文化企业的上市新选择。

(三) 产业发展与政策是影响文化企业上市的重要因素

2010年前文化产业处于成长阶段，文化企业上市步伐相对缓慢；2010年《关于金融支持文化产业振兴和发展繁荣的指导意见》发布后，文化企业上市步伐迅速加快，2010年共计24家文化企业选择上市，同比增长2倍以上；2013年，因内地IPO暂缓(IPO公司财务核查因素)，文化企业上市数量有所减少；进入2014年后，随着《国务院关于推进文化创意和设计服务与相关产业融合发展的若干意见》的推出，文化企业上市数量有所回升。

（四）"互联网+"与文化消费(影视、旅游)是上市热门领域

截至2016年8月底，互联网信息服务领域以40家上市企业居首，占比18.60%，其次为网络游戏、影视制作领域，分别占比11.63%、10.70%，在其他领域中，出版与发行、广播电视、旅游业与广告创意领域居前。[①]这是因为，伴随着"互联网+"的迅猛发展，以互联网信息服务、网络游戏为代表的领域逐渐成为上市文化企业主要来源。而随着国内消费水平的提升，影视与旅游成为消费热点，这使影视与旅游也成为热门上市领域。在互联网信息服务领域，以腾讯、阿里巴巴和百度三大互联网企业为主，保持绝对的领先地位，以乐视为主的新型互联网服务企业逐渐成为市场重要力量。在影视制作发行领域，华谊兄弟、华策影视、光线传媒等民营影视制作公司已经成为重要参与者，影视产业的火热促使上市影视公司盈利表现良好。在网络游戏领域，随着移动端游戏的逐渐兴起，欢聚时代、畅游等移动游戏厂商逐渐成为网络游戏市场主角，而传统客户端游戏厂商则逐渐掉队。

（五）区域分布与区域文化产业发展密切相关

北京、广东、上海、浙江四大省市是上市文化企业的主要分布地。截至2016年8月底，北京上市文化企业66家，占比30.84%，位居第一；广东以36家上市文化企业位居第二名；上海与浙江分别有23家和19家上市文化企业。上市文化企业数量与该省市文化产业发展水平密切相关，并直接反映出该省市文化产业的综合实力。

与上市文化企业数量分布类似，北京、上海、广东三省市上市文化企业融资规模居于前三，其中北京以1 290.97亿元居首，占比39.29%；其次为上海，融资规模为557.91亿元，占比16.98%。北京、上海、广东文化产业相对发达，上市文化企业众多，因此吸引资金实力明显强于其他省市，部分省市诸如福建、广西、山东、天津等省市融资规模有限，部分省市如海南尚未有上市文化企业进行融资。

---

① 文创前沿.【新元智库】2016年上市文化企业资本运营报告(下)[R/OL]. 搜狐，[2016-10-16]. http://www.sohu.com/a/116286997_488939.

（六）投融资规模创新高

就融资规模而言，上市文化企业的经营规模进一步扩张导致资金需求出现急剧提升，2016年文化企业上市后融资规模出现爆发式增长，截至8月底达到1 352.86亿元，是2015年全年融资规模的1.28倍。就投资规模而言，文化产业的迅速发展带来巨大的市场机遇，上市文化企业加速扩张步伐，2016年投资动作频繁，截至8月底投资规模达到2 353.34亿元，是2015年全年投资规模的1.23倍。

文化企业通过公开上市渠道融资逐渐成熟。文企上市主要有IPO、借壳与介绍上市(1家，2012年，中国手游)3种。借壳上市利于企业规避主管部门的一些审查，且隐蔽性较强，但缺点在于短期无法实现融资；而IPO公开上市尽管要求严，但能实现直接融资，且流通性好，是我国文化企业的主流上市方式。文化企业具有轻资产、高风险等特点，部分难以满足IPO上市财务、规范性要求，因此近年通过借壳上市有所增多。但2016年6月，证监会发布《关于修改〈上市公司重大资产重组管理办法〉的决定(征求意见稿)》，对借壳上市监管趋严，部分拟借壳文化企业可能受到影响。因此，上市公开融资已经成为文化企业的重要融资渠道。截至2016年8月底，文化企业利用公开上市方式融资规模合计2 802.06亿元，其中2016年融资规模为131.73亿元，占比4.70%。

定向增发是文化企业上市后的主流融资方式。截至2016年8月底，上市后文化企业资本市场融资3 285.41亿元。文化企业上市后融资渠道有定向增发、发行债券及配股等，其中定向增发是主要融资渠道。截至2016年8月底，上市文企通过定向增发融资2 620.74亿元，占比79.77%。

上市文企扩张步伐不断，以并购、股权投资为主。随着文化产业的快速发展以及市场竞争的加剧，上市文化企业开始基于现有的资本结构，通过并购、股权投资、新设子公司等方式，实现经营规模的扩张，进一步提升自身综合竞争能力。截至2016年8月底，上市文化企业并购与股权投资规模分别为3 928.46亿元和1 697.25亿元，占比达九成；上市文化企业实现投资规模6 212.55亿元，其中2016年投资2 353.34亿元，占比37.88%。目前，上市文化企业投资主要通过行业内投资(横向或纵向)与跨行业投资两种途径实现。具体来看，上市文化企业投资主要集中于文化产业内部的投资，包括并购、股权投资等，2016年1—8月，行业内投资规模达到2 070.19亿元，占比87.97%。例如，2016年上半年，天神娱乐拟通过发行股份及支付现金的形式购买北京幻想悦游网络科技有限公司93.54%的股权、北京合润德堂文化传媒股份有限公司96.36%的股份，目前已收到中国证券监督管理委员会出具的《中国证监会行政许可项目审查反馈意见通知书》(161643号)。并购完成后，天神娱乐的业务版图将更加完整，各业务板块之间将产生充分的协同和支撑作用。并购的两大标的公司可以对上市公司的网络游戏、广告传媒与影视内容三大板块同时进行多重补强，打造“影视+游戏+广告”的泛娱乐产业聚合平台，最终将上市公司打造为具备完整产业生态的平台型娱乐集团。[①]

“互联网+”与休闲类上市文企投资活跃。互联网信息服务业为2016年1—8月上市文化企业最不差钱的行业，其所包含的上市企业总投资达823.02亿元，占总投资额的34.97%。紧随其后的是影视制作发行业，投资总额为746.90亿元。2016年1—8月，依公开数据统计，腾讯投资571.74亿元，占2016上市文化企业投资总额的24.29%，其次是万达电影院线和阿里巴巴，投资额合计分别为391.09亿元、306.29亿元。

伴随着“互联网+”文化的迅猛发展以及文化休闲消费能力提高，文化信息传输服务业与文化休闲娱乐服务业融资规模较高；而工艺美术品制造、复制印刷业等融资规模却相对有限。截至2016年8月底，影视制作发行业融资规模604.15亿元居首，占比18.39%；其次为旅游业，融资规模为585.62亿元，占比17.82%。

最新发布的《中国文化金融发展报告(2017)》揭示了近年来我国文化金融领域发展的众多趋势。在各类融资渠道中，股权投资、产业并购和企业上市方面发展较快。其中，2016年新增股权投资基金披露募资总额2 000多亿元，新三板挂牌的文化类企业激增，约700家企业成功挂牌。

《中国文化金融发展报告(2017)》还显示，2015年文化类企业通过银行间债券市场累计融资5 873.19亿元，文化、体育和娱乐业年末银行贷款余额约2 458亿元，中长期贷款同比增长25.7%，高于总体增长率，2016年预计可接近3 000亿元。

（七）2016年上市文化企业盈利能力分析

根据赛迪顾问公司对上海、深圳、北京三地已公布2016年中报的224家文化娱乐类上市(挂牌)公司进行了净利润排名，形成“2016年H1文化娱乐行业最赚钱上市公司TOP 20”，如表9-1所示。

① 晓波，刘晓哲. 2016年上市文化企业报告出炉[N]. 文创中国周报，2016-11-11.

表9-1 2016年H1文化娱乐行业最赚钱上市公司TOP 20

代码	名称	所属行业	净利润(万元)	排名
601098	中南传媒	新闻和出版业	87 355.88	1
002739	万达院线	广播、电视、电影和影视录音制作业	80 548.04	2
601928	凤凰传媒	新闻和出版业	76 513.21	3
600373	中文传媒	新闻和出版业	65 817.33	4
601801	皖新传媒	新闻和出版业	48 600.18	5
300144	宋城演艺	文化艺术业	43 558.92	6
300027	华谊兄弟	广播、电视、电影和影视录音制作业	35 804.26	7
000793	华闻传媒	新闻和出版业	34 097.98	8
600633	浙报传媒	新闻和出版业	33 099.85	9
300251	光线传媒	广播、电视、电影和影视录音制作业	32 060.29	10
000719	大地传媒	新闻和出版业	31 715.62	11
600757	长江传媒	新闻和出版业	29 778.01	12
000156	华数传媒	广播、电视、电影和影视录音制作业	29 427.40	13
300133	华策影视	广播、电视、电影和影视录音制作业	28 438.26	14
834793	华强方特	娱乐业	28 040.16	15
600715	文投控股	广播、电视、电影和影视录音制作业	24 195.29	16
600551	时代出版	新闻和出版业	23 877.72	17
601900	南方传媒	新闻和出版业	21 645.20	18
000665	湖北广电	广播、电视、电影和影视录音制作业	19 137.16	19
835885	唐人影视	广播、电视、电影和影视录音制作业	12 684.45	20

数据来源：赛迪顾问公司

1. 主板上市公司利润占主导地位

文化娱乐行业上市(挂牌)百强榜企业净利润总额为97.53亿元，平均净利润为0.96亿元。其中：主板上市公司为24家，平均净利润为2.38亿元，净利润之和为57.20亿元，占百强榜净利润总额的59%；中小板上市公司为4家，平均净利润为2.59亿元，净利润之和为10.38亿元，占百强榜净利润总额的10%；创业板上市公司为9家，平均净利润为1.93亿元，净利润之和为17.45亿元，占百强榜净利润总额的18%；新三板挂牌公司为63家，平均净利润为0.19亿元，净利润之和为12.50亿元，占百强榜净利润总额的13%。如图9-2所示。

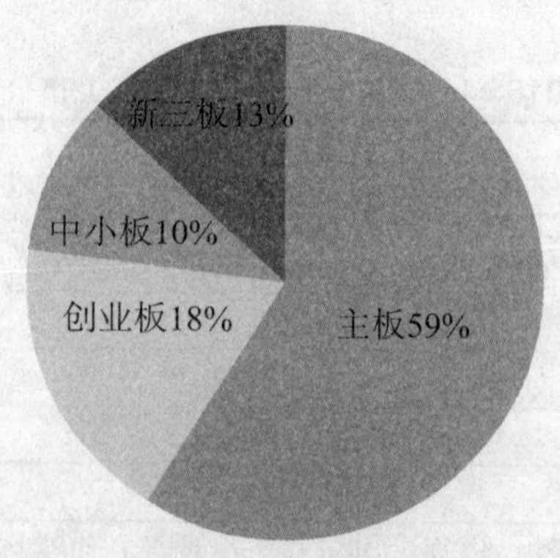

图9-2 2016年H1文化娱乐行业百强榜各板块净利润占比情况

2. 从细分领域来看，百强榜中新闻和出版业上市公司利润贡献值最高，娱乐业最低

百强榜企业中新闻和出版业上市(挂牌)公司净利润之和为50.50亿元，平均净利润为1.74亿元；广播、电视、电影和影视录音制作业上市(挂牌)公司净利润之和为35.52亿元，平均净利润为0.74亿元；文化艺术业上市(挂牌)公司净利润之和为7.78亿元，平均净利润为0.46亿元；娱乐业上市(挂牌)公司净利润之和为3.73亿元，平均净利润为0.62亿元。如图9-3和图9-4所示。

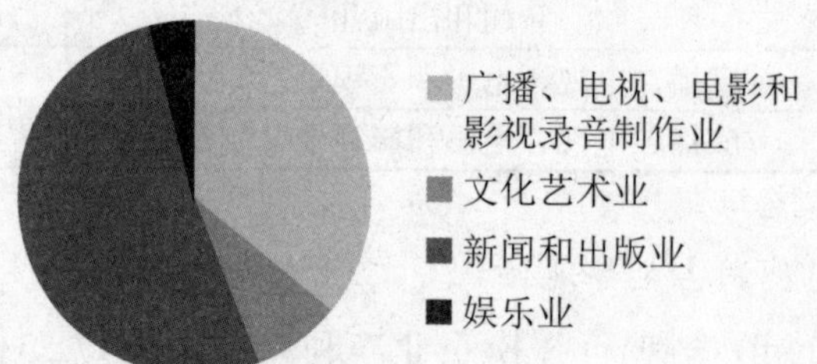

图9-3 2016年H1文化娱乐行业百强榜四大细分领域净利润占比情况

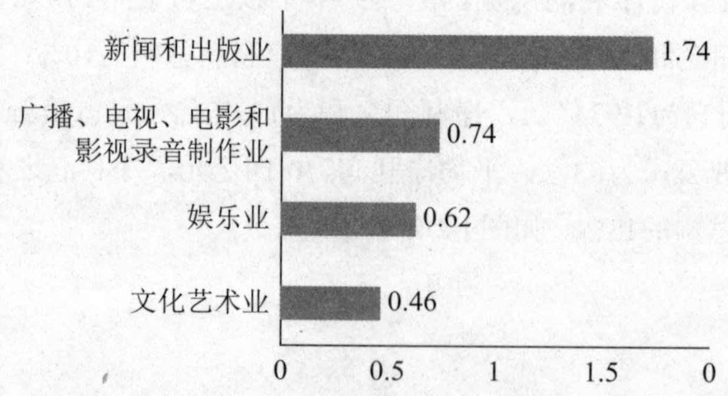

图9-4 2016年H1文化娱乐行业百强榜四大细分领域平均利润(单位：亿元)

3. NO.1中南传媒净利增6.64%，IP业务助力企业跨越前进

中南传媒2016年上半年实现营业总收入47.45亿元，比2015年同期增长8%，实现净利润8.74亿元，比2015年同期增长7%，实现扣非净利润8.27亿元，比2015年同期增长6%。

中南传媒2010年上市以来，业绩一直处于有条不紊地提升阶段。不仅传统出版业务的业绩稳步上升，IP产业链领域业绩也快速增长。公司利用传统的出版优势积极开拓新领域的IP业务，并借助公司人才储备优势，利用推动优秀图书的方式向影视、动漫等多领域发展，形成以IP为核心的多领域产业链体系。

三、2016年上市文化企业特点分析

国有文化企业改革是我国文化体制改革的重点和难点，尤其对于“国”字头的大型文化企业来说，改革的推进更是难上加难——企业历史积累越深厚，遗留问题就越多；规模越大，涉及方方面面的顾虑和负担就越多。国有文化企业与资本市场对接，使其市场化程度和自我更新能力空前提升。

(一) 国有文化企业“集群化”上市成为最大亮点

1. 国有文化企业上市，引领产业健康发展

2016年，有8家国有文化企业上市，在资本市场掀起“文化热”，在文化企业中激起了“上市潮”。目前在A股和H股上市的文化企业近60家。2016年，中国电影股份有限公司、广西广播电视信息网络股份有限公司、上海电影股份有限公司、幸福蓝海影视文化集团股份有限公司、新华网、贵州广电网络等6家国有文化企业，以IPO(首次公开募股)方式在主板或创业板成功上市；已在中国香港H股上市的新华文轩出版传媒股份有限公司又在上海证券交易所A股挂牌上市。2016年因为证监会重新开闸IPO审核，所以这些国有文化企业扎堆上市，赶上了“上市潮”，这几家公司共募集资金超过100亿元，对于进一步推动国有文化企业建立健全有文化特色的现代企业制度、借助资本市场打造骨干文化企业和战略投资者，具有重要借鉴意义和积极促进作用。

2. 国有文化企业上市 受资本市场青睐(以“中影”“上影”上市为例)

近年来，国有经营性文化单位基本完成转企改制，共注销事业单位法人近7 000家，核销事业编制近30万个，形成了一批合格的文化市场主体。此次“国家队”相

继上市寻求资本市场创新突破，对进一步借助资本市场打造骨干文化企业和战略投资者，具有重要借鉴意义和积极促进作用。

2003年即被明确为全国首批35家文化体制改革试点单位之一的中国电影集团公司，2010年联合央广传媒、江苏广电等7家公司共同出资成立中国电影股份有限公司，全面开展股改上市工作。2016年8月9日，在上海证券交易所挂牌上市。上市当日开盘即涨停，涨幅达43.95%，募集资金逾40亿元，这是我国影视业迄今最大规模的首次公开募股。[①]

上海电影(集团)有限公司2012年将旗下的电影发行放映业务及资产进行整合，组建上海电影股份有限公司。8月17日在上海证券交易所挂牌上市，上市当日涨幅达43.96%，募集资金9.1亿元。公司负责人表示，上影在从传统的文化事业单位迈向现代文化企业的过程中，深化改革、整合资源，解决各种历史遗留问题，建立起现代化的企业制度和市场主体，提升了企业的竞争实力。

“站在新的起点上，迎来新的增长机遇。”国家新闻出版广电总局有关负责人这样评价几家国有文化企业的相继上市。[②]

（二）2016年出版传媒类上市公司业绩增长突出

截至2017年4月28日，沪深两市共有A股出版上市公司17家，如长江传媒、中南传媒、时代出版、中文在线、凤凰传媒等。此外，涉及教育培训方面的中信出版正处于IPO上市辅导阶段。

出版业与教育具有天然联系，出版企业向教育产业拓展具有独特的优势。又到一年一度的年报季，蓝鲸教育一直关注着以教育为重要业务板块的出版上市公司的资本动作。

相较于2015年，2016年涉及教育的出版上市公司既要稳固主业，又要谋求转型，不难发现，教辅类产品、在线教育等是其主要的业态，这也是行业发展的必要资源。

根据相关统计，16家上市公司资产总额为1 389.26亿元，增长14.83%；所有公司2016年营业收入累计达到906.07亿元；归属上市股东净利润共91.52亿元。如图9-5所示。

通过对净利润、营业收入、总资产三大指标的分析，可以看出，出版上市公司整体的总资产、营业收入、净利润均实现了两位数的增长。

---

① 刘阳. 人民日报人民时评：中影上市，产业升级呼唤文化担当[N]. 人民日报，2016-08-11.

② 周玮. 国有文化企业上市 引领产业健康发展[N]. 新华社，2016-09-08.

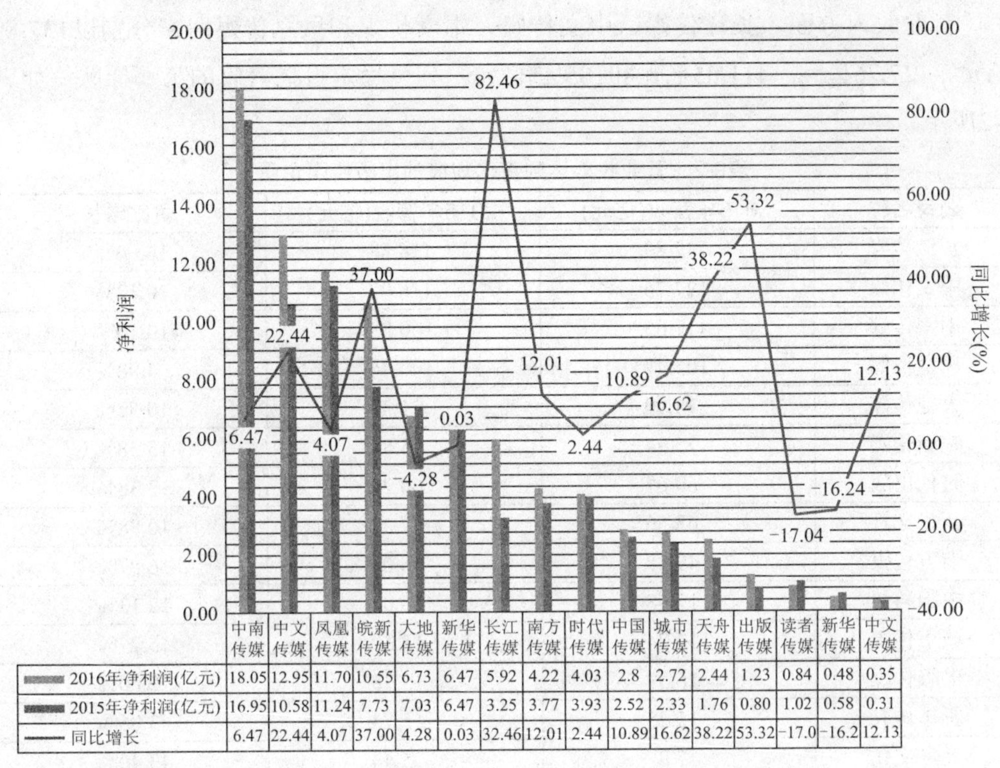

	中南传媒	中文传媒	凤凰传媒	皖新传媒	大地传媒	新华传媒	长江传媒	南方传媒	时代传媒	中国传媒	城市传媒	天舟传媒	出版传媒	读者传媒	新华传媒	中文传媒
2016年净利润(亿元)	18.05	12.95	11.70	10.55	6.73	6.47	5.92	4.22	4.03	2.8	2.72	2.44	1.23	0.84	0.48	0.35
2015年净利润(亿元)	16.95	10.58	11.24	7.73	7.03	6.47	3.25	3.77	3.93	2.52	2.33	1.76	0.80	1.02	0.58	0.31
同比增长	6.47	22.44	4.07	37.00	4.28	0.03	32.46	12.01	2.44	10.89	16.62	38.22	53.32	-17.0	-16.2	12.13

图9-5 16家A股出版上市公司净利润概览表

数据来源：公开资料整理

净利润方面，中南传媒以18.04元的归属上市股东净利润持头把交椅。中文传媒和凤凰传媒分别以12.95亿元和11.69亿元分列二、三位，不过凤凰传媒业在过去一年扭转了净利润负增长的局面，实现了净利润4.07%的增长。

在这三家巨头之后，皖新传媒2016年净利润首次突破10亿元，2016年皖新传媒，利润总额10.91亿元，较2015年同期增长39.33%。

同时，大地传媒、新华文轩、长江传媒、南方传媒和时代出版均实现了5亿上下的归属上市股东净利润。其中，出版上市公司中营收第一的长江传媒实现归属上市股东净利润5.92亿元，其2016年净利润增长率在所有出版上市公司中名列第一。值得注意的是，大地传媒净利润首次出现负增长，原因在于物资销售业务成本的大幅度增长。

新华传媒和中文在线均在1亿以下，其中，营业收入出现负增长的新华传媒，其净利润也出现了一定程度的负增长，与新华传媒业务占比较大的传媒广告业务延续低迷不无关系。

营业收入方面，长江传媒、中文传媒、中南传媒和凤凰传媒四家分别以137.89亿元、127.76亿元、111.05亿元和105.47亿元，列位稳定百亿营收的第一梯队。如表9-2所示。

表9-2 营业收入达到百亿规模的出版传媒企业

公司名称	2016年营收(亿元)	2015年营收(亿元)	同比增长
长江传媒	137.89	118.88	16.00%
中文传媒	127.76	116.02	10.12%
中南传媒	111.05	100.85	10.10%
凤凰传媒	105.47	100.46	4.98%
大地传媒	78.90	71.39	10.52%
皖新传媒	75.94	65.81	15.38%
时代出版	67.67	60.21	12.38%
新华文轩	63.56	57.32	10.88%
南方传媒	49.18	46.01	6.87%
中国科传	17.98	16.03	12.13%
城市传媒	17.74	15.39	15.27%
出版传媒	16.39	15.38	6.60%
新华传媒	15.25	15.73	-3.06%
天舟文化	7.8	5.44	43.40%
读者传媒	7.51	8.25	-9.01%
中文在线	6.02	3.9	54.14%

大地传媒、皖新传媒、时代出版、新华文轩和南方传媒收入在40亿元到80亿之间不等，属于第二梯队。城市传媒、出版传媒、新华传媒和新上市不久的中国科传在15亿到18亿之间，同属第三梯队。

同时，2016年营收涨幅最大的企业分别是54.14%的中文在线和43.30%的天舟文化。中文在线的营收增长主要在于IP一体化开发深入、大幅度增长的数字内容增值服务；天舟文化的增长则主要源于并购游爱网络和人民今典科教，且以16.2亿元收购了游爱网络。

不过，天舟文化、读者传媒和中文在线营业收入均在8亿元以下。对此，读者传媒表示，广告业务的收入下降和读者杂志、教材销量减少，使营业收入持续下滑；同样因广告业务受到影响的还有新华传媒。另外，只有读者传媒和新华传媒这两家公司是出现营收负增长的上市公司。

在总资产方面，依然是凤凰传媒、中文传媒和中南传媒位居前三的格局，三家企业均以超过180亿的总资产领先全行业，根据这三家巨头的总资产增长率，或许出版行业资产200亿的上市公司即将诞生。在这三家巨头之外，皖新传媒与大地传媒总资产首次超过百亿，加上回归A股的新华文轩，目前A股市场共有6家出版上市企业资产超百亿，而紧随之后的长江传媒与南方传媒也分别以接近百亿的97.46亿和86.09亿总资产位列其后。如表9-3所示。

表9-3　资产规模达到百亿的出版传媒企业(单位：万元)

名称	2016年总资产	2015年总资产	增长率
凤凰传媒	1 931 814.73	1 791 445.115	7.84
中文传媒	1 885 179.963	1 760 726.67	7.07
中南传媒	1 861 874.806	1 672 289.444	11.34
新华文轩	1 225 517.661	1 074 328.905	14.07
皖新传媒	1 101 359.865	792 596.462	38.96
大地传媒	1 014 831.475	929 865.573 6	9.14
长江传媒	974 674.206 7	942 340.052 6	3.43
南方传媒	860 900.325 7	693 175.176 8	24.20
时代出版	764 983.036 8	685 051.717 3	11.67
天舟文化	494 485.139	208 578.683 1	137.07
新华传媒	394 893.121 6	432 294.331 6	-8.65
中国科传	307 109.63	280 089.36	9.65
出版传媒	306 842.156 6	292 405.564 9	4.94
城市传媒	289 183.905 3	263 272.061 4	9.84
中文在线	285 265.603 2	87 899.675 1	224.54
读者传媒	193 728.478	191 799.367 3	1.01

数据来源：2016年年报

除了时代出版总资产76.49亿以外，天舟文化、新华传媒、中国科传、出版传媒、城市传媒、中文在线和读者传媒的总产均在接近19亿到50亿之间不等，其中，两家民营出版上市企业天舟文化和中文在线总资产在2016年均实现了翻倍的增长，原因在于这两家民营企业机制灵活。

蓝鲸教育通过统计178家上市公司的在线教育业务发现，教育出版类业务占到在线教育领域细分的6%；并且，体量越大，其对在线教育业务投资越积极。

凤凰传媒明确将“由传统教育出版商向教育综合运营商转变”作为核心战略之一，主要发力K12教育与职业教育，如旗下的学科网、引进北京学而思的战略投资、控股厦门创壹及职业教育云平台100维尔教育网。

中南传媒将数字教育与金融服务作为其未来增量的着力点。其旗下天闻数媒公司已成为国内领先的数字教育整体解决方案提供商。

此外，中文传媒、皖新传媒等通过设立基金或现金等不同方式投资、布局教育。

近年来教育信息化市场空间已超过千亿。蓝鲸教育发现，凤凰传媒近年来累计发行7 000万套的近百个数字化教材品种，覆盖江苏省13大城市、超10万人使用的数字教参备授课系统，涵盖200万道题库的智能教辅学习系统，在多省试验的凤凰云课堂以及“100系列”手机APP和应用于职教教学的三维互动虚拟现实系统。

部分出版上市公司在产品和服务组合开发方面，推出整合教育应用兼有有大数据服务支持的智慧教育整体解决方案。分发模式可分可整。依托出版行业的内容制作、印刷、发行和深厚的客户基础，可以打造教育、出版文化综合服务生态圈。有的数字教育出版企业将出版内容等变现，采用付费模式实现盈利。之所以能够获得赢利，这些数字教育出版企业适应了教育信息化及“三通两平台”建设的需要，出版类上市公司依靠其拥有的渠道、资源、技术、人才的优势，在各个方面的表现各有特点，更容易形成较为稳定的赢利模式。之所以能够获得赢利，这些数字教育出版企业适应了教育信息化及“三通两平台”建设的需要，出版类上市公司依靠其拥有的渠道、资源、技术、人才的优势，在各个方面的表现各有特点，更容易形成较为稳定的盈利模式。

此次盘点的16家出版上市公司多数有国有投资背景，其纸媒等原传统出版整体盈利增长缓慢、业务甚至出现下滑，倒逼出版行业进行转型升级与业务调整。绝大多数公司采取了整合主业线上线下的销售渠道、多元布局教育、IP等文化产业及资本投资等发展路径。

在整合销售渠道方面，线下多以新华集团实体书店为核心，升级建设卖场；线上以建设电商平台为主，开展新媒体营销推广业务；以城市传媒、出版传媒、大地传媒、南方传媒、新华文轩、长江传媒、凤凰传媒、皖新传媒、中文传媒为代表。

在多元布局文化产业方面，在线教育、网络游戏、影视文化等渐成多元化发展热点；以中文在线、天舟文化、凤凰传媒、中南传媒、中文在线为代表。

涉足教育的出版类A股上市公司大部分都实现了稳步增长。转型资本投资市场，以成立文化产业投资基金为主要方式，投资设立基金渐成趋势。

中南传媒、凤凰传媒、时代出版、皖新传媒、中文传媒、大地传媒、长江传媒、新华传媒、天舟文化等出版类上市公司都曾公告设立文化产业投资基金或者新媒体投资基金。出版上市公司对教育投资的消息称，2016年4月27日，皖新传媒首次透露拟使用现金约12亿元投资教育行业。

对这些出版大金主而言，设立基金可以使投资更加专业化与规范化，其未来的投资收益也更有保障。随着资本市场的逐步完善、出版改革的深化及高新技术的发展，未来将会有更多的出版企业迈入资本市场，实现定向增发等投资收益。

资深出版界人士表示，目前出版传媒上市企业主导在线教育业务以B2B模式的政府、学校采购为主，并且主要面向K12阶段受众，不少以纳入教育部门“三通两平台”采购为目标，市场收益稳健，受投资泡沫破裂冲击较小，但市场化程度也有待提高，这是出版上市公司做教育可能面临的问题。

随着证监会IPO审核与发放的加速，出版公司也加快了上市的步伐。2016年全年共有两家出版传媒公司完成IPO，分别是南方传媒于2016年2月在上交所完成IPO上市，新华文轩于2016年8月回归A股，成为首家A+H股上市的出版传媒上市公司。

到目前为止，2017年已有中国科传、新经典两家出版公司完成IPO，中国科传于1月登陆上交所，新经典则作为首家主板上市的民营书企于4月挂牌在上交所挂牌。

在并购重组方面，2016年出版上市公司共披露了四起并购事件，分别是南方传媒收购发行集团45.19%的股权，中文在线披露收购JOINGEARLIMITED11.66%的股权、新浪阅读23.334%的股权、晨之科20%的股权和弹幕网络13.51%的股权。其中，晨之科和新浪阅读已完成收购。

2017年已经了披露三起重组事件，时代出版以15亿元收购江苏名通的重组预案，天舟文化和中文在线也因重大资产重组停牌至今。

不过，相较于2015年，不论是并购事件数量还是并购总金额，透露的信号都是出版传媒上市公司的并购动作将逐渐放缓。

无论从内容资源还是渠道布局上，出版公司向教育产业拓展都有着独特的优势。再加之，近年来出版业受到互联网和移动互联网带来的严重冲击，在大众阅读习惯改变之时，与教育和培训业务本就有渊源的出版企业，自然而然加大了教育业务版图。

教材、数字化出版、在线教育和文化产品的延伸性很强，各个出版板块走向相应的教育模块顺理成章。出版业涉足教育，从承载内容上看，大多企业不是跨界，更多的是看中教育是可循环的有利标的，尤其是在国家鼓励教育呈多样式发展。

2016年，出版类上市公司发布的公告有许多亮点。聚焦公告中在涉及新的利润增长点的内容上，对涉足教育业务的产品形态、盈利模式、盈利状况等进行分析，A股出版上市公司的教育盈利可观。

2017年，A股出版上市公司在继续外联内合，以投资拓平台、创效益，积极向教育产业链上下游拓展的过程中，如何升级教育服务形态、如何提高运营管理效率及资金使用效率、如何在在线教育和教育信息化领域的市场竞争中保持盈利仍是需要关注和面对的问题。[①]

四、上市文化企业发展趋势及策略建议

爆发式增长的2015年，无论从企业数量、投融资规模还是经营水平，上市文化企业均实现快速增长。产业发展与政策是影响文化企业上市的重要因素。2016年是中国文化产业结构性调整的一年，国有文化企业以及数字科技文化企业在资本市场进一步获得投资者的青睐。

（一）上市文化企业发展趋势

从上市趋势来看，2010年前文化产业处于成长阶段，文化企业上市步伐相对缓慢；2010年在《关于金融支持文化产业振兴和发展繁荣的指导意见》发布后，文化企业上市步伐迅速加快，2010年共计22家文化企业选择上市，同比增长两倍以上；从2012年到2013年，因IPO暂缓(IPO公司财务核查因素)，文化企业上市数量有所减少；进入2014年后，随着《国务院关于推进文化创意和设计服务与相关产业融合发展的若干意见》的推出，文化企业上市数量出现迅速回升。[②]

文化产业结构加速变化，文化科技深度融合趋势明显。文化产业结构变化决定着上市企业的行业分布。2000年前，我国文化产业处于萌芽阶段，上市企业主要以文化休闲娱乐服务类企业为主；进入2000年后，互联网逐渐兴起，且进入2010年后迎来飞速发展阶段，以文化信息传输服务、创意和设计服务类文化企业逐渐成为上市主体；2010年《关于进一步推动新闻出版产业发展的指导意见》颁布后，新闻出版发行服务类文化企业上市步伐明显加快。

“互联网+”与文化消费(影视、旅游)是上市热门领域，其次为网络游戏领域；出版与发行、广播电视、影视制作三个领域仍是资本市场主流文化企业。在其他领域中，旅游业与广告创意领域居前。伴随着“互联网+”的迅猛发展，以互联网信息服务、网络游戏为代表的领域逐渐成为上市文化企业的主要来源；而随着国内消

① fawen005. 上市公司2016年报全出炉[EB/OL]. 宜春门户，[2017-04-29]. http://www.ycmhz.com.cn/jiahe/1450449.shtml.

② 刘丽靓. 发改委：支持有条件文化企业上市融资[N]. 中国证券报，2016-03-10.

费水平的提升，影视与旅游成为消费热点，这使影视与旅游也成为热点上市领域。

定向增发是文化企业上市后的主流融资方式。据产业研究智库发布的《2016年中国文化产业竞争现状及趋势分析》，2010年前，文化企业利用资本市场融资规模有限，进入2010年后，伴随着文化产业迅速发展而带来的巨大资金需求，通过资本市场融资出现迅猛增长，尤其是2015年，同比增长355.8%。文化企业上市后融资渠道包括定向增发、发行债券以及配股等，其中定向增发是主要的融资渠道。上市文化企业投资渠道主要包括并购、股权投资、设立子公司、投资基金、投资信托等，其中并购与股权投资是上市文化企业主要的投资方式。

（二）策略建议

随着我国文化产业的高速发展，越来越多的文化企业走上了上市之路。资源资产化、资产证券化是文化企业进行资本运营的有效模式和路径。

中国文化产业正进入快速发展阶段，无论是一级市场还是二级市场都需要优质的文化产业资产项目。

从文化产业的结构性投资机会来看，并不是现在所有的文化产业每个行业板块都有非常好的投资机会，我们认为目前中国文化产业的主要投资机会存在以下几个方面。

第一，IP开发， 我们认为从投资的角度来说，IP是一个非常重要的内容资源，2015年、2016年属于泛IP开发，没有进行价值投资。未来将进入IP精准开发阶段。

第二，“互联网+”，或者叫数字文化产业的投资，中国互联网网络的用户规模在不断增加，互联网文化产业投资机会巨大。

第三，跨界融合。文化产业跨界融合能够产生更高的效益。例如现在的文化产业跟旅游、房地产、体育，都在进行一个深度融合，在产业融合的过程中一定会有很多的投资机会出现。

(撰稿人：何毅，北京城市发展研究院)

第十章 文化产业园区与文化企业发展

- 2016年我国文化产业园区呈现以下几个特点：首先，“文化+”：提供核心支撑，推进产业融合。其次，“生活+”：引导消费供给，开拓跨界市场。最后，“互联网+”：构建平台思维，加速业态创新。
- 文化产业园区与文化企业相互作用，相互支撑，推动产业和城市转型；共享空间，提高产业集聚集约化；深度融合，创新文化商业新模式；引领创造，加速新型城镇化进程。
- 优化文化产业的产能结构，转变文化企业的增长方式是完善文化产业要素结构，实现文化产业园区内涵式增长的重要路径。在这一整体格局下，未来，文化产业园区与文化企业的融合将更加深入，主要体现在文化科技融合领域的市场思维继续转变、文化制造业融合领域的商业逻辑创新升级以及文化驱动城镇化领域的空间重塑等方面。

2016年，我国文化产业取得了快速的发展，尤其是随着我国文化产业业态融合的趋势和科技创新主导的特征逐渐明显，文化产业各行业不断进行供给侧结构性改革，在优化结构中不断发展，越来越凸显出经济新常态下对转变经济发展方式、推动产业转型升级重要的配合作用，甚至在推动产业融合、推进城镇化发展、加速区域协同创新、参与全球文化经济角力及实现包容性发展等方面，不断实验新路径、创造新模式、重塑新动力，起到对实体经济发展中某些领域的引领作用。在此背景下，文化产业园区和文化企业均实现了继续增长和结构优化。值得注意的是，在文化产业园区和文化企业的发展中，两者呈现出较强的正相关发展逻辑。一方面，文化产业园区为文化企业发展提供了专业化平台和系统化服务，有效提高了文化产业的集约化、规模化、专业化水平，为文化企业创新发展提供了有效的环境生态和文化氛围。另一方面，文化企业自身不断进行供给侧改革，为园区品牌塑造、功能优化和协同发展起到了有利的推动作用。

一、我国文化产业园区发展特点

文化产业园区是以文化及相关产业为主营产业的企业，按照一定关联集中在特定地域范围内，形成基于分工与合作的有机聚落和产业系统。2016年，我国文化产业园区在国民经济和社会发展的整体环境下，获得了提质增效的成长，入园文化企业在良好的产业环境和政策生态中，逐渐成长为具有更加强大竞争力的市场主体，并以独特的融资方式、产权结构和治理方式适应市场经济的要求，在国民经济与社会发展中发挥愈加重要的作用。随着文化发展战略的革新、文化市场体系的建立健全和文化体制改革不断步入“深水区”等发展变化，入园文化企业更加适应文化市场需求多元化的时代进程，并呈现出鲜明的发展特点。

（一）“文化+”：提供核心支撑，推进产业融合

“文化+”是以文化为引领的产业的横纵联合，从而满足新需求、创造新供给，着力提高文化产品和服务供给体系质量和效率，为文化发展提供新思路、新模式、新业态。2016年，我国文化产业园区以“文化”为核心支撑，在新型工业化、信息化、城镇化和农业现代化不断加快的进程中，通过“文化+”植入或贯穿在经

济社会各领域、各行业，并呈现出多向交互融合态势，对发展创新型经济、促进经济结构调整和发展方式转变、加快实现由“中国制造”向“中国创造”转变以及有效地促进产品和服务创新、催生新兴业态、带动就业、满足多样化消费需求、提高人民生活质量等方面，均发挥了重要的作用。

1.“文化+”继续成为文化产业园区和文化企业发展主题词

2016年，“文化+”不断创造产业融合新领域，并成为文化产业园区转型升级的重点方向。以“文化+”破除传统定式，开拓新兴市场，已成为文化产业园区创新发展的重要共识。2016年，以“文化+”为核心，以科技为依托，实施“文化与科技”融合的发展战略，也不断成为文化创意和设计服务业跨界创新的重要思路。例如杭州的西湖数字娱乐产业园以“为数字娱乐产业链上的企业提供发展空间、政策扶持和公共服务，吸引省内外数字娱乐类企业进驻园区发展”为定位，依托杭州顺网科技股份有限公司、杭州乐港科技有限公司、浙江方大智控科技有限公司等文化科技企业，以互联网游戏软件开发、动漫产品制作、网络游戏、手机游戏、手机动漫、彩铃彩信等数字娱乐增值服务，形成了较为完备的产业链结构，已成为“集教育培训、产品研发、创业孵化、天使投资、渠道和国际合作等功能于一体”的数字娱乐产业集聚地，不断创造以“文化+”为纽带，园区和企业共同成长，创意和科技协同发展的新模式。

2.“文化+”不断创造文化产业园区和企业发展新动能

2016年，“文化+”不断为产业融合创造新动能，并塑造了以企业为主体的园区发展新引擎。在文化产业的区域实践中，经济活动的空间集聚并非是个体企业和消费者的理性区位决策所导致的，也不是政府投资所能打造的，而是自然发展的地方化过程，是企业互动和知识积累的结果。①2016年，以文化企业为引领的园区布局，越来越成为产业融合和产城融合的创新范式。企业的创新战略催生了更加具有市场竞争力的空间模式和产业组织，以此形成的产业园区，在商业模式上更加具有示范性和复制性。以万达为例，2016年，万达文化产业收入占集团整体收入比重超过1/4，文化产业已经真正成为万达的支柱产业。2016年，万达集团服务业收入占比55%，历史上首次超过地产；服务业净利润占比超过60%，也大于地产开发利润。万达商业，其租赁业务净利润占比约55%，以租金等为主的非地产净利润超过了地产开发净利润。这意味着万达已经从地产转型，“文化+”是万达转型的重要引

① 王缉慈. 超越集群——中国产业集群的理论探索[M]. 北京：科学出版社，2010:91.

擎。在电影产业上，2016年，万达全球新增影城677家，新增屏幕6 788块，其中国内新增影城154家，屏幕1 391块。在旅游产业上，2016年，万达开业了南昌、合肥两个“万达城”，在全球引发巨大反响，正是这两个项目的开业促成“万达城”落户海外，万达酒管开始走上品牌运营之路。此外，2016年万达还成立了网络科技集团，明确打造中国唯一的实业+互联网络大电影型开放平台的战略定位。无疑，围绕“文化+”跨界发展，万达创造的产业模式成为2016年文化产业的一大亮点。从万达的实践看文化产业的跨界发展，可以发现，“文化+”创造的产业融合和产城融合，为文化产业园区破除发展定势，打破权利意识的封闭心态，在最大范围内实现产业依附于城市，城市服务于产业的功能融合提供了核心支撑。

（二）“生活+”：引导消费供给，开拓跨界市场

生活性服务业领域宽、范围广，涉及人民群众生活的方方面面，与经济社会发展密切相关。加快发展生活性服务业，是推动经济增长动力转换的重要途径，实现经济提质增效升级的重要举措，保障和改善民生的重要手段。2016年，“生活+”的重点在于，以园区为平台，以“生活+”为新增长点，以消费终端完善和消费渠道创新为两翼，通过园区和社区的融合，着力提升文化服务内涵和品质，推进文化企业创新发展，不断满足人民群众日益增长的文化服务需求。

1.“生活+”理念有效增加了文化产业园区和文化企业的新供给

2016年，通过“生活+”理念有效增加服务供给，实现了文化产业园区的社群化发展。2016年，各类市场主体开始根据居民收入水平、人口结构和消费升级等发展趋势，创新服务业态和商业模式，优化服务供给，增加短缺服务，开发新型服务。2016年，许多城市纷纷利用文化活动创造“生活+”新理念，以新理念拉动新消费，布局文化产业园区，取得了有效的成果。以青龙胡同为例。作为北京市东城区一条普通的胡同，过去的一年，这条胡同从长度不到800米的生活空间转变成为聚集创意咖啡馆、设计餐厅、创新孵化器、国际人才港等各具特色创新空间在内的“设计创意一条街”。歌华设计打造的“新邻里－青龙胡同文化创新”街区项目，通过打造企业、社区以及企业之间的共融生态和品质园区，逐渐构建了基于“生活+”的城市的创新生态。“新邻里－青龙胡同文化创新街区项目”以文化活动为主线，调动每一个文化企业，推出自己的特色活动，主办方将活动分成不同的种类以供广泛的企业来参与。这也进一步说明，“生活+”已经成为一种引领文化创意

和设计服务纵深发展的理念。

2.“生活+”思维有效开拓了文化产业园区和文化企业发展的新市场

2016年，通过“生活+”布局有效拓展农村市场，为文化产业园区和文化企业互动发展提供了新蓝海。2016年，城市生活性服务业继续遵循产城融合、产业融合和宜居宜业的发展要求，科学规划产业空间定位，合理布局网点，完善服务体系，为文化创意和设计服务融合发展，奠定了良好的产业基础。2016年，农村生活性服务业以改善基础条件、满足农民需求为重点，以城镇生活性服务业网络向农村延伸为方向，着力于布局县域文化产业发展的文化企业，通过“生活+”构建了一个面向基层市场的宽半径园区。以河北易水砚文化产业园、大同市广灵剪纸文化产业园区为代表的园区，以现代市场需求为导向，创新生产方式、工艺流程，适应市场消费需求的文化市场主体，以文化技艺传承为核心，渐进式整合技术、资金、人才等资源，使易水砚、广灵剪纸等非物质文化遗产、传统工艺得到有效抢救、挖掘、保护和传承。它们在“运用经济规律配置民族文化资源，通过商品性的劳动或服务进入市场，实现民族文化的生产、流通、交换、消费各环节市场化运作”①中，探索出一条以产业化发展、市场化经营，带动存量资产盘活，提高市场要素流通和资源配置效率的公司化运行模式，扩大了就业规模，完善了城市功能，为城市经济发展注入活力。这也进一步说明，围绕“生活+”深度开发人民群众从衣食住行到身心健康、从出生到终老各个阶段各个环节的生活性服务，满足大众新需求，适应消费结构升级新需要，这不仅是创新设计理念、体现人文精神的有效路径，也是园区为文化企业创造蓝海市场的有效手段。

（三）“互联网+”：构建平台思维，加速业态创新

“互联网+”解决的则是供给侧结构性改革的方向问题。“互联网+”是把互联网的创新成果与经济社会各领域深度融合，推动技术进步、效率提升和组织变革，提升实体经济创新力和生产力，形成更广泛的以互联网为基础设施和创新要素的经济社会发展新形态。

1.“互联网+”为文化产业园区智慧化发展夯实了技术基础

2016年，“互联网+”开启了文化消费领域新供给，为文化产业园区智慧化发展夯实了基础。2016年，互联网与各领域的融合发展具有广阔前景和无限潜力，已

① 周红. 民族文化产业化中的社区主体建构[J]. 楚雄师范学院学报，2008，(23):47-51.

成为不可阻挡的时代潮流，正对各国经济社会发展产生着战略性和全局性的影响。2016年，以“互联网+”为依托，构建大数据平台，实现智慧园区平台系统运营，以互联网、文化、科技、人才、金融为产业要素进行全产业链集聚的运营模式，已经成为文化产业园区转型升级的新方向。以中关村互联网文化创意产业园为例。园区基于“互联网+”创造核心业态，创新实践项目，通过物业运营+产业投资、产业链集聚及产业引导、内容创新安排等运营模式，实现了资源整合和模式创新。此外，传统业态利用“互联网+”实现产业升级，也是2016年园区发展的重要特征。例如天安数码城，作为国内城市产业综合体的开创者，天安数码城自1990年成立以来，作为产业发展与城市价值提升的重要引擎，在全国十大城市复制了10个园区。在面临移动互联网、大数据、云计算等新科技革命时，天安数码城在华为科技城的项目天安云谷，率先提出打造云时代的智慧园区，凭借与华为、超算、顺丰等企业的合作，构建了SMAC(社交化、移动化、大数据分析、云计算)的智慧园区服务体系，为文化消费实现了新供给。这也进一步说明，文化企业要想获得支持，应该勇于跨界，同时也要具备“造血”功能，因此，作为产业链的延伸，应通过“互联网+”，使文化产业园区在商业投资、公共空间、旅游资源配置中，能更好地吸引、挖掘人才，构建符合时代潮流的产业链，使得文化产业园区获得“弘扬文化、促进发展”的双丰收。

2.“互联网+”为文化产业园区跨界运营奠定了市场基础

2016年，“互联网+”提供了文化产业发展新动能，为文化产业园区跨界运营奠定了市场基础。2016年，正是顺应世界“互联网+”发展趋势，文化创意和设计服务业充分发挥了我国互联网的规模优势和应用优势，推动互联网由消费领域向生产领域拓展，加速提升产业发展水平，增强各行业创新能力，构筑经济社会发展新优势和新动能。这也进一步说明，坚持改革创新和市场需求导向，突出企业的主体作用，大力拓展互联网与经济社会各领域融合的广度和深度，深化体制机制改革，释放发展潜力和活力的有效路径。2016年，以华夏幸福大厂影视产业园区为代表的文化园区，开始利用互联网思维进行跨界创新，一方面打造融通的“产业互联网”平台服务体系，这一体系包括智能化服务体系、金融服务体系、用户体验体系、垂直电商和跨界电商平台以及中试试验平台；另一方面打造产城融合的文化产业发展空间，在打造大厂影视小镇的过程中，华夏幸福紧抓“文创”风口，以“中国专业化影视第一镇”为定位，量体裁衣地设计了覆盖“人才孵化、创意孵化、前期拍摄、后期制作、宣发交易”的全产业链，融合“影视+”文化、科技、金融，积极构建影视产业生态圈，其“做实一个产业，缔造一种风情，高品质可持续运营”的发展理念，正是互联网思维的落地实践。值得注意的是，“互联网+”的内容是关键，“互联网+”的本质是依托信息基础设施与网络技术，实现信息、资源等互联互通、交互共享的平台。未来，如何引导更多互联网企业走上科技创新驱动、追求高附加值的发展路径，值得思考。

二、文化产业园区与文化企业的相互作用

（一）相互支撑，推动产业和城市转型

现代文化市场体系的建立健全，与市场经济的发展速度和水平及区域内文化资源禀赋、文化产品和服务的生产能力、消费潜力等客观条件密切相关，但最根本的还是取决于市场思维。文化产业园区为文化企业突破自身发展局限，开拓市场思维意识，培育国际战略思维，起到了重要的作用，其聚集的大量企业因为存在着产业的关联和上下游的合作关系，而不断推进隐性知识创新及隐性知识显性化，从而创造出更高产业附加值。

2016年，我国文化产业园区在推动产业发展和城市转型方面，发挥了重要的作用。而文化产业园区的入园企业，则以不断完善的市场主体和日趋规范的微观运行方式，通过知识共享和借力发展，以融合创新共同带动了传统产业转型，激发了文化创造力，塑造了新的城市名片。例如在许多优质文化产业园区中，均有一部分致力于盘活存量资源实现成长并拉动园区发展甚至区域增长的骨干企业，它们一方面通过推动产业转型和接续产业发展，延长链条，整合资源，实现多元发展；另一方面则把与企业功能高度重合的城市功能剥离出来，重塑城市品牌，通过创造核心产业彻底转变城市形象，实现了城市转型。以景德镇陶瓷文化博览区、嘉祥石雕文化产业园和潍坊杨家埠民间艺术大观园等园区为例，这些园区依托骨干企业的力量，以文化产业项目激活区域内生增长动力，形成了以文化产业集群方式扭转资源枯竭和产业粗放发展的格局，将文化业态创新的思维模式赋予诸如陶瓷陶土生产、石料石材加工、风筝手工艺品制作等传统行业，以更高附加值和更新发展理念，激活了城市文化要素、刺激了群众消费需求、转变了增长方式和调整产业结构，对展示城市风采、提高城市竞争力和美誉度、知名度等起到不可替代的作用。

2016年，文化产业园区为文化企业提供的多层次、灵活的知识网络更加成熟

并更具有复制性和拓展性。文化产业园区进一步成为使文化企业主体间可以更好地通过知识共享，创意阶层间的创意碰撞，产生创新氛围的创意空间，文化产业园区也更确切地成为使企业因弥漫着“产业空气”而具备更强创新能力的平台载体。

（二）引领创造，加速新型城镇化进程

促进三次产业融合发展，强化产业支撑，是新型城镇化建设的内在要求。城镇化不仅转变了农民的身份，而且转变了农民的观念，使市场意识和商业意识逐渐渗透到农村生产、生活中。以文化为驱动力的方式所引领的就地城镇化，在尊重文化发展规律的前提下，挖掘先进文化基因，传承民族文化传统，有效破解了人口城镇化滞后于土地城镇化的困境，践行并创造出“看得见山、望得见水、记得住乡愁”的新兴城镇化路径。

2016年，伴随城镇化进程而诞生的许多文化产业园区，以自然村为单位，以农民为生产主体，以传统手工艺生产或休闲农业经营为主业，实现了“就地城镇化”，创造出城乡融合、产城一体、文化生态与文化旅游结合的新业态。例如成都市三圣花乡景区以政府为引导，以城乡统筹、促进文化消费为出发点，依托五个自然村落因地制宜发展文化产业，依托统一改造后的农居，采取自主经营、合作联营、出租代管等方式，通过发展乡村文化旅游促进了当地农民增收致富，创造了“就地城镇化”的文化范式。此外，许多国家文化产业示范基地还深入挖掘农村手工艺文化资源，把优化农村产业结构与弘扬传统文化结合起来，创造了特色文化集群。例如在青海吾屯热贡文化艺术村446户农民中，从事热贡艺术品业的便有437户，占全村总户数的98%。热贡艺术品销售收入已成为村民的主要经济来源，在推动农村发展、促进农业结构调整、增加农牧民收入方面起到了带头作用。泰兴提琴文化创意产业园所在的溪桥镇有乐器厂56家，从业人员占全镇劳动力总量的72%。当地70%以上的工业收入来自于提琴生产，有效解决了农村剩余劳动力就业问题。类似的整村推进的就地城镇化方式还有云南易门滇鉴陶文化创意产业园、红河个旧锡文化创意产业园、剑川木雕文化产业园、芒市珠宝小镇等，它们将农民从个体生产和经营体制中解放出来，以现代企业制度实现分工与合作，大大提高了文化产业的生产效率。

2016年，我国文化产业园区以特色文化产业为核心，以骨干文化企业为龙头，通过入园区化发展的集成集约模式，在一定程度上回答了如何以文化的力量推动城

镇化进程，以文化的特色赋予城镇化灵韵的问题，并为文化企业寻求特色突破和解决资本困境提供了有效的接口。

（三）深度融合，创新文化商业新模式

文化产业园区和文化企业的无缝对接，不但可以提升城市或旅游景区的知名度，也可以为旅客提供丰富多彩的演出，在满足旅客精神文化需求的同时获得良好的经济收入，带动周边区域发展，还可以培育演艺人才，整合演艺资源，形成多极效应。因此，文化与旅游的融合是文化产业园区中企业应用较为普遍、成效也较为明显的一种发展模式。旅游的优势体现在市场，文化的优势体现在内涵；文化与旅游结合，既有利于放大旅游的载体，也有利于文化的传播。

2016年，许多文化产业园区通过文化旅游融合发展实现了园区的持续增值，而其入园企业，则借助跨界类项目，实现了运营突破。其中，不乏许多借助一个企业甚至一台(个)剧目(项目)而叫好又叫座的园区。浙江宋城集团控股有限公司、承德鼎盛文化产业投资有限公司和桂林广维文华旅游产业有限公司等多家企业，便体现了文化产业深度融合的开发思路。它们分别投资开发的《宋城千古情》《鼎盛王朝·康熙大典》和《印象·刘三姐》等大型旅游演艺剧目，以区域特色文化为依托，以文化旅游为载体，以文化科技为表现手段，借助多元化资本运行，较好地实现了文化、旅游、科技与城市的叠加效应。值得关注的是，这些企业本身也不断创新，致力于多元行业嫁接和多种产业融合的跨界发展，依托剧目(项目)而衍生出以文化旅游为新业态的产业园区(主题公园)。例如以旅游文化综合体而见长的宋城集团，主营业务涵盖主题公园、旅游演艺、文化产业投资、主题酒店、景观房产、休闲商业、文化创意等领域，提高了文化及相关产业融合的广度、深度和跨度。

2016年，文化产业园区与企业深入融合所表现出的组织形态和行业特征，更进一步说明，从“单兵作战”到“抱团取暖”并借力区域文化产业实现快速增长，已经成为我国文化产业发展的重要经验。而以协同创新为组织形态，以跨地域、跨行业和跨所有制的方式整合资源，提高企业竞争力，也成为文化企业必须正视的问题。毕竟，文化产业发展不可能与区域经济发展相互割裂，区域间不断进行的要素交换和市场流通是文化产业成长的重要推力。

（四）共享空间，提高产业集聚集约化

作为一种有效产业组织形态，文化产业园区以文化创新、积累与共享为核心

特征，以地缘、资源和成本等要素配置为驱动力，重构了城镇空间新秩序。以产业园区的方式发展文化产业，有利于节约成本、提高效率、推进文化产业集成创新能力。而文化产业园区通过知识资源共享、优势互补、共同投入、风险共担方式打造共享空间，不但克服了单一主体创新资源不足的困难，又分散了风险，提高了创新能力和效率，[①]从而成为区域经济发展中富有活力和价值的经济实体，对区域发展贡献突出。

2016年，许多特色文化产业园区通过与本土居民共享文化发展空间，与文化企业共享产业拓展空间，实现了市场集约化和产业集聚化发展。以陕西华县皮影文化产业群、苏州苏绣文化产业群、甘肃庆阳香包民俗文化产业群、四川九寨沟演艺产业群和海口市大致坡镇琼剧文化产业群等为代表的文化产业园区，通过企业与产业、与区域的横纵联合，形成特色产业集群，逐步探索出“公司+农户+基地”或“一所一坊一街(镇)”的发展模式。其中，华县皮影文化产业群以5家从事皮影文化传播的单位、1个皮影培训机构、13家皮影演出班社、1个皮影雕刻专业村和11家具有一定规模的皮影雕刻工作室和企业共同组成，从事皮影雕刻、演出、装帧、刀具加工、营销、经纪、中介、培训等人员近2 000人，遍布华县全县的12个乡镇。苏州刺绣文化产业群则涵盖了镇湖全镇30多家工厂和320多家刺绣经营户，以及与之配套的40余家专业商店。全镇有8 000名妇女从事刺绣生产、3 000多人从事绣品生产销售等相关工作。由10家艺术团组成的九寨沟演艺产业群和由10家驻琼剧团、24家琼剧联络站的海口市大致坡镇琼剧文化产业群，以集聚和集约化的发展方式，提高了产业和城市发展效率。

2016年，新的城市发展观浮出水面，更加清晰。这一发展理念更加注重生产、生活功能的协同与土地价值最大化的复合，在此背景下的文化产业集群，成为城市与产业良性互动的有机整体，代表了文化产业发展趋势。在这一趋势下，未来的文化产业园区将更加注重与城市的融合，而如何在自身发展中，面向城市，面向城市居民，去创造新供给来引领未来的文化消费，则成为企业发展重要的方向。能否及时、动态地根据市场变化调整文化企业发展方向、规模和结构，合理配置资源，以获得最佳经济、社会和生态效益的整体布局，为文化企业的未来，提出了新的命题。

---

① 余晓泓. 创意产业集群模块化网络组织创新机制研究[J]. 产经评论，2010，(04):5-9.

三、文化产业园区和文化企业发展的趋势

(一) 文化产业园区与企业的融合将更加深入

在当今全球价值链分工体系下，产业发展的比较优势已不再仅仅体现为一个具体的产业或行业及特定的产品，而更多的是在整个价值创造链条上的环节或工序上要素禀赋的投入。[①]优化文化产业的产能结构，转变文化企业的增长方式是完善文化产业要素结构、实现文化产业园区内涵式增长的重要路径。在这一整体格局下，未来，文化产业园区与文化企业的融合将更加深入，主要体现在文化科技融合领域的市场思维继续转变，文化制造业融合领域的商业逻辑创新升级以及文化驱动城镇化领域的空间重塑等方面。

1. 文化科技融合发展将成为文化产业园区和文化企业集成创新的关键

随着文化创意与科技创新协同发展的工作机制的建立健全，文化生产、传播、展现、消费等环节的技术攻关力度也将不断加大，这将进一步推动文化创意与科技创新深度融合。而随着虚拟现实(VR)与增强现实(AR)产业发展面临的机遇期的到来，虚拟现实技术与电影、电视、游戏、设计、医疗等产业领域的有机融合，也将开辟出新的产业生态圈。如何加快文化创意在传统制造业各领域数字化、信息化进程，通过文化产业园区的组织形态，优化入园企业在文化科技领域的协同、互补和配套，推进文化产业园区的协同设计信息化平台建设，实现企业内或上下游企业间研发设计与生产制造、销售管理等环节的综合集成，将成为未来文化产业园区和文化企业共同努力的方向。

2. 文化创意与制造业融合将成为工业4.0的创新标杆

未来，随着文化创意与制造业的融合，以文化创意为特色的工业4.0，将开启文化产业园区和文化企业转型的新战场。未来，工业领域还将在全球范围内发挥越来越重要的作用，作为推动科技创新、经济增长和社会稳定的重要力量，制造业的改革创新依然是全球关注的重点。因此，文化创意促进制造业新产业、新业态、新技术、新模式发展的作用将进一步在全球化时代凸显出来。如何通过政府和市场的双重力量，加强传统产业园区的转型升级，从而使文化企业更好地顺应市场需求和

---

① 郭炳南，黄太洋. 比较优势演化、全球价值链分工与中国产业升级[J]. 技术经济与管理研究，2010,(06):130-133.

现代生活方式，融入传统文化和现代时尚元素，强化创意设计在产品创新、品牌建设、营销策划和质量管理等方面的作用，提高产品附加值，提升产业竞争力，也将给文化产业园区未来的发展赋予更多想象。

3. 文化产业将与城镇化进程进行高匹配度融合

未来，文化产业将与城镇化进程进行高匹配度融合，这也为文化产业园区和文化企业发展创造新的价值沃土。未来，以产促城、以城兴产的产城融合将成为城镇化建设的重要趋势。随着以城市为基础，承载产业空间和发展产业经济，以产业为保障，驱动城市更新和完善服务配套，进一步提升土地价值，以达到产业、城市和人之间有活力、持续向上发展的城镇化模式的应用，无疑，文化产业将与城镇化进程进行更高匹配度的融合发展。在这一语境下，文化产业园区如何抓住社群化发展趋势，更好地优化人居环境质量，突出地域特色，完善优化功能，提升文化品位，至关重要。同时，随着未来城乡统筹发展，推进新型城镇化、特色产业小镇和美丽乡村建设的推进，如何在历史文化名镇(村)、文物保护单位、传统村落和历史建筑的保护中，更好地发挥文化企业的力量，实现城市发展和公共文化服务的社会化，也为文化企业发展提出了新的命题。

（二）文化产业园区的市场逻辑将发生转变

当前我国正处于经济发展新常态，过去三十余年助推经济高速增长的人口红利、土地供给和粗放投入已逐渐不复存在，传统“三驾马车”投资、出口、消费对拉动经济增长的动力作用日渐不足，传统产业相对饱和、产能库存相对过剩、资源消耗相对巨大等问题日益凸显，中国经济正在进入增长速度换挡期、结构调整阵痛期、前期刺激政策消化期“三期叠加”的状态中。新常态既对中国经济社会平稳发展提出新挑战，也为中国各产业转型升级带来新机遇。

1. 文化产业园区和文化企业的发展将从“传统定式”向“创新思维”转变

未来，通过技术进步实现生产效率的提高和通过生产要素的重新组合实现资源配置效率的提高，将成为文化产业创新升级的双轮驱动。因此，文化产业园区如何突破简单的产业淘汰，通过理念创新、技术创新和文化创新实现企业(产业)内部和企业(产业)之间的优化升级，促进传统产业的价值链提升和与文化产业的深度融合，是当前乃至未来相当长时间内实现深层次的产业结构调整所要着力解决的问题。

2. 文化产业园区和文化企业的发展将从“文化领域”向“全域社会”扩展

随着信息技术高速发展和移动互联网的迅速普及，信息产业对文化创意和设计的需求、文化传播对数字化和网络化的依赖，要比任何时候更加迫切和强烈，二者双向深度融合所催生的新型业态，也比任何时候都更加多样多元。[①]随着科技的进一步发展，交叉互渗、产业融合成为新的发展趋势，文化产业的内外部边界愈趋模糊。在创意驱动和科技引领下，新业态频频出现，“文化+”成为相关产业转型升级的重要引擎，文化+制造、文化+设计、文化+旅游、文化+金融、文化+康养、文化+农业、文化+体育、文化+智慧城市、文化+特色小镇、文化+人工智能等频频引领产业发展新潮流。“文化+”横向拓展、纵向延伸，不断促进文化产业与相关产业的融合创新，这也将进一步使文化产业园区不再单纯以“文化”为核心命题，而是更加适应居民文化消费的新需求，不断适应城镇化发展的新趋向，不断向一二三产业和上中下游全产业链覆盖延展。在这一背景下的文化企业，也将更加专业化，行业精准化，将不断从“小文化”向“大文化”扩展，通过资源整合和跨界竞合，突破行业壁垒，创造产业空间，推动文化产业的繁荣发展。

3. 文化产业园区和文化企业的发展将从“浅层融合”向“深度融合”推进

未来，融合发展将依然成为文化产业跨界的主题词。在新的价值理念下，文化产业园区和文化企业的发展，也势必将从产业链源头向纵深方向不断推进，将文化、创意、品牌、情感、价值观和科技融入产品和服务设计研发、生产传播、展示体验、营销策划、增值服务的每一个环节，积极推进技术创新、业态创新、内容创新、模式创新和管理创新，积极促进创意设计与日常起居、公共社群、街区空间、城市更新、乡镇生态等有机融合，将文化创意发展成为弥散在业态生成发展中的产业美学和日常周边感知中的生活美学。可以说，未来几年中，产业融合从浅层次的技术借鉴、媒介交叉、生产合作逐步向深层次推进，将不断诞生新的产业形态、创新价值增值环节、改变现有产业结构，进而成为提升传统产业模式、影响国民经济增长方式的一种新的经济现象。

（三）供给侧改革将加速文化产业园区洗牌

文化产业供给侧改革的核心是加强优质供给，提高产业附加值，强化文化创意产品和服务的创意和设计含量，提升文化产品和服务的品质内涵，增强原创性和市场营销能力，是文化创意和设计服务转型升级的立足点，也是其面向整个经济社会发展的重要接口。以供给侧改革为契机，文化产业园区将进入洗牌期。不适应园区

① 管宁. 创意设计：引领经济发展转型升级[J]. 艺术百家，2015，(03):70-75.

发展理念和发展定位的企业，或者与园区主导文化业态关联不大的企业，将逐渐被清理出园区，而优化文化企业和产业结构的需求管理，也成为园区管理机构无法越过的命题。

1. 文化产业园区和文化企业发展将进入从供给侧到需求侧的转变的前奏期

未来5年，文化产业园区将进入从供给侧到需求侧的转变的前奏期，适应新的市场发展阶段和发展特征的园区顶层设计呼之欲出。随着新一代的创意设计理念的普及，文化产业园区将进入从供给侧到需求侧的转变的前奏期，如何更好地适应集成创新时代，消费升级和文化服务模式升级的整体要求，成为文化企业的基本要求。当前文化产业园区发展中存在许多问题，诸如文化产业园区空间的集聚黏度不强，园区整体创新性与互动性不强，园区价值链层级不高和集群竞争力释放不足等，均将随着供给侧结构性改革的整体推进而逐渐得到解决。因此，研究制定针对文化产业园区发展特征，适合文化产业园区驱动特征和空间特征的系统性政策，研究制定与区域经济社会发展契合度高，充分利用和发掘文化资源及区域禀赋并以此为基准，设计空间布局和产业布局的园区顶层设计，成为当前文化产业园区未来发展亟待解决的问题。

2. 将有更多传统产业将借力文化产业实现供给侧改革

未来，将有更多传统企业将借力文化产业园区实现供给侧改革，文化企业将面临更大的压力，但也面临新的机遇。文化产业供给侧改革侧重于引导市场中的创新力量去推动解决文化产品和服务领域高端供给不足的结构问题，对实现供求之间在短期和长期的双向动态均衡将起到重要作用。供给侧结构性改革的关键是要实现产业转型升级和附加值倍增，在这个过程中，文化产业将起到重要作用。传统产业如何借力文化产业实现嵌入式融合发展，传统产业短链如何通过品牌打造和衍生品开发实现向上下游延伸拓展，各相关产业如何通过“文化+”实现创意化的跨界升级，这些都是着眼于供给侧角度，从供给端创新生产思路，创造新的经济增长点的探索和实践。未来，将有更多的传统产业和传统企业，通过入园发展，实现转型升级。也将有更多的传统园区，适应供给侧改革提供更优质的文化服务。如何通过深入挖掘和大力激发文化消费需求，积极释放市场活力，努力向市场提供更多高品质、多元化的文化产品和服务，从而实现行业的洗牌，是摆在文化企业面前的问题。

3. 优化文化产业园区和文化企业的均衡式供需管理呼之欲出

未来，优化文化产业园区结构的供需管理迫在眉睫，营造稳定的文化经济发展环境，实现文化产业供给侧和需求侧，并互动发展，更是当前和今后一段时期文化创意和设计服务业创新发展不可回避的命题。供给和需求是文化产业管理中的两个方面。供给和需求是对立统一的，保持总供给和总需求的动态平衡是文化产业科学发展的重要条件。文化产品和服务的供需不平衡、不协调、不匹配，会导致文化资源在市场配置中的错配、错位和产业结构的扭曲、畸形。供给和需求又是相互作用的，发挥供给侧和需求侧的作用和功能，是文化产业既注重当前增长，又注重长远发展的有效路径。在文化企业快速更新的市场环境下，文化产业如何优化自身发展结构，应对市场进行动态性调整，提高产能效率，转变发展模式，提升产业层级，是文化产业发展的关键。文化产业园区如何更好地通过自我管理和组织优化，为文化企业创造更好的发展空间、发展环境和发展氛围，仍然任重道远。而随着以“跨界”为新供给特征的现代文化市场体系逐渐凸显出新的趋向，以“大文化”为纽带、打通经济发展时空关联的动力机制，也将为文化产业发展构建新的市场秩序。

(撰稿人：齐骥、徐亚玲、冯明园，中国传媒大学)

第十一章 文化企业品牌建设

- 文化企业品牌建设的意义一则在于文化产业本身的转型升级；二则在于我国宏观经济新常态背景下“文化+”模式的开启：目前活跃在我国授权市场的IP品类分布中，文化娱乐行业授权占据重要地位。无论是从“文化资源大国”到“文化产业强国”的跨越，还是实现从“中国制造”到“中国创造”以提升国家在全球经济体系中的话语权，品牌建设都是我国文化产业发展的必然选择。
- 品牌建设依附于企业整体战略，更需要借助爆款产品的影响力完成产品品牌与企业品牌的协作发展，同时还应该注重创新与坚守的平衡；从文化政策的角度而言，做好制度建设和多重举措并举，助力文化企业品牌建设。

在密集利好的文化政策、不断优化的市场环境以及互联网等技术支撑之下，我国文化产业呈现蓬勃发展之势；在势头强劲、数量优势的基础之上文化企业品牌建设正逐步提上日程。这既是文化产业特性的现实呼应，也是产业内部转型升级的必然要求，更具有国民经济新常态背景下供给侧结构调整的战略意义；泛娱乐化发展与深耕垂直领域的品牌定位并存，新媒体时代的品牌整合传播正当时，跨界融合发展成为骨干文化企业品牌影响力、创新品牌内涵的发展趋向，品牌资产运营驶入快车道。总体而言，目前我国文化企业品牌建设处于初级阶段，存在竞争力不足、品牌意识不强、运营水平不高等诸多问题；品牌建设依附于企业整体发展，更需要借助爆款产品的影响力完成产品品牌与企业品牌的协作发展，同时还应该注重创新与坚守的平衡；从文化政策的角度而言，应宏观制度建设和微观多重举措并举，助力文化企业品牌建设。

一、文化企业品牌建设背景

品牌建设契合文化产业基本特性、顺应相关文化政策，更是当下我国文化产业转型升级的必然选择。

（一）理论背景

文化在人类社会发展史中一直扮演着重要角色，戴维·思罗斯比曾把经济比喻成有点肥胖、贪嘴、不修边幅的男性，而将文化艺术比喻成衣着考究、令人捉摸不透甚至有点勾魂摄魄的女性。伴随着资本主义的扩张，特别是在科学管理与“福特主义”被广泛推行之后，物质产品供给大幅超过基本消费需求，人类步入供给丰裕的消费社会，无论是鲍德里亚所强调的“随着社会生活的规律的消解，社会关系更趋多变，更少通过固定的规范来结构化，消费社会也从本质上变成了文化的东西”还是杰斐逊所认为的“遍及社会领域的惊人的文化扩张，我们社会生活中的一切……可以说都已变成了‘文化’”[①]。

① [英] 迈克·费瑟斯通著，刘精明译. 消费文化与后现代主义[M]. 南京：译林出版社，2000:12-21.

在这样的一个时代，戴维·思罗斯所言的不相般配的男性和女性走到了一起，文化也被赋予了消费的意涵，符号和意义成为消费的新驱动，文化产业也是在这样的背景下产生的。因此，精神性消费是文化产业的本质之一。有学者认为“文化生产就是一种符号性创意的生产”①，而品牌对于文化消费的精神性和符号性有密切关联，甚至有学者认为“文化品牌是文化产业的灵魂，应聚焦品牌引领产业的发展范式”②。

“品牌”一词来源于古斯堪的维纳亚语“brander”，意思是“燃烧”，是牲畜所有者用以识别他们动物的工具③。品牌是商品经济的产物，其最初的产生目的在于防止被竞争对手假冒，目的在于占领市场、获取利润；文化消费具有高不确定性和强网络效应的特点，文化生产具有高固定成本和低边际成本的特点，在行业关联方面具有高产业关联性、强行业渗透性的特点，文化消费、文化生产和文化产业方面的这些特性使得文化企业通过授权的方式实现品牌资产经营兼具必要性和可能性。因此，较之于传统产业，文化品牌建设可降低文化生产风险、增加产品附加值、实现多轮营收，更具建设的必要性。

（二）政策背景

2016年6月20日，国务院办公厅印发了《关于发挥品牌引领作用推动供需结构升级的意见》指出“发挥品牌引领作用，推动供需结构升级，有利于激发企业创新创造活力，促进生产要素合理配置，增加有效供给，提高供给体系的质量和效率等”，明确了企业品牌建设的战略意义。在此之前，国务院办公厅于2016年5月11日转发的文化部、国家发展改革委、财政部、国家文物局《关于推动文化文物单位文化创意产品开发的若干意见》中明确提出“加强文化创意品牌建设和保护。促进文化文物单位、文化创意设计企业提升品牌培育意识以及知识产权创造、运用、保护和管理能力，积极培育拥有较高知名度和美誉度的文化创意品牌。依托重点文化文物单位，培育一批文化创意领军单位和产品品牌。建立健全品牌授权机制，扩大优秀品牌产品生产销售”。2017年中国品牌授权行业品类分布如图11-1所示。

2017年4月19日，文化部正式发布的《文化部“十三五”时期文化产业发展规

① 向勇. 文化产业导论[M]. 北京：北京大学出版社，2015:70.

② 谢京辉. 文化品牌：文化产业的灵魂——基于上海文化产业发展的问题[J]. 探索与争鸣，2014，(7):52-55.

③ 凯文·莱恩·凯勒. 战略品牌管理(第3版)[M]. 北京：中国人民大学出版社，2009:3.

划》中将“加强文化品牌建设”作为“扩大有效供给，更好满足需求”的重要内容：鼓励和引导文化企业提升品牌培育意识及知识产权创造、运用、保护和管理能力，积极培育拥有较高知名度和美誉度的文化企业品牌和文化产业品牌。实施文化企业品牌建设行动计划，显著提升文化品牌公共服务水平。

作为渗透性更强的行业，文化企业品牌建设的意义一则在于文化产业本身的转型升级；二则在于我国宏观经济新常态背景下“文化+”模式的开启：目前活跃在我国授权市场中的品牌品类分布中文化娱乐行业授权占据重要地位。无论是从“文化资源大国”到“文化产业强国”的跨越，还是实现从“中国制造”到“中国创造”以提升国家在全球经济体系中的话语权，品牌建设都是我国文化产业发展的必然选择。

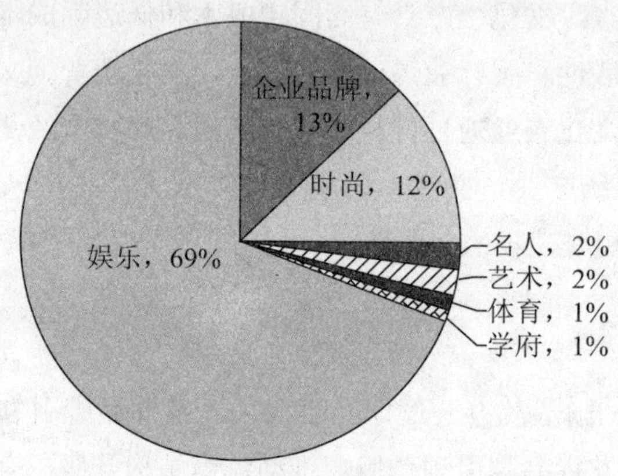

图11-1　2017年中国品牌授权行业品类分布

数据来源：中国玩具和婴童用品协会与德国GFK集团《中国品牌授权行业2017年度发展报告》

事实上，文化品牌建设一直是我国文化政策制定中的重要内容。如文化部文化产业司连续多年实施动漫品牌建设和保护计划，重点支持在国内外有一定品牌影响力的动漫产品，对入选品牌的建设保护和宣传推广给予资金支持等。

（三）产业实践背景

在密集利好的文化政策和不断优化的市场环境以及互联网等技术支撑之下，我国文化产业呈现蓬勃发展之势。国家统计局数据显示，2015年全国文化及相关产业增加值27 235亿元，比2014年增长11%，比同期GDP名义增速高4.6个百分点；占GDP的比重为3.97%，比2014年提高0.16个百分点；自20世纪末文化部文化产业司成立标志着文化产业正式驶入快车道以来，我国文化产业在历经高速发展之后也进入一个需要总结提升的历史阶段。依附政策支持、人口红利的产业发展模式面临着升级换代的挑战，在此背景下，文化企业也需同步调整企业经营策略，进入品牌竞争的时代。其深刻的时代背景是以下几大因素共同作用的结果：①产品同质化；②消费感性化；③营销渠道权力结构改变；④资源配置中的品牌核心化；⑤产品生命周期缩短，更新换代加速；⑥ 消费者时间稀缺[①]。

2016年的电影市场，虽然有《驴得水》等中小成本的“黑马”电影，但除了春节档的《美人鱼》外，现象级、大影响力的重工业大片并没有延续2015年的《捉妖记》《寻龙决》等喜人景象，而拳头型文化产品才是文化产业转型升级的重要抓手。有竞争力、有传播力的大片预算大、难度大，需要大公司牵头完成。2015年的《寻龙决》便是汇聚了万达影视、华谊兄弟和光线传媒等几大影视公司的资源强强联合的产物。因此，培育强势品牌企业在中国电影产业乃至整个文化产业实现规模化、规范化和真正的工业化发展具有重要意义。

再以互联网经济为例，第39次中国互联网网络发展状况统计报告显示，截止到2016年12月，我国网民规模达7.31亿，互联网普及率为53.2%，较2015年底提升2.9个百分点。网民增长率趋于稳定成为我国新媒体产业重要且持续的发展背景。人口红利的减弱和互联网渗透率的触顶，优质内容价值凸显，伴随而来的是围绕粉丝群体、借助多种业态实现产业链拓展的盈利模式的变迁，文化企业进行品牌建设显得尤为重要。另一方面，国家统计局数据显示，截止到2013年末，小微文化企业占到全部文化企业的98.5%，其中微型文化企业占77.1%。从这一数据也可看出，当前我国文化企业散弱小的情况依然明显，缺乏有竞争力的知名品牌和骨干企业。

总之，无论是产业自身的转型升级的阶段特征还是文化产业在宏观经济新常态中所承担的转方式调结构的使命都指向从量到质、从人口红利到多轮营收的品牌建设之路。

二、文化企业品牌建设内容

文化企业品牌建设包括企业品牌、产品品牌、项目品牌等多个层次以及品牌培育、品牌传播以及品牌管理等核心环节。

（一）品牌定位：泛娱乐化发展与深耕垂直领域并存

2016年奥飞动漫正式更名为奥飞娱乐，从“奥迪玩具”到“奥飞动漫”再到

① 苏勇，陈小平. 品牌通鉴[M]. 上海：上海人民出版社，2003:1-9.

“奥飞娱乐”，企业更名的背后是战略转型以及随之而来的企业品牌价值诉求，也即品牌定位的升级。事实上，这种泛娱乐化发展的品牌定位已成为当前具备一定实力的文化企业的集体选择。

泛娱乐化的品牌定位调整既包括上下游产业的贯通，也包括多种业务形态的兼具。中国文化企业在此时出现跨界融合、泛娱乐化品牌定位的趋势原因如下：从文化产业特性来说，文化娱乐行业消费内容的互相替代性，全产业链运营降低文化内容制片风险，对优质内容的充分开发可实现多轮营收以及为用户提供更为丰富的体验等多重因素使得全产业链运营成为文化企业的具体选择；中国文化产业在政策利好以及市场驱动以及技术助推等多重因素下已经步入快车道，产业主体实力也随之增强，在此背景下，通过泛娱乐化定位、全产业链发展寻求更为稳定和更为持久的运营方式；此外，基于文化行业良好的发展前景，传统行业等外来入侵者特别是互联网企业打破了既有的竞争模式，使得文化企业加速寻找更符合产业特性和当下竞争环境的品牌建设模式。总之，泛娱乐化品牌定位发展逻辑清晰，可为文化企业可持续发展提供路径。如图11-2所示。

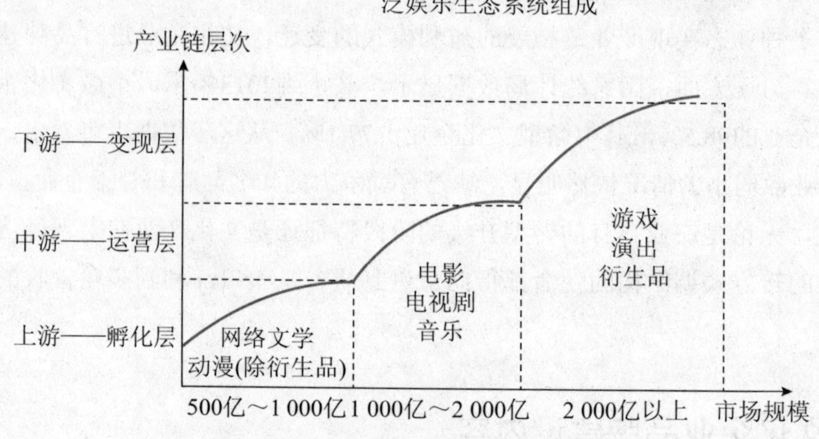

图11-2　泛娱乐战略与文化企业持续发展

资料来源：腾讯研究院《泛娱乐生态发展报告2016》

以影视企业为例，中影集团、上影集团、华谊兄弟、光线传媒以及新生的互联网影视公司合一影业以及乐视影业等都在积极部署跨界融合的泛全产业链战略。在具体实施过程中，依据基础强势业务、所处行业位置以及未来发展战略选取不同的路径。泛娱乐产业整体竞争格局如表11-1所示。

表11-1　泛娱乐产业整体竞争格局

互联网生态——嫁接型	阿里巴巴	腾讯	小米	百度	
IP互娱生态——联动型	37游戏	奥飞娱乐	游族网络	完美环球	蓝港互动
多元生态——矩阵型	华谊兄弟	光线传媒	华策影视	昆仑万维	互动娱乐

数据来源：中娱智库

另一方面，在泛娱乐化市场火热的同时，垂直深耕项目所独具的发展潜力也正逐渐显露，小而美的文化内容企业因其更灵活的管理、更包容的氛围等优势对创意人才的吸引在一定程度上保证了优质内容的产出，以此为品牌定位的文化企业焕发出了活力，这种现象也越来越普遍。互联网打破了传统的时空间隔，亚文化快速发展，今日如日中天的二次元也曾是非主流文化，用户逐渐因不同的审美和价值倾向而裂变成一个个小圈子；另一方面，伴随着消费升级而来的是用户的选择标准从此前的性价比、大品牌而转为商品背后的个性表达、身份象征、群体归属以及情感认同等。互联网时代这种消费趋势以及品牌定位更为明显：如深耕嘻哈文化的比达传媒、主打移动互联网电子商务的口袋购物、聚焦播客内容的喜马拉雅及考拉FM、基于兴趣的新闻聚合APP今日头条以及一点资讯、孕妇专用健康类可穿戴设备快乐妈咪等。

文化企业品牌定位中的跨界趋向与垂直趋向都具有一定的产业逻辑，产业主体的品牌定位选择也是动态调整的。事实上，若干大制片厂和无数小制片厂融合共生也一直是好莱坞的产业生态，因此从宏观视野看，当下我国文化企业产业结构正在朝着一个良性生态发展。

（二）品牌传播：新媒体时代的整合传播正当时

以互联网为代表的新媒体是当下文化企业品牌传播所依据的主要背景，带来了机遇和挑战。新媒体语境的意义一则在于企业品牌传播渠道的变迁，二则在于企业品牌传播思维的调整。

CNNIC数据显示，截止到2016年12月，中国网民互联网普及率为53.2%，2016年中国网民的人均上网时长为26.4小时，以互联网为代表的新媒体渗透到消费者除睡觉以外所有的时间段。在用户媒介使用习惯改变的当下，借助报纸、电视等传统媒体进行企业品牌形象传播的模式正面临挑战，而依托微博、微信等新媒体渠道进行品牌传播是传统文化企业互联网化的重要内容。故宫淘宝、故宫博物院两大新浪微博官微以及相应的微信公众号的软文推广，诙谐风趣、卖萌耍贱的文风实现了从

“高冷”“距离感”到“亲切”和“接地气”的品牌形象转换；通过新媒体渠道中的点赞、转发、评论等用户反馈汲取营养反哺品牌内涵的修正以及品牌传播的指导也是新媒体给予文化企业品牌传播的新红利；互联网语境为文化企业精准用户营销提供技术上的可能性。

“很多公司眼中看到的品牌，只是印在产品包装上的名称和商标，他们忽略了以下真相：真正的品牌其实是存在于关系利益人的内心和想法中”[①]，关注顾客心智也是品牌建设理论发展的重要趋势。企业品牌传播一直都关注目标用户群体，互联网语境下被赋权的用户在企业品牌传播中所占据的话语权越来越重。如何洞察用户需求，从其视角出发传播企业品牌成为当下文化企业集中探索的内容。2016年，网易云音乐将一度深深打动听歌者的歌曲评论，印满了杭州市地铁一号线和整个江陵路的地铁站。事实上，围观歌曲下面的评论也是用户选择网易云音乐的原因之一，而这次将精选出乐评以这样的方式展示出来是一种洞察用户情感需求的品牌传播，最终刷屏朋友圈，并引发包括人民日报、新华社等媒体的自发报道。2017年4月12日，网易云音乐在召开的发布会上宣布用户突破3亿，在音乐行业几乎被BAT完全整合的天幕中撕开一条口子，这与其一直以来真正地呼应用户需求的品牌传播思维有紧密关系。

（三）品牌管理：初级始发阶段的积极探索

文化企业品牌管理包括品牌形象维护、品牌内涵创新以及品牌价值开发等环节。总体而言，此层面的品牌建设尚处于萌芽始发阶段。

文化企业品牌形象多与社会责任关系密切。“中国30年改革开放伟大历史进程，存在一个最深层的驱动力就是资本意识的觉醒”[②]。这种新自由主义经济思潮中凸显的注重经济效益的导向也反映在文化市场即注重娱乐的文化产品的崛起，收视率、票房等经济指标的比拼、进而带来了过度娱乐化和低俗化等问题。在此背景下，承担社会责任、保护产业生态以维护企业形象的文化自觉性并不强烈，特别是忙于赚快钱的小微文化企业。与此同时，也有文化企业开始尝试文化公益活动。如由华谊兄弟旗下明星和员工共同发起成立的“华谊兄弟公益基金”已经让越来越多

① [美]汤姆·邓肯著，廖宜怡译. 品牌至尊：利用整合营销创造终极价值[M]. 北京：华夏出版社，1999:11.

② 张雪魁. 市场经济与社会主义相结合的三个命题及其哲学基础——30年改革开放的经济哲学思考[J]. 社会科学研究，2009，(3):134-140.

的贫困儿童免费看到好电影，改善贫困地区儿童的精神教育为使命，其核心公益项目是在打工子弟学校、贫困地区学校搭建寓教于乐一体的“零钱电影院”。

文化企业发展中会因为市场环境的变动、关键技术的变迁等因素适时调整、创新文化企业品牌内涵。于中国文化企业而言，当下最主要的创新取向是互联网化即赋予企业品牌内涵以互联网基因。其中最主要的途径是业务形态的互联网转型，在此背景下，传统文化企业开始涉足网络游戏、网络视频等新兴业态。影视领域以电视剧起家的华策影视、主打电影制片的华谊兄弟以及专注电视节目制作的光线传媒不再“专一”，纷纷将触角伸向了互联网领域。华谊兄弟于2015年正式将“互联网娱乐”确立为三大业务板块之一；华策影视于2015年将公司定位为“互联网化的综合娱乐传媒集团”，发布实施的2016年SIP计划意在打通互联网和影视娱乐接线，对剧目、电影、网络剧、游戏，乃至电商衍生品等全产品线进行设计和一揽子运营；光线传媒也于2016年完成了对猫眼电影的股权收购，取代新美大成为最大股东。

三、文化企业品牌建设典型特征

在“文化+”和“互联网+”的多重驱动之下，跨界融合发展成为文化企业扩大品牌影响力、创新品牌内涵的重要趋向，伴随而来的是资本化和国际化战略；此外，文化企业品牌资产经营驶入快车道。

（一）跨界融合成企业品牌建设主趋向

文化产业因文化的无形性和渗透性，审美经济和消费升级的市场需求变迁背景、国民经济新常态、传统产业转型升级的产业变迁背景以及文化的无形性和渗透性推动了文化产业的跨界融合，与此同时，“互联网+”为文化产业融合发展提供技术背景。打通产业链、跨界融合以拓展发展空间，赢得先机成为文化企业的集体选择。

从2016年“全国文化企业30强”的名单可以看出，众多“文化+科技”“文化+金融”“文化+旅游”等跨界融合新业态集体亮相，“文化+”的融合发展已经成为骨干企业的发展趋势。福建网龙网络在网络游戏主营业务的基础上推进在线教育、布局VR产业，同时将业务触角延伸至家居、美业等领域，是跨界融合发展的典范；深圳华侨城股份以文化旅游作为主营业务，同时设计文化演艺、文化艺术、文化主题酒店、文化科技等多重业务板块。总之，跨界融合在品牌建设中越来越重要。

（二）资本化与国际化的品牌拓展之路

通过投资并购特别是海外并购等方式，多业态拓展扩大企业品牌影响力或创新企业品牌内涵正在成为中国文化企业品牌建设的重要趋势。在企业投资并购过程中的财务、绩效等问题之外，作为企业无形资产重要内容的品牌也是这一趋势下的关键点。

2015年A股影视相关并购达76起，涉及资本2 000亿元。2016年影视行业扩张的脚步略有放缓，据Wind数据统计，2016年影视行业并购案同比减少10%，数量下滑的同时价格却依然高挺，相关并购总额同比增长182.64%，破600亿元大关[①]；海外并购的交易规模正在日趋扩大。2015年文化传媒行业金额超过100亿美元的并购交易占总交易额的比例高达38%，而这一比例在2013年仅为14%[②]。2016年1月12日，万达集团宣布以不超过35亿美元现金收购美国传奇影业公司，既是一种国家化品牌拓展，也是一种通过业务形态的补充实现品牌内涵更新的举措。

在经济全球化大背景下，已经没有企业能够跳出国际化战略思考问题，而文化娱乐行业特别是发展较为成熟的影视行业相关企业走向国际化已经成为不可阻挡的浪潮。万达、阿里影业、华谊兄弟、乐视影业等影视公司通过国际拍片、投资以及建立合资公司、海外独资公司等将企业品牌打向国际市场。2016年1月至12月，中国在娱乐休闲领域的对外投资总额度达到75.7亿美元，比起2015年同期的19.6美元翻了整整4倍；其中，影视产业又以63.9亿美元独占鳌头，相较2015年同期的4.13亿美元而言，其增长将近13倍。[③]

（三）品牌资产经营驶入快车道

品牌资产经营既是一种盈利方式，也是一种反哺品牌价值、扩大影响力的方法。以影视行业为例，好莱坞电影产业的90%收入是品牌授权，迪士尼集团堪称影视衍生品运营的全球典范，自1929年以300美元的价格将米老鼠的形象卖给一家生产写字板的公司开始[④]到1987年第一家迪士尼官方专卖店在加州格兰岱尔市开张营业，再到2014年动画电影《冰雪奇缘》中爱莎公主穿的裙子为片方挣得4.5亿美元，

---

① 唐弋. 电影公司投资并购成“家常便饭”[N]. 中国文化报，2017-01-14(003).

② 李明慧. 海外并购：新常态下的文化产业投资进阶之路[J]. 传媒，2016(21):16-18.

③ 普华永道中国.【A股加油站】电影行业——红火背后的整合与挑战[EB/OL]. 搜狐，[2017-04-25]. http://www.sohu.com/a/136462305_170401.

④ [美] 珍妮特・瓦斯科著，毕香玲等译. 浮华的盛宴[M]. 北京：中信出版社，2006:149.

迪士尼集团已经形成涉及服装、玩具和出版在内的7种门类的庞大的衍生消费品网络，品牌授权已成为其最核心的商业模式。

长久以来，我国文化企业品牌建设意识较为淡薄，真正落地的品牌资产经营更是少之又少。在“互联网+技术”和政策双重背景之下，图书、影视、动漫、游戏等文化内容产业与玩具、服装、家具、餐饮乃至地产、金融等传统产业的融合发展越来越明显，中国文化企业品牌资产经营特别是品牌授权驶入快车道。

中国动漫集团发展研究院发布的《2016中国动漫品牌授权产业发展报告》数据显示，2015年中国品牌授权市场规模为76.1亿美元(约合507.6亿元人民币)，占全球品牌授权市场的3.0%，同比增长23.9%，是排名前10位的市场中唯一年增速超过20%的市场。华谊兄弟、奥飞动漫以及深圳华强等占据优势内容的文化企业表现尤为亮眼。华谊兄弟2016年度报告显示，品牌授权及实景娱乐板块业务累计签约项目16个，营业收入较2015年同期相比增长362.34%；奥飞动漫企业的喜羊羊、吧啦啦小魔仙、铠甲勇士以及超级飞侠等核心IP所开展的品牌授权覆盖包括玩具、文具、服装、家具、日化等多个消费领域。

四、文化企业品牌建设的问题及原因

目前我国文化行业以产品竞争为主，品牌建设处于初级阶段，主要表现为竞争力不足、品牌意识不强、运营水平不高等诸多问题。

(一) 初级阶段，市场竞争力显不足

纵览我国文化产业发展历程，虽然目前我国文化企业品牌建设正在迅速崛起，数量和质量明显提升，在出版、影视、动漫以及文化旅游等细分领域都有一些龙头企业在努力经营自己的品牌，但总体而言，目前我国文化产业仍以产品竞争为主，品牌建设发展处于初级阶段，国际竞争力尤其不足。以杭州文化名片“西泠印社”为例，作为一家拥有全国重点文化宝物单位、国家级社团、国家级非物质文化遗产、中华老字号等“国字号”桂冠的国有文化企业，其企业品牌建设和当代发展并没有把具有历史性、国际性、人文性的独特魅力和广泛影响力的诸多名片的价值充分发挥，品牌建设之路任重道远。

此外，我国文化企业品牌存在着“两头大、中间小”的业态失衡状态。“两头大”也即传统的老牌子，如国粹等传统文化的世界认同度高，同时，与新兴科技

相结合的新品牌，如腾讯、阿里巴巴等新媒体、影视娱乐类品牌等成长快；“中间小”是指占绝大多数文化业态的行业品牌少，发展滞后，也即资源依赖型的文化行业如文化旅游、民族民间艺术、传媒业等占比很大却品牌较少①。这样的失衡则从侧面证明了我国文化产业在强势企业品牌国际竞争力不足的情况下，企业品牌整体竞争力不容乐观。

（二）认识不足，品牌建设意识不强

深厚的历史文化发展历程特别是新世纪实行文化发展战略以来，既有商务印书馆、中华书局等传统百年品牌，也有华谊兄弟、光线传媒等新兴文化品牌，在文化产业大发展、大繁荣的同时，文化企业发展水平参差不齐。国有文化企业是文化体制改革的产物，当下的主要议题是自我改造以及适应市场，其掌舵人普遍缺乏明确的市场意识和强烈的企业家意识，对品牌建设的重要性认识不足；而多数民营企业特别是中小型民营文化企业受限于资金实力、认识水平等问题，缺乏强烈的品牌建设意识。

此外，文化企业品牌建设是一个长期积累、不断调整的过程，需要不断地雕琢和完善。当前我国文化企业缺乏品牌建设的耐心，在商业资本的冲击之下，我国部分文化企业丢失了坚守文化本质精神的底线，使企业品牌陷入泡沫化和空心化的危险，以持之以恒的工匠精神和踏踏实实的坚韧态度做实文化企业品牌的意识普遍不足。

（三）执行力弱，品牌运营能力不强

品牌建设是一项长期性、专业化的工作，对管理素养、资金支撑以及专业人才都有一定的要求。目前我国文化企业品牌运营水平普遍不高，很多文化企业特别是国有文化企业并没有设立品牌运营部门，也缺乏专门的企业品牌建设和运营的战略规划和实施方案，也并未着力培养品牌策划和运营相关的专业人才；此外，投资并购是当前我国文化企业更新品牌内涵、扩大品牌影响力的重要举措，此过程中必然涉及原品牌与新品牌、主品牌与多品牌的协同整合问题，可能面临品牌延伸不当、品牌内涵冲突等风险，环境复杂，文化企业在品牌培育与保护、品牌危机处理以及品牌营销等环节的工作落实不到位。

最后，从外部环境而言，文化企业品牌资产具有无形性、易复制性等特征，容

---

① 欧阳友权，陈少峰. 文化产业如何走出品质增长之路[J]. 人民周刊，2016，(15):55-55.

易被盗版和侵权，当下文化市场环境不完善、制度不健全以及执法难度大等诸多原因致使文化企业品牌面临较高的维权成本；文化企业行业协会以及专业的企业品牌资产评估机构等第三方中介服务不完善也加剧了文化企业品牌建设的执行和落实不到位的问题。

五、品牌建设的企业对策及政策建议

品牌建设依附于企业整体战略，更需要借助爆款产品的影响力完成产品品牌与企业品牌的协作发展，同时还应该注重创新与坚守的平衡；从文化政策的角度而言，做好制度建设和多重举措并举，助力文化企业品牌建设。

(一) 精准用户，以爆款产品扩大品牌影响力

对文化企业而言，只有达到产品的美誉度要求，才能真正体现品牌的文化价值；只有具有前瞻性战略眼光、具备追求百年老店的文化自觉，才能塑造出具有消费者忠诚度的品牌。因此，文化企业品牌建设首先是一种文化意识，是一种追求卓越的精神，而不是一种简单的广告传播形态[①]。于文化企业而言，品牌建设的首要任务是注重文化产品的质量和文化服务的用户体验，文化产品的影响力是文化企业品牌建设的重要内容；当然，爆款产品的生产还需立足品牌定位、精准目标用户。在文化娱乐产品供给丰裕的当下，精准用户是占领其心智、在众多竞争者中胜出的首要策略。

华策影视被称为“电视剧第一股”，2017年上海电视剧制播年会数据显示，2016年90后观众最爱电视剧排行榜前10名中华策影视出品的《亲爱的翻译官》《解谜》《锦绣未央》《微微一笑很倾城》占据4个席位。2017年至今，其出品的现象级电视剧《三生三世十里桃花》与《孤芳不自赏》等作品收视颇佳，打响了新一年的开门红。事实上，观察华策所出品的影视剧可发现其聚焦的是90后、00后年轻群体的审美需求，这也与有“95后老太太”之称的华策影视掌舵人赵依芳所制定的“年轻化战略”(基于新生一代已成为当下影视剧的主流收视人群，华策影视在内容创作上将更加注重精品化、年轻化、互联网化)一脉相承；在精准用户群体的基础上，通过连续出品多部爆款电视剧迅速打响华策影视企业品牌的影响力。

① 陈少峰. 张立波. 文化产业商业模式[M]. 北京：北京大学出版社，2011:135.

（二）加强协作，注重品牌创新与坚守的平衡

文化行业特别是文化传媒领域普遍存在着产品品牌知名度大于企业品牌影响力的情况。影视、图书等文化产品是消费者最直观的感知载体，一本影响力颇广的《谁动了我的奶酪》打响了中信出版社的品牌，一部票房破纪录的《泰囧》捧红了走向大银幕的光线传媒，一部好评如潮的《琅琊榜》让山东影视传媒集团走向台前。企业品牌背书有助于文化产品打开市场，而文化产品的影响力又可以打响更具持久力的企业品牌，进一步巩固企业品牌的口碑和辨识度；而将独特价值依托在单一产品或者项目上的做法有一定的风险，不利于企业整体价值最大化。产品品牌的品类区分和内涵一致的前提下，产品品牌与企业品牌可达成协作优化的效果。

成立于1986年的广西师范大学出版社自成立之初坚持在学术人文类、思想文化类图书出版领域积淀和努力，2010年推出以“想象另一种可能”为理念的“理想国”产品品牌，2013年推出践行“开启民智”为宗旨的“新民说”产品品牌，2014年推出“魔法象”产品品牌，此后陆续推出“小阅读”“神秘岛”“纯粹”等系列产品品牌，以取得良好市场反应、社会效益的诸多文化产品形成品牌矩阵最终将广西师范大学“人文启蒙”“气质有异，品质如一”的企业品牌形象打响。

此外，企业品牌建设是动态的过程，如何保持品牌内涵的创新与核心价值的坚守是其中的核心命题。成立于2012年的今日头条以“没有编辑”和“全是工程师”主打的“个性化推送”新闻客户端。今日头条算数中心数据统计显示，2016年累计激活用户7.0亿，较2015年增长84%；用户平均日使用时长为76分钟，较2016年增长38%；平均日活跃用户量7 800万，较2015年增长105%；用户平均日阅读咨询量35次，较2015年增长58%。历经4年的高速成长，在亮丽的关键数据之外，今日头条也开始探索新的发展模式。2016年发起中国新唱将的线上音乐视频选秀节目，面向社会征集演唱视频，挑选优秀音乐人，并于2017年初宣布以流量＋收益的形式邀请8组独立音乐人入驻今日头条，开启“扶持独立音乐人的计划”，正式布局音乐行业；2017年3月与芒果TV达成平台级战略合作，芒果TV将开发自己旗下所有综艺节目的短视频内容，以入驻头条号的形式对节目内容进行分发。在个性化阅读客户端之外，今日头条亦在积极探索新的发展模式。为应对盈利模式单一的发展困境而引入的多样业态必然使企业在发展价值观和企业文化方面面临新的抉择，如何坚持“技术起家”和新的品牌内涵之间的平衡是今日头条等诸多实施业务转型、品牌动态建设的文化企业所面临的问题。

（三）完善制度，做好文化企业品牌建设的外部环境

文化企业品牌建设关乎文化产业持续、良性发展，关乎经济新常态背景下国民经济转型提质，是一项系统性、长期性的工作，因此需要从国家顶层设计层面出发。日本政府早在2005年就启动了以“推动日本品牌战略——向世界传播日本魅力”为标题的日本国家品牌战略，并于2009年制订了“日本品牌战略行动计划”；韩国政府也于2009年成立了由时任总统的李明博直接领导的国家品牌委员会，如遇重大的品牌管理项目，委员会就召集相关部门及有关企业、行业和专家学者进行综合管理和统筹协调。日韩两国的经验表明，我国应由文化部等主管部门牵头成立专门的行动计划，形成涵盖专项政策、重点项目、重大工程、核心企业等多层次的战略计划，同时鼓励各地政府据此形成配套的专项扶持计划和行动方案，实现组织领导、战略方针以及具体方案等多层次保障；此外，还应该鼓励成立国家级、区域级文化企业品牌促进会以及相应的中介服务机构，制定文化企业品牌认定标准，开展区域间合作交流。

健全的知识产权保护和管理政策是我国发展文化产业的重要战略，更是文化企业品牌建设的重要保障。对版权的控制、对盗版的打击一直是迪士尼集团的工作重点。曾任迪士尼商品营销授权部经理的保罗·普雷斯勒说过“卡通人物是我们公司的根基，反映公司的形象；因此，我们有必要控制谁可以有权使用以及如何使用”[①]。早在 1991年迪士尼就曾发起过大规模的对123家加州公司和99家俄勒冈公司的法律诉讼[②]。加强知识产权保护是我国文化产业当下以及未来很长一段时间内始终如一的重要命题。

（四）多重举措，辅助文化企业品牌建设的执行问题

品牌建设之于文化企业发展壮大的重要意义已普遍为产业主体所共识，而实践现状的不尽人如意更多地与资金缺乏、人力不足等问题导致的执行不到位有关。因此，除做好制度建设，完善外部环境等宏观举措之外，还需要实施多重举措，辅助文化企业品牌建设落到实处。

首先要做好资金支持工作。通过项目补贴、贷款贴息以及绩效奖励等多重方

---

① Disney Files Sues 200 People for Copyright Infringement， UPI Regional News Release，6 Oct. 1988.

② “Disney Files Suit against 123 California Cons，99 Oregon Cons” ，The Entertainment Litigation Reporter，22 July，1991.

式加强对文化企业品牌重点项目的资金支持；各地区重点扶持文化龙头企业上市融资，支持已上市文化企业通过并购重组等方式加快发展，充分利用资本市场实现低成本并购扩张、产业整合和调整转型，提高文化企业市场竞争力。

其次，做好搭建平台工作。通过举办文博会、博览会以及文化节等形式，积极搭建文化企业品牌宣传推广平台；开展国家级、县市级文化企业认定、评选、表彰及推介活动；通过补贴策展、布展以及展位租赁资金的形式鼓励文化企业参与国内外文化产业博览会等，帮助文化企业扩大品牌影响力。

再次，做好人才供给工作。设立国家级、县市级由政府部门、知名企业行业协会以及高校机构等多重主体组建的团队为文化企业提供品牌建设相关的咨询和辅导服务；通过举办文化企业品牌建设和管理系列培训班以及搭建知名文化企业和相关高校产学研人才共建与输送的形式帮助企业走出品牌建设人才不足的困境。

(撰稿人：吴倩，浙江大学)

第十二章 创客空间与文化企业

- 我国创客空间的类型可以分为大型企业运营型、媒体驱动型、投资服务型、高校扶持型、政企校联动型、地产开发型等几种。创客空间的收入来源有投资入股分红收入、租金费、会员费和赞助、培训课程的收入、代售收入、行政与活动服务收入等。
- 本章将梳理我国创客空间的发展概况，分析创客空间发展的政策环境，从数量和质量两方面透视创客空间的发展特征。总结目前创客空间主要的几种类型，分析目前创客空间遵循的几种盈利模式。通过列举具体的案例，展示行业内融资与企业结盟、兼并的总体情况。最后总结创客空间目前发展存在的一些主要问题，并尝试提出相应的对策和建议，以期对创客空间与文化企业有所借鉴。

一、创客空间发展概况

近年来，我国创客运动氛围越来越浓，越来越多有创意、有想法的人参与到创客运动当中去，而其中创客和创客空间是最核心的部分，对整个产业链条的发展起到了至关重要的作用。与国外相比，我国创客空间的发展具有鲜明的中国特色。政府提出的“大众创业、万众创新”口号，将其提升到中国经济转型和保增长的“双引擎”之一的高度，充分显示出了政府对创业创新的高度重视。基于此背景，“创客”作为创新、创业的重要群体受到了政府和社会的重视，汇集创客的创客空间也因此走红。2016年，创客空间在我国继续以迅猛的势头发展。

（一）创客与创客空间

“创客”一词是近年来兴起的时髦词汇，泛指那些喜欢自己动手，通过创造与分析将想法变为现实的行动者[①]。“创客空间”在国外有很多种表达，诸如Hackerspace、Makerspace等，一般指的是一种全新的组织形式和服务平台，通过向创客提供开放的物理空间和原型加工设备，组织创客聚会，开设创客技术工作坊，从而促进知识分享、跨界协作以及创意的实现以至产品化。[②]

在我国的社会背景下，创客被赋予了“自主创业”的重要特征，“创客”一词往往与“大众创业，万众创新”联系在一起。“创客”被人们理解为是一群具有创新理念、创意想法的人。

创客空间是一种全新的开放式平台，提供创新创意分享的空间，配备制造物件所需设备和资源，支持创客将创意灵感转化为实物。在中国，创客空间常常是以“众创空间”一词出现被人们所理解。国务院2015年3月颁布的《关于发展众创空间推进大众创新创业的指导意见》，从大众创业的角度出发对其进行解读，认为众创空间是顺应网络时代创新创业特点和需求，通过市场化机制、专业化服务和资本化途径构建的低成本、便利化、全要素、开放式的新型创业服务平台的统称。

创客空间的价值在于分享大量的优质资源，降低创业风险。与传统的“企业

① 徐思彦，李正风. 公众参与创新的社会网络：创客运动与创客空间[J]. 科学学研究，2014，(12).

② 陶蕾. 图书馆创客空间建设研究[J]. 图书情报工作，2013，(14).

孵化器”不同，众创空间不只是提供针对创业指导、创业咨询等单一的内部资源支持，也不只是提供资金，销售产品或推荐人才等零散的外部资源支持，而是针对创业公司，进行具体的分析研究，提出针对性的解决方案的机构。

(二) 创客空间发展政策环境分析

我国创客空间在兴起之初就受到政府的支持与帮扶，受到国家顶层设计政策层面的高度重视和支持。其不仅仅表现在国家领导人对创客群体的关注，对创新创业行为的倡导，更出台了具体的政策将帮扶创客群体、促进创客空间发展的行为落到实处。

1. 创新鼓励政策

自李克强总理2015年1月探访深圳柴火创客空间后，创客运动便受到政府的支持和鼓励，这让“创客”们和各个“创客空间”备受鼓舞。2015年3月11日，国务院办公厅印发“众创空间”纲领性文件——《关于发展众创空间推进大众创新创业的指导意见》，此为国家层面首次部署“众创空间”平台，支持大众创新创业。

2016年2月18日，国务院办公厅印发了《关于加快众创空间发展服务实体经济转型升级的指导意见》。与以往普惠性的双创支持政策不同，此意见的重点在于促进众创空间向专业化发展，通过加快科技成果向现实生产力的转化，来增强实体经济发展新动能。

2016年3月11日，国务院办公厅发布《关于发展众创空间推进大众创新创业的指导意见》，提出发挥多层次资本市场作用，为创新型企业提供综合金融服务。同年5月，中共中央、国务院印发了《国家创新驱动发展战略纲要》。再次强调科技创新与制度创新、文化创新等多个创新要素相结合，推动发展方式向依靠持续的知识积累、技术进步和劳动力素质提升转变。

2. 税收优惠与资金支持政策

政府的税收优惠与资金支持政策为创客空间与文化企业的发展提供了有力的支持。2016年8月，由财政部、国家税务总局下发《关于科技企业孵化器税收政策的通知》，对符合条件的科技企业孵化器和众创空间享受免征房产税、城镇土地使用税、增值税、所得税等各项税收优惠政策。据上海财经大学官方发布的《2016众创空间发展报告》，截至2016年11月，全国享受政策优惠的创客空间数量已经达到1 337家，占全国创客空间数量的42.4%。

从地方层面来看，许多创客空间发展较为良好的地区均纷纷出台了相关的资金支持方案。除了宏观性的政府指导意见之外，还包括一些更加具体富有特色的财政支持政策。以杭州市为例，杭州市于2016年2月出台了《杭州市小微企业创业创新基地城市示范服务券和活动券管理办法(试行)》，推出活动券补贴方案。活动券是针对政府对第三方服务机构为创业企业、创业者提供公益性活动和服务的补贴。活动券支持的服务形式包括但不限于讲座、论坛、沙龙、路演、对接会等。

（三）创客空间发展特征

1. 分布特征

从发展数量上来看，我国创客空间数量呈现井喷式的增长。据上海财经大学官方发布的《2016众创空间发展报告》，截至2016年11月，全国共有创客空间3 155家。而这一数字在2015年时仅仅为50余家。国家科技部认定的国家级众创空间数量从2015年11月的第一批136个，增长到2016年2月的362个，到了2016年9月，不到一年的时间，国家级众创空间已达到839个。

从发展程度上看，优秀创客空间集中在国内几个政治经济实力最为雄厚的城市。根据艾媒咨询(iiMedia Research) 于2017年1月在官方网站发布的《2016年中国众创空间综合竞争力排行榜》，反映出了目前我国优秀众创空间的地域分布特征。该榜单从企业扶持能力、项目经验、服务能力、媒体影响力、专家评分等维度构建综合竞争力评估模型，对中国入选国家级众创空间的三批过千家众创空间进行评估，最终评选出2016年中国众创空间综合竞争力排行榜Top50。这些发展势头良好、实力雄厚的空间大多来自于我国经济最为发达的北、上、广、深等地区。其中，来自北京的有25家，占比50%，在数量上遥遥领先；6家来自上海，占比12%；深圳5家，占比10%；广州4家，占比8%。而其余的优秀众创空间则零星分布在武汉、成都、杭州、重庆、青岛、西安等几个经济政治相对发达的城市。

总体来说，尽管我国的创客运动相较于欧美国家起步时间较晚，2015年才在各地掀起大规模的创客运动浪潮。但我国创客空间在发展规模和速度上都呈现出迎头赶上的积极势头，基本形成了以北京、上海、深圳为三大中心的创客文化圈。经历了2015年井喷式的发展后，创客空间在2016年经历了行业洗牌，呈现更加理性的发展趋势。创客空间的文化企业从疯狂的横向扩张转而开始朝着纵深方向发展。从企业规模上来看，创客空间入驻的文化企业特征也从初创小微型逐步转向小微型企业与大中型企业相结合；从企业产品性质看，在许多互联网思维型企业的基础上，增加了不少发展硬件技术型企业。从地域分布看，逐步从城市地区向更加广大的城镇、农村地区延伸。

2. 行业投融资与兼并特征

不论是创客空间还是创客空间内的初创文化企业，都需要通过企业投融资活动来壮大自身实力，获取更大的效益。2016年，发展势头良好的创客空间受到了资本市场的青睐，先后完成了融资，获得数额可观的资金。值得注意的是，多个实力雄厚的创客空间纷纷“联姻”，宣布结盟或合并，该股兼并潮向社会传递出未来创客空间发展方向的重要信号。

(1) 行业融资

专业投资机构在2016年对创客空间表现出了极大的兴趣，创客空间经过2015年的快速扩张之后，已然形成一部分具有核心竞争力的企业，这些企业表现出了极大的市场潜力，并引起了资本市场的关注，多个知名投资机构都参与了创客空间的领投或参投。

表12-1为笔者根据各个创客空间官方网站发布的信息选取的2016年至2017年第一季度发生的比较具有代表性的创客空间投融资概况。根据表中内容可以看出获得融资的企业主要集中于准A轮至B轮融资的阶段，进入C轮融资的创客空间数量还属于凤毛麟角。从融资金额上来看，从千万元级别到上亿元的级别不等，获得融资后的空间估值最高可达到数十亿人民币。

表12-1　2016年至2017年部分创客空间投融资情况

创客空间名称	投融资情况	企业规模与现状
优客工场	2016年3月、6月、8月先后完成了3笔合计超过6亿元的融资，最新的一轮融资是2017年1 月，获得4亿元B轮融资，目前估值达70亿人民币	目前已在超过20个海内外城市落地，共拥有78个场地，已入驻1 510家企业
京西创业公社	2016年3月，获得光耀东方投资。金额未披露	场地运营面积达13万平方米，入驻企业达1 600余家，服务企业超过7 000家。出孵企业20余家，估值过200亿以上
纳什空间	2016年7月，完成2亿元B轮融资，由永柏资本领投，A轮投资人昆仑万维董事长周亚辉等跟投	拥有100个运营项目，20 000余个工位，2 600多个入驻企业
酷窝	2016年8月完成千万元级Pre-A轮融资	在全国8个城市拥有10个空间，总面积达到4.84万平方米
氪空间	2016年11月，完成由普思资本和IDG资本共同投资的A+轮融资2亿人民币	在全国10个城市开设了28个社区，平均入驻率超过84%

(续表)

创客空间名称	投融资情况	企业规模与现状
WE+	2016年11月，宣布完成Pre-A轮融资，投后估值为11亿元	签约空间数为28个，分布于全国13个城市，已签约工位数超过1.3万个
无界空间	2017年3月，宣布完成近1亿元A+轮融资，本轮融资由信中利领投，经纬中国跟投	在北京、天津两地共拥有13个空间。工位总数为5 000个，已为超过300家创业公司提供服务

不仅仅是发展势头良好的创客空间自身收到了来自资本市场的橄榄枝，在空间内入驻的企业和孵化的项目也一并受到了资本市场的青睐。例如微票儿获得C轮融资15亿，时空电动汽车获得B轮融资10亿，每日优鲜B轮融资2亿，游心旅行获得B轮融资1亿等。

(2) 行业兼并

2016年是创客空间发展的分水岭，一面是创客空间的数量继续增加，另一面是“良币驱逐劣币”的现象越来越明显。随着创客空间数量的增加，各空间之间的竞争也日益加剧，一些企业积极寻求通过融资、合作、战略入股等方式实现扩张。

表12-2为笔者根据各个创客空间官方网站发布的新闻信息整理分析得出的表格。它显示，多个知名创客空间通过结盟、合并、互投、收购等方式进行企业的升级与扩张，进一步优化自身资源，进行优势互补。可以预见的是，“强强联手”成为行业发展的大势所趋。单个众创空间在以后可能很难独善其身，并购和整合将大量出现，生态型的众创空间产业链将逐步形成。尽管市场上也涌现出了一批“独角兽”众创空间，比如获得约4亿元B轮融资的优客工场，但由于众创空间属于初创企业，本身就具有高风险特性，同时它服务的对象又是“缺钱”的创新创业者，因此抱团取暖成为创客空间的发展趋势。

表12-2　2016年至2017年一季度创客空间结盟、合并、收购情况

时间	创客空间结盟、合并、收购事项
2016年3月13日	纳什空间与36氪、氪空间共同结成战略合作伙伴关系，同时纳什空间的B轮融资引入36氪旗下氪空间战略入股，三方将在共享办公领域展开物业拓展、招商、企业服务等多层面的深度合作
2016年3月24日	优客工场与新锐联合办公空间无界空间签署合作协议，以战略股权合作的方式，参与无界空间的A轮融资。除此之外，优客工场和无界空间将在品牌推广、商务拓展、空间运营等方面展开深度合作，实现资源共享优势互补，并共同发起中国前沿联合办公联盟——万向空间联盟

(续表)

时间	创客空间结盟、合并、收购事项
2016年11月23日	北京大学创业训练营、车库咖啡教育学院、洪泰创新空间宣布结盟，整合三方优质资源和运营经验，对接产业资本，共同打造一个深度孵化的创业生态服务平台，为优秀的初创企业发展提供一整套孵化解决方案
2017年3月22日	无界空间同时宣布全资收购Fourwork(富空间)，并与中科院达成合作
2017年3月24日	WE+联合办公空间和酷窝办公社区宣布将以换股方式进行合并，交易结束后，酷窝将成为WE+的全资子公司，酷窝股东会获得WE+26%的股权，其中2%进入合并后成为公司的股权激励池；未来酷窝在华南的业务将成为WE+的华南大区，而酷窝其他的城市业务将由WE+接管
2017年4月26日	优客工场与洪泰创新空间共同宣布，双方已正式签署战略合并框架协议。合并后，新公司董事长将由毛大庆出任，联席CEO将由毛大庆、王胜江共同出任，优客工场与洪泰创新空间将保持独立运营，团队架构不变。扩大后的公司总体估值将达约90亿人民币

二、创客空间类型与盈利模式

不同的创客空间在建设和运营过程当中在背后起到主导作用的力量都不尽相同。而不同的创客空间也会根据自身的特点寻求最适合自己的盈利来源，形成不同的盈利模式。根据目前现有的创客空间来看，主要可以划分为六种类型。

(一) 空间类型

2015年，全国各地的创客空间在政府政策的推动下如雨后春笋般冒出，政府为其提供了大量的补贴和优惠政策。2016年，政府的角色功能慢慢弱化，新建设的创客空间类型也丰富起来。按照创客空间的主体建设者以及对发展起主导作用的程度来划分，可以分为以下几种类型。

1. 大型企业运营型

主导者通常为大型企业，利用其雄厚的资金实力以及资源调配能力，目标是未来能为孵化器主导者带来新模式，为上游企业带来新技术。基于企业现有先进技术资源，通过技术扶持，衬以企业庞大的产业资源为创业者提供高效便捷的创新创业服务。目前，国内三大运营商、百度、腾讯等科技型企业都已着手建立旗下孵化器，如微软创投加速器、腾讯众创空间、百度创业中心。

以腾讯众创空间为例，该空间以腾讯企业自身的社交生态为核心，为创业企业提供行政服务、技术外包服务、财务、法务、税务等企业服务和金融服务。此外，腾讯众创空间还通过与第三方合作，解决创业者招聘、融资、培训、媒体宣传等需求。

根据腾讯众创空间官方网站资料显示，该空间目前的运营范围已覆盖了华北、华东、华南、华中、西部地区，每个地区的开放城市数量为3～6个，主要为该地区政治经济发展程度领先的城市。其中北京地区的众创空间办公部分已实现入驻率近70%，入驻180余个团队约1 600人，入驻项目总估值近40亿，总融资额近6亿。腾讯众创空间依托腾讯公司强大的资源，已经帮助包括票务平台微票儿、在线教育平台阿凡题、运动游戏应用悦动圈等各具特色的文化企业获得数亿元的融资。如表12-3所示。

表12-3 腾讯众创空间全国分布情况

分布地区	开放城市	空间数(个)	共计工位数(个)
华北地区	北京、天津、哈尔滨	4	1 957
华东地区	杭州、上海、南京、苏州、金华	5	3 065
华南地区	广州、厦门、海口、深圳、福州	6	3 154
华中地区	武汉、南昌、长沙	3	1 960
西部地区	重庆、成都、西安	3	3 121

2. 媒体主导型

此种类型的创客空间发展主要依托的核心资源是平台自身持有的媒介传播资源。空间持有者依托自身庞大的媒介平台，凭借其对创业环境以及科技型企业的长期跟踪报道从而积累的经验为创业者提供多种扶持帮助。此种创客空间可以有效地帮助创业孵化项目极大提升项目知名度，同时提供各方面资源的对接。

比较具有代表性的是创业邦旗下的孵化器BangCamp和36氪旗下的孵化器氪空间。以创业邦旗下的BangCamp为例。创业邦是一个为中国创业者提供信息和服务的网站，旨在帮助中国创业者实现创业梦想。创业邦为创业者和风险投资人提供各种创业类最新资讯和实用知识手册。BangCamp是创业邦旗下的创客空间，致力于帮助中国最优质创新创业企业加速成长的加速计划，与上百家大企业对接，最重要的是为入驻的创客创业者提供200余家媒体矩阵的持续报道，可以极大地提高入驻小微企业的知名度。

3. 投资服务型

以资本为核心和纽带，手中握有大量丰富的投融资行业资源，与投融资机构构建立了十分紧密的联系是这类型创客空间的特点。针对创客有想法没资金的困境，强有力地聚集天使投资人、投资机构等，汇集具有潜力的初创项目，为创业企业提供融资服务，从而提升创业成功率。例如创新工场、车库咖啡、天使汇等。

创新工场的主要投资方向为人工智能和大数据、文化娱乐、在线教育、O2O及消费升级、互联网金融等文化科技领域。其主要投资阶段包括种子轮、Pre-A轮、A轮、B轮，C轮(会有选择性地进行跟投)。根据创新工场官网显示，投资项目数量超过300个，其中包括许多例如豌豆实验室、涂鸦移动、爱唱、红点、追追漫画等发展势头良好的文化企业。再如优客工场，该空间与包括真格基金、红杉资本、歌斐资产、创新工场在内的三十余家优质的投资机构和平台建立了合作关系。创客们可以通过线上、线下等多种渠道来获得投融资。有融资需求的企业将其商业计划书发送至优客工场投融资平台专用邮箱，优客工场将计划书统一发送给签约合作的投资机构，助力企业获得更多融资机会与投资者背后的战略资源。同时通过定期举办的线下活动，促进企业、会员与投资者的面对面交流。

4. 高校扶持型

高校扶持型创客空间建设发展主要依托的是高校资源。高校为创客空间的建设者或重要参与者，面向的服务人群主要是大学生创客。利用大学的教育资源，更好地实现产学研的对接，充分将高校大学生创客的智力创意资源与企业对接。目前该类型的创客空间主要集中在教育资源比较发达的地区，如北京、上海、杭州等地。

以上海财经大学创客空间为例。该创客空间位于上海财经大学武川校区的创业中心，面积接近400平方米，定位于集成多种资源，为创新创业的学生提供充足施展才华的空间。2015年12月第一次开放入驻申请，首批有25个项目入驻。截至2016年底已经先后有两批48个项目入驻。上海财经大学将学校创业指导服务和特色项目集结在空间举行。创客空间定期举行各类活动为创客们服务。例如“创客星期五”，每周五邀请投资人、媒体人一起与项目对接，开展项目路演；创客俱乐部，定期举办创业者沙龙或私人董事会来构造一个创业者自主交流的空间。

5. 政、企、校联动型

此类型的创客空间的建设主体包括政府、企业、高校，通过三方的资源联动，实现“政产学研用”相结合的模式，为文化企业提供较为全面、直接的帮助。这一类型的创客空间包括同一区域内的三方联动，更有跨区域的资源整合。

建于2016年7月3日的北京大学创业训练营厦门创客空间就是跨区域三方资源联动的典型案例。该空间是由北京大学校友会、思明区人民政府及厦门赛富创业投资管理有限公司三方合作共建，面积1 000余平方米，其重点服务对象是厦门乃至辐射海峡两岸的创业者。该创客空间依托北京大学的丰富教育资源，开设有80余门创业课程，提供深入的项目辅导。在获取资金支持方面，依托多家北大系投资基金与投资公司，实现投融资对接。通过提供创业教育、导师服务、政策对接、产业支持、初级孵化、投融资对接等系统服务，成功吸引了国内外，包括来自中国台湾、新加坡等优秀的文化创意企业。

6. 地产开发型

此种创客空间目前主要靠出租办公位，并且提供共享办公设备，网络以及出租办公空间为盈利模式。主导机构一般都为积极寻求转型的手握丰富地产资源的地产商。

例如SOHO 3Q就是依托母公司SOHO中国手中的地产资源进行转型升级的一个空间项目。SOHO中国在北京和上海城市中心开发和持有高档商业地产，目前SOHO中国已成为北京、上海最大的办公楼开发商，开发总量达500万平方米。SOHO 3Q是该公司旗下的共享办公空间项目，依托母公司丰富的地产资源，目前SOHO 3Q已成为国内最大的共享办公室运营商，在北京和上海的众多重要商务地区均有办公空间。

值得注意的是，以上总结的几种创客空间类型在现实当中并非是完全独立出现、互不交叉的。许多创客空间同时具备了其中的两种或更多的空间类型特征，在实际运营的过程当中充分发挥自身的固有优势，同时也在逐步完善自身的各项基础资源。

（二）盈利模式

单一的盈利模式往往会局限企业的发展，使企业陷入资金困境。一个行业形成成熟且多元的盈利模式对企业的发展大有裨益。相较于2015年，2016年创客空间的发展更为成熟，盈利来源也更加多样化，除了传统的租金费与会员费等，还包括服务费用、培训费用以及投资收益等。具体表现如下。

1. 投资、入股分红收入

主要指的是创客空间针对入驻的有潜力的项目，或者初创企业进行投资，或者入股，进而从项目获得的分红收益。随着创业热潮的兴起，越来越多优秀的创业项目被挖掘，对具有发展前景的初创企业进行风险投资获取收益，已成为目前创客空间获取丰厚利润的主要来源，也是众多商业大佬投身创客空间的主要原动力。项目投资虽然可能获得高额的回报，但也存在着巨大的风险，因此需要有很强的资本运作能力，以及很强的抗金融风险的能力。目前，创客空间对空间内的企业进行投资的主要方式是与投资机构开展紧密合作，由专业机构进行项目评估及主投，众创空间参与跟投的方式进行投资。投资的方式有两种：一种是资金投入，第二种是以租金或者服务费用的方式置换股权。这种盈利模式具有一定的风险性与高回报性的特征。

2. 租金费

租金费用包括了出租工位、出租办公场地，比如会议室、剧场等活动场地的租金。场地租金收入包括工位租金、物业租金、会客室租金、路演活动室租金等。目前，当地政府对创客空间或多或少都会给予一些政府补助，补助的入口就是场地费用。根据现有的工位收费标准，出租率需达到70%以上，才能勉强维持日常运营。现实情况是，我国目前大部分的创客空间场地使用率都比较低下，空间内的许多有效利用区域陷入闲置状态。以上海杨浦区的创客空间为例。该区域工位出租率超过70%的众创空间只有5家，只占总数的18%。因为大部分创客空间的租金水平都低于周边市场的租金均价，且由于创客空间入驻企业的流动性高，大多数初创企业在众创空间办公的时长一般在半年至一年，因此，单纯地依靠租金费用很难成为创客空间获得收入的主要来源。

3. 会员费和赞助

与工位出租费用不同，会员费是指创客空间为入驻的文化、科技企业提供各式各样的会员服务所收取的费用。会员费用的高低取决于该创客空间的资源拥有程度以及能够为企业提供什么样的会员服务。例如创客空间“酷窝”就提供了三种不同等级的会员服务，包括199元/年的银卡会员服务，399元/年的金卡会员服务，999元/年的钻卡会员服务。赞助指的是一些企业对创客空间的赞助和投入的广告费用。

4. 培训课程的收入

入驻创客空间的企业大多是初创型企业，缺乏创业经验与成熟的产品运营思维。针对这个问题，某些创客空间会提供一些课程培训，邀请行业专家或者空间内创业成功的创客对其进行培训，帮助其快速入门或者让创客快速获取某方面的技能。这部分收入主要包括众创空间给初创企业提供的各类有偿的创业服务及特色服务，服务定价往往因为众创空间自身资源特色及发展目标的不同，而有不同的价格标准。

5. 代售收入

创客空间为空间内入驻的会员企业提供产品展示的平台，并且帮助这些会员企业进行产品的代售。空间内的其他会员或者一些来空间参观的人可以通过这个平台购买创客最新制作的创意作品，包括软件产品和硬件产品等，创客空间从中抽取一部分的代售佣金。此项收入在创客空间总体收入当中的占比是比较低的，主要是为创客们提供一个产品展示交流的平台。以柴火创客空间为例，该空间不以营利为目的，主要收入来源是靠第三方赞助、会员会费、每周末的工作坊、寄卖创客作品以及场地对外租借的形式来获取经费，维持自身运营。

6. 行政与其他服务收入

包括行政服务和活动服务。行政服务指的是空间为入驻企业提供办公保洁，办公行政等服务，将入驻企业从日常事务中解放出来，专心做企业内容产品。活动服务则指的是通常情况下，对外开放度较高的创客空间都会有一些有趣的创客嘉年华活动或者快速制作一个创意产品的工作坊。不过，并不是每家众创空间都具备专业的服务能力，因此，许多创客空间都会选择不同类型的第三方服务机构进行合作，来完善自身的创业服务链。由于初创企业初始资金较少，能用于支付服务的费用往往也比较有限，因此目前这部分收入短时间内不会有大的增长空间。

三、存在问题与对策建议

2016年初，深圳众创孵化空间地库、孔雀机构先后倒闭。2016年10月26日，位于北京铭基国际创意园内的联合办公空间Mad Space宣布破产倒闭。同年10月28日，Mad Space全部入驻创业者搬离，而这个创业空间的运营时间不到一年。2016年，创客空间关闭现象的持续存在与红红火火的创客圈投融资景象形成鲜明对比。我们既要看到取得成功的创客空间的优秀之处，更要由表及里，看到这些关闭的创客空间背后所折射出来的行业问题。

（一）主要存在的问题

创客空间在经历了2015年几何式的增长之后，在2016年一面保持持续的增长之外，在年初也迎来了一波倒闭潮，一批经营不善的创客空间纷纷宣布关闭。创客空间的倒闭潮恰恰暴露出了我国创客空间在发展过程中存在的诸多问题。以下分几个方面具体说明。

1. 缺乏成熟的盈利模式

前文提到目前创客空间拥有多种盈利途径，但真正称得上是能为企业带去可观收入的成熟的盈利模式还尚未形成。一方面，依靠投资入股企业获得丰厚回报的企业目前只集中在金字塔顶端几家财力雄厚的创客空间。其余剩下的大部分中小创客空间目前还是主要依靠租金以及政府补贴作为重要盈利来源。在政策扶持期尚能勉强维持生存，一旦失去补贴可能就难以为继。另一方面，目前比较被看好的盈利模式是项目投资收入和股权分红，但受制于初创项目盈利的回报周期与风险问题，这一收入来源依然十分考验空间运营者的项目研判能力。同时，资金缺乏也成创客空间发展的又一棘手问题。曾位于北京铭基国际创意园的Mad Space，在关门前入驻率已达到60%，但没有后续资金支持，也未形成稳定盈利，最后以失败告终。

2. “众创”变为“众租”

创客空间的出发点是为创客们提供一个产生创意、实现创意的场所与空间，这不仅仅包括物理上的空间，更具有外延意义，例如一些隐形的空间服务。但目前存在的情况是，我国大部分创客空间仍然是为创业者提供办公场所，只有大概小部分成熟的空间能提供配套的注册、法务、财税、融资、推广等服务，而在这些众创空间中，能提供高质量全套服务的空间数量更是少之又少。这意味着，很多入驻众创空间的项目团队都只是找到了一个办公的场所，而不是获得了一个培育创业想法的平台。更有一些房地产商打着建设创客空间的旗号，实则是挂羊头卖狗肉，本质仍是为创客们提供一个办公的场所，而没有为创业帮扶配套设备和服务，仅仅为了骗取政府的政策优惠。创客空间的“众创”目标沦为了“众租”。

欧美国家的创客空间相对来说更加倾向于提供一个创意碰撞的场所，不被利益和绩效驱动。就我国的创客空间发展情况来看，由于一些地产商的介入以及逐利的商业本能驱动，出现了一些本末倒置的现象。例如深圳创客活动周某一活动场地的提供方是万科集团，由于种种原因，被一家名为深投控的公司夺标，导致在活动开始前仅一月内，要求参与到场的孵化器、创业咖啡馆等装修开业，最后举办地十分仓促。过度房地产化的创客空间，必然对创客空间以及文化企业的发展带来不良的影响。

3. 同质化现象严重

在经历了两年的疯狂增长期后，创客空间正在经历着重要的分水岭。2015年创客空间拿到大量政府补贴，生存盈利压力没有凸显。而从2016年开始，各地方政府的补贴正在逐步削减或取消，这就使得原先依靠政府补贴生存且没有核心竞争力的创客空间以及入驻的各个企业入不敷出，无法再继续生存下去，最终只能关门大吉。这与创客空间缺乏鲜明的品牌特色不无关系，同质化现象严重是目前现存创客空间存在的一大瓶颈。

在大众创业、万众创新的热潮中，众创空间等新型孵化器迅速成长，这对初创企业来说是一件好事。但过于快速的增长难免会产生泡沫，盲目地一拥而上、缺乏明确可行的行业标准，带来的问题就是各省市的创客空间遍地开花，但是同质化现象严重，缺乏鲜明的特色。

(二) 相关对策建议

优秀的创客空间是推动创客与文化企业发展的引擎与动力。推动创客空间进一步发展，最重要的是解决盈利与资金问题以及空间专业服务能力与品牌建设等方面的问题。具体可以从以下几个方面着手。

1. 完善盈利模式，健全投融资体系

盈利能力是衡量一个创客空间能否走持续化发展道路的重要指标。创客空间应当进一步完善盈利模式，拓宽收入渠道。事实证明那些不再局限于政府补贴与租金，将投资或者入股分红等方式作为主要盈利来源的企业更加容易获得市场的青睐。创客空间在笔者前文所提到的盈利途径之上还可以再探索出更加符合社会发展、符合企业成长规律的盈利模式，逐渐完善。盈利模式清晰的创客空间，一定会更加被市场所认可。

此外，还应注重健全投融资体系，为投资者与创客搭建中间桥梁。创客空间聚合了大量的创业项目，针对初创企业融资困境的问题，吸引投资机构入驻，这对双方而言都是一个良好的机会。创客空间需要健全空间内企业的投融资体系，促进投资流程标准化，从而加强创新链与产业链、资金链的对接。利用互联网、大数据分析等手段，培育更多富有活力的中小微企业。促进创客空间成为实现高效社交的资源配置平台，促进会员数量及社群价值的指数级增长。在拥有海量数据的平台，还可以通过大数据促进投资方了解创业公司，提升融资市场效率。例如腾讯众创空间推出的众创指数，每日监控、分析数千个细分数据维度，进行百亿级大数据计算，不断完善和细化行业数据，充分反映了行业和产品发展竞争情况，为投资人提供精准数据，优秀项目也可以在大量产品中脱颖而出获得投资人青睐。这样就使投融资活动更为高效。

2. 发挥政府引导作用，避免过度商业化

要解决“众创”变为“众租”的问题，就必须让创客空间的建设者和拥有者在建设空间过程中避免过度商业化，而政府在其中所发挥的引导作用是极其关键的。政府一方面要在宏观层面上把控创客空间的准入标准，另一方面又要提供精准的支持，降低众创空间建设和运营成本，调动建设主体的积极性，让创客空间建设者不用为了自身的运营问题而盲目追逐商业利益。要充分引导空间建设者与文化企业认识到自身的社会责任。具体表现为以下几个方面。

其一，加大政策支持力度。实行奖励和补助政策，落实促进创新的税收政策，引导金融资本支持，支持科技人员到众创空间创新创业，调动企业参与众创空间建设的积极性。值得注意的是，政府的支持政策不需要过多过细，需要满足稳定性强、有弹性、易执行的基本条件。在如何发展创客空间的具体细节方面无须规定得太严格，更多的是为企业提供成长的温床，提供便利、精准的外部支持。

其二，注重促进市场配置创新资源。创新本属于市场行为，由企业来供给、市场去调节。在未来的工作中，政府应切实转变思维方式，重点扮演规范市场环境的角色，逐步减少对各个创新领域的干涉，让企业成为真正独立的企业。让市场来发挥配置资源的决定性作用。政府促进行业采取市场配置创新资源的方式，对当前的稳增长和调结构有重大意义。

其三，一方面要鼓励龙头骨干企业围绕主营业务方向建设创客空间，鼓励科研院所、高校围绕优势专业领域建设创客空间。吸引优质文化、科技资源参与创新创业，推动科技型创新创业的发展。另一方面，注重我国创客空间的国际交流与合作，从国家层面引进外国优秀创客空间运营经验，同时促进本国优秀创客空间走出去。

3. 打造特色空间品牌，增强核心服务能力

针对创客空间同质化、单一化的问题，要注重打造空间特色，促进创客空间服务功能朝着多元化、专业化、精细化的方向发展，实现产品和服务的差异化。例如2016年9月于洛阳国家大学科技园成立的全球首家“声音创客空间”就是一个专业度极高的创客空间。该空间是培育和扶持声音创意科技产业的专业化服务机构，以文化和科技融合为支撑，以创新创业为动力，通过为声音创制团队提供研究、创作、开发、运营服务，促进文化和科技的融合，提升声音创意成果转化。

同时，注重增强空间的核心服务能力，包括软实力和硬实力，提升企业入驻率。从创客空间软实力层面上来看，要提高创客空间的服务水平，一方面要继续提供创业者可能需要的基础性服务，包括提升为创客提供行政管理、创业孵化指导、路演活动筹备等各项服务水平。另一方面，一定要随着时代升级，推出更有竞争力、有针对性的服务。整合优化资源配置，帮助他们真正解决创业路上遇到的瓶颈与困境，陪伴创业公司一起成长。从硬实力方面看，进一步提高最新科学硬件设备的拥有率，如3D打印机、刻字机、激光切割机、CNC加工中心、电子工作台等数字化制造机和快速成型机等通用硬件设施装备。

(撰稿人：张志铭，中国海洋大学)

第十三章 芒果TV：广电媒体的改革先锋

随着新媒介的产生兴起，传统媒体在历史发展的潮流中，面对着前所未有的巨大冲击。芒果TV作为湖南广电的新媒体，拥有“卫视传承+独特自创”的双核驱动力，硬件与软件双渠道共同发力，开创互联网电视O2O新模式，意在推动湖南广电组建传媒产业集团，进一步形成芒果生态圈。2014年，随着独播战略的实施，芒果TV进入了前所未有的迅猛发展时期，引发了传统电视媒体如何“触”网融合转型的深刻反思，为国内同行提供了典范，推动着中国传统电视业的新发展。

一、芒果TV的改革之路

芒果TV，是湖南广播电视台发展网络视频业务的新媒体机构，由湖南快乐阳光互动娱乐传媒有限公司(简称“快乐阳光”)负责具体运营，拥有强大的已有媒体渠道、内容制作资源、广告营销资源等支撑。同时，芒果TV的发展也影响着湖南广电产业链上下游的发展走向。

（一）芒果TV诞生

2006年快乐阳光成立，是湖南卫视致力于发展网络电视业务的新媒体公司。2008年开始启用芒果TV作为视频平台，其业务体系包括芒果 TV 和芒果营销，其中芒果TV即以试听互动为核心的“芒果网络电视台”和“金鹰网”，开始融合网络与电视的特点，是“三屏合一”的新媒体试听综合传播服务平台。

（二）入行电视硬件

芒果TV互联网电视是首批获得互联网电视牌照方之一，也是全国内容+播控双牌照持有者之一，拥有独特优势。2011年互联网电视正式上线，湖南IPTV业务上线。2014年，芒果TV与TCL推出双品牌电视机，同时还与众多家厂商合作推出近百款机顶盒与一体机产品，形成芒果TV inside产品家族。2016年发布自主智能电视操作系统MUI，2017年初推出自有品牌“爱芒果电视”。这一过程芒果TV以开放、拥抱的姿态实现多方合作、多渠道融合，建立起了“渠道+内容+终端应用+用户”的良性产业链生态体系。

（三）新芒果TV

2014 年，“金鹰网”与“芒果 TV”融合升级为“新芒果 TV”，形成全新的互联网视频平台。因为丰富的内容是芒果TV的核心竞争力，所以面对视频网站高额的购买资金，芒果果断打出“不销售，只独播”的旗号，开始实施独播战略，由《花儿与少年》全网独播拉开帷幕。在采取独播战略后，芒果TV相继将湖南卫视的综艺节目投放到该平台进行独播，其中包括热门综艺《爸爸去哪儿》《我是歌手》；王牌综艺《快乐大本营》《天天向上》，以及芒果自制栏目和自制剧独播；演唱会线上线下同步独家直播；360度湖南卫视跨年演唱会直播等。

（四）战略转型

“独特”成为芒果TV“独播”后的关键词。2015年芒果TV决定走独特路线，坚持内容驱动，坚持独特驱动、坚持独特策略驱动；不断完善基于互联网模式下的全平台、多终端业态；借势传统媒体支撑的天然优势，坚持“牌照方+互联网电视+互联网视频”的独特战略卡位驱动，持续探寻“独特”道路，突破常规渠道模式。在2017芒果TV年度发布会上，芒果TV公布其将布局“十三种独特”，着重在综艺、剧类、直播三大内容领域发力，推出以《爸爸去哪儿第五季》《2017快乐男声》为代表的超80档重磅节目，同时发布了芒果TV 5.0版客户端、网红明星养成计划“芒果练习生”，并宣布打造芒果创意孵化基金，构建现象级内容生态。

据最新数据显示，截至2017年2月底，芒果TV全终端日均活跃用户数已超4 700万(UV)，日常视频点击量已超2.2亿次(VV)，PC端视频播放月覆盖人数达1.85亿，手机APP下载安装量达4.5亿户，OTT终端激活用户达到5 065万，芒果TV运营商业务全国覆盖用户3 480万人，其中湖南IPTV为416万。

二、触网融合的业务版图

（一）互联网视频的制作与经营

在线视频市场规模不断扩大，2016年已达到1 462亿元。芒果TV的内容定义为“芒果独播+独特自制+优质精选”，包括提供湖南卫视节目、平台自制内容、颁奖典礼、演唱会网络同步直播等，以及精选热门电视剧、电影、综艺、动漫、音乐视频等版块。

互联网视频平台的产品大部分具有双重销售的特性，一方面来自于广告主，另一方面则来自会员付费。近年来，用户付费比例迅速提高，逐渐向追平广告收入方向发展。芒果TV最初的收入来源以广告为主，在实施独特战略后，进一步加大了版权交易、会员付费和直播收入，并且还在进一步开创更多的变现方式。如图13-1所示。

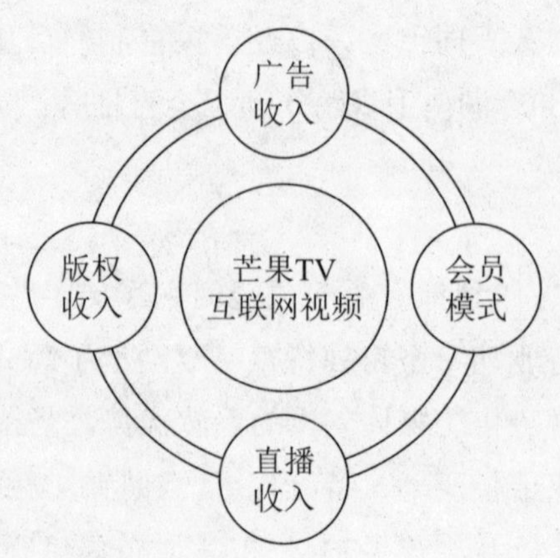

图 13-1　芒果TV互联网视频的主要盈利模式

1. 广告收入

互联网广告的优势使广告主开始减少在传统媒体上进行广告投放，纷纷抢占视频网站广告时段。2014年芒果TV的广告收入为6 000万，到2015年广告签约金额已经接近10个亿，呈现了十多倍的增长。在2015年，芒果TV的广告收入占90%，2016年广告收入只占50%，但实际上广告还是主要的盈利模式。

芒果TV的广告主要分为直接广告和互动广告两类。直接广告是最普遍的投放模式，以视频广告、页面广告、暂停广告、角标挂广告、视频播放器冠名等方式为主。互动广告是芒果TV越来越重视的“新玩法”，在互动广告方面，不断进行形式的创新突破。比如立体营销，将广告融于节目内容中，观众可以通过节目了解商品特性，同时在电商平台购买同款产品。

2. 会员模式

2016年芒果TV开始实行会员模式，通过个性化的内容，配合不同终端实现个性化收费。在几个月内芒果TV的付费会员突破600万，但是相较于优酷会员、爱奇艺、腾讯视频的上千万付费用户，芒果TV仍有巨大差距。芒果TV的会员分为PC移动影视会员，全屏影视会员，会员可选择的付费模式可以选择月付费、三个月付费、包年付费等。

3. 版权收入

2015年到2016年综艺版权价格翻了117%，电视剧版权价格翻了200%。面对如此火爆的版权争夺战，芒果TV有充足的优势。首先，芒果TV依托大量湖南卫视的资源，拥有独家的版权，是自身的独特优势；其次，大力发展自制内容，也拥有自身的版权，避免了版权纠纷和花费。

实行独播战略之后，芒果 TV 成为自身丰富内容的聚合地，版权交易急剧减少意味着芒果TV要牺牲掉一年将近2亿元人民币的版权收入，但是在实行独播战略的第一年，湖南卫视就得到了更多的收益。因为内容的分发和聚合都是在自身各平台之间相互传播，轮番升值，实现价值再造，有效地促进了芒果TV的品牌影响力和无形价值的积累，这是对长远战略的铺垫。目前，芒果TV又开始售卖版权，《2017快乐男声》在芒果TV与优酷双平台播出。

4. 直播收入

芒果TV顺应直播热潮，开辟直播频道，实现了多种直播内容。对明星的演唱会进行同步直播，实现“现场演唱+付费直播”的模式；网络综艺节目直播，实现用户即时投票、打赏等，以直播的方式促进即时消费，加强线上线下互动，这些都为芒果TV增收不少。

(二) 互联网电视产品

芒果TV与众多家厂商合作，推出机顶盒与一体机产品，形成芒果TV inside产品家族；推出自主智能电视操作系统MUI；推出“爱芒果电视”，相继推出青芒、星芒两大系列电视产品，正式进军硬件市场，突破传统电视仅作为硬件使用的特性，集合“硬件+内容+系统平台+服务+伙伴渠道”的优势。它的收入在于终端售卖，和依靠内容整合的优势，通过用户的收费点播实现盈利。

1. 运营商业务

芒果TV与我国主要运营商开展合作，业务覆盖全国，重点发展以湖南IPTV和IPTV＋为核心的旗舰项目，在省外打造各具当地特色的“芒果TV专区”。在移动增值方面，主要采取专区搭建、包月订购、内容点播等多种运营方式与中国移动、中国电信、中国联通三大运营商合作开展视频、阅读、动漫、音乐、游戏、语音杂志等业务，为用户提供内容服务。

2. 国际业务

芒果TV是海外市场拓展的先锋，海外覆盖超过一千多万用户，集内容运营、版权销售、平台运营、项目合作、活动推广、产业开发于一体。它拥有Youtube平台华语视频内容官方频道，订阅用户突破一百万；独家代理湖南卫视、芒果TV海量自制综艺节目和优秀影视剧集的海外版权发行，与全球多家运营商、OTT服务商、通讯运营商和硬件厂商建立了良好的合作往来，致力于优质华语视频内容的海外精细化品牌运作，打造有全球影响力的“中华文化走出去平台”。

三、双核驱动协同发展

为了实现企业整体价值最大化，芒果TV的商业模式采取多元复合的结构，核心为“卫视传承+独特自创”的双核驱动力，目的是为加强芒果TV的品牌影响力，以内容、平台、终端和产业链一体化运作为基础扩展自己的商业版图，进一步打造一体化芒果生态圈(如图13-2所示)。

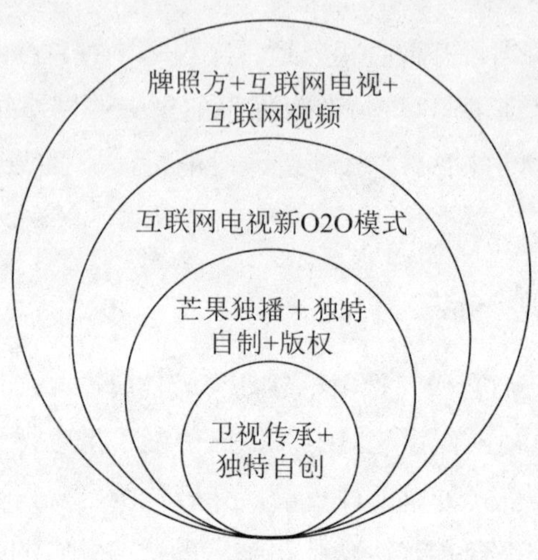

图 13-2　芒果TV一体化生态圈

（一）独特内容组合

芒果TV通过免费平台+独家内容的自制独播模式，使众多用户聚集在了这个新平台。2017年，芒果TV采取“芒果独播＋独特自制+版权”，在综艺、剧类、直播三大内容领域发力，以大IP+卫视IP衍生节目+众多轻小级别IP打造多元化、差异化IP矩阵。

1. 芒果独播

芒果TV承袭湖南卫视品牌栏目，独播的内容基于湖南卫视的一套内容生产的生态体系。[①]湖南卫视作为传统电视媒体在过去的几十年中，有了稳定的品牌，积累了口碑，利用内容核心打造出一系列品牌栏目，《快乐大本营》《爸爸去哪儿》《我是歌手》等优质内容成为芒果TV“独播战略”的最大保证，用户黏性极大，这

① 唐超.从独播到独特，芒果TV的极速进化——专访芒果TV市场营销中心总经理 曾华[J]. 中国广告，2015(8):54-55.

种品牌栏目带给了芒果TV最基础的内容和用户积累。2016年湖南卫视的电视剧、综艺占芒果TV内容的38%。从2014年4月独播战略起步开始，芒果TV视频点击量从百万级飞升至千万级，《爸爸去哪儿2》再次拉动芒果TV流量上冲。而在芒果TV发布的2016年战略规划中，显示目标用户量将突破4亿。①

2. 独特自制

只有丰富的内容才能站稳激烈竞争的市场。芒果TV除依靠湖南卫视的内容资源，也将重点侧重在综艺节目的自制和推广上，推出多种自制栏目内容。为了孵化一批自制内容团队，2016年成立芒果基金，投入1亿～2亿的资金请专门团队进行内容孵化。芒果TV的CEO丁诚称“将会培养200多家公司来和我们一起做节目，分享广告、分享权益、分享IP”。

(1) 自制综艺

芒果TV打出马栏山制造旗号，实现更加年轻、网络、潮流、个性化方式的表达。2016年《超级女声》首次由芒果TV作为网络媒体独立承办优质IP焕发现象级平台价值，话题阅读量超42亿；《明星大侦探》第一、二季总播放量破16.6亿，稳居同期网综排行榜第一；《半妖倾城》网络点击量直逼20亿，稳居同期网剧排行榜前三；《爸爸去哪儿4》全季总播放量超过24亿，话题阅读量突破406亿。②2017年的芒果TV也主要发力自制综艺，继续扩展延伸超级IP。

(2) 自制剧

芒果TV自制剧陆续推出众多网络自制剧。2014 年 11月1日，《金牌红娘》正式上线，标志着芒果TV网络自制剧由作坊式小成本影视向工业级影视制作转变。③2017年芒果TV剧类资源更加丰富，包括自制剧、投资剧、版权剧和顶级IP。

(3) 自制栏目

芒果TV主打独播栏目，针对独播内容进行多个维度的划分，突出重点内容特色，让品牌独播栏目凸显出来。自制栏目实现了芒果TV作为线上平台的特色实现，而不是单纯地成为湖南卫视的互联网搬运工。例如开辟新闻类节目《芒果捞星闻》，明星访谈节目《偶像万万碎》，轻娱乐节目《八卦鉴定事务所》，衍伸原创节目《听爸爸的话》，直播类节目《完美假期》《我是歌手》握手会等。

---

① 芒果TV发布2016年战略规划 目标用户量将突破4亿[EB/OL]. 21CN 科技，[2015-11-02]，http://it.21cn.com/itnews/a/2015/1102/15/30224238.shtml.

② 成洪荣.《芒果TV：耦合效应成就融合发展新模式》主题报告[EB/OL].慧聪广电网，[2017-04-20]，http://www.ttacc.net/a/news/2017/0420/46848.html.

③ 丁诚. 芒果TV 独步新媒体江湖[J]. 新湘评论， 2016，(6):17-18.

3. 版权节目

除购买优质版权剧以外，芒果TV努力争取国际颁奖典礼独播版权与国内晚会演出的制作权，如2017年奥斯卡金像奖、金球奖、艾美奖、格莱美大奖等诸多欧美国际颁奖礼；举办国内大型晚会；积极与海内外影视制作机构开展密集内容合作，一网打尽索尼、华纳等六大好莱坞电影公司影视剧新片及片库；与英国 BBC签订战略合作协议，这意味着它登上了国际舞台。①

独播模式的前提是依靠自身强大的内容，芒果TV凭借着“独播+自制+版权”的内容优势进一步提升品牌认知度，共同巩固了已有受众，还在不断吸纳新用户，使芒果TV的消费者品牌属性愈加明显。

（二）创新互联网电视O2O模式

1. 软、硬结合，形成一体化优势

芒果TV为布局自己的芒果生态圈，打造出互联网视频“硬件+软件”双渠道共同发力的互联网电视O2O模式，给用户带去一站式的体验。

以软件为渠道，实现三屏合一。2014年4月独播之后，以芒果TV平台为核心，逐步开发出移动端、PC端、互联网电视全网覆盖的渠道。在软件平台的版块上，2016年10月推出了芒果TV5.0版本，新增了直播、社交、变速播三大功能，单机位、多机位和个人直播三种模式满足各种直播需求。

进入硬件领域，抢占客厅市场。目前互联网电视(OTT)机顶盒、一体机正在逐步取代传统电视设备。芒果TV作为互联网电视的牌照方，有着发行硬件产品的权利。互联网电视正是芒果TV的主营业务之一。通过与电视机厂商合作推出电视；开发智能电视操作系统MUI；推出自有品牌电视。芒果TV布局硬件产业，顺应了打造高端硬件产品的发展趋势。在这一发展过程中，芒果TV不断探索创新，努力使自己处于高端产业链或者是产业链的高端，开始做比传统电视硬件更智能的互联网电视硬件，深入平常百姓家。芒果TV的互联网电视核心理念是“快乐的产品+快乐的体验”，把用户重新请回客厅，还用户一个快乐家庭。因为现在的用户越来越重视内容和品牌的吸引力，芒果TV的目的是让“用芒果TV看电视”成为人们的生活习惯。

形成独特的互联网电视O2O模式——线上旗舰店，线下体验店。线下的芒果TV互联网电视品牌体验店位于湖南广电粉丝楼，线上旗舰店芒果TV inside京东官方旗

① 丁诚. 芒果TV 独步新媒体江湖[J]. 新湘评论， 2016，(6):17-18.

舰店，用户可以在线下体验店通过一体机、机顶盒等实地体验芒果TV的产品和服务，然后在线上随时购买，这开启了互联网电视线下体验+线上购买的模式。芒果TV还推出家庭娱乐体验馆，通过流动的实体体验馆，加上游戏和活动实现与用户零距离接触。

2. 娱乐直播互动模式，线上线下联动

芒果TV不断创新与用户的互动方式，主打以直播的方式促进即时消费，加强线上线下联动的模式。娱乐直播是芒果TV根据互联网的及时共享性、互动性等特性，突破传统电视的局限，充分增强观众和节目的互动频率，调动了大家的积极性。2016年《超级女声》开启了一系列全新互联网玩法收获颇丰，总决赛直播1 000万人同时在线。全时全景直播真人秀节目《完美假期》更是打破了电视媒体的限制，充分调动起网友的参与热情，让用户不断在平台上聚拢发酵，形成越来越多的UGC。①这体现了娱乐直播的特性。

3. “边看边买”立体营销

由于芒果TV作为互联网视频平台的一云多屏特质，在营销上也充分利用该特质，通过节目内容为主线，与众多合作厂商合作，用户除了在观看节目获得娱乐性以外，还可以了解商品内容，实现“边看边买”。《完美假期》是立体营销的典型。节目将金融产品、速食饮料、网络游戏、家用电器等广告融入日常生活场景中，这一系列的互动加深了房客、粉丝与品牌之间的联系，观众们随着节目的发展，潜移默化地了解这些产品的特点和性能。② 该节目集结近了20家合作厂商，以京东和天猫为电商阵地，以合作厂商的全国卖场渠道和湖南数家社区为线下营地，基于优质独播内容开启系列营销活动，形成了一条互联网时代的“流量+社交+内容+电商”的完美供应链。

新型广告系统运用。芒果TV节目中的广告营销也在业界处于领先地位，它在2015年上线了自己的边看边买广告系统“灵犀”，通过高质量的广告运营在《爸爸去哪儿》《我是歌手》等热门节目登场，帮助多个广告主实现品牌曝光和实时转化。灵犀在《爸爸去哪儿3》中，将节目内容紧紧与旅游产品绑定在一起，建立起亲子旅游路线，形成了“内容即广告，广告即内容”的效果。这既是营销方式的创新，也是联合新技术的尝试。

---

① 芒果TV一“网”分饰多角，《完美假期》开辟真人秀红利新模式！[EB/OL]. 赛迪网，[2015-09-15]. http://www.ccidnet.com/2015/0915/10025740.shtml.

② 杨博.《完美假期》的“秀”道展示[J]. 声屏世界，2017，(1):40-41.

四、融合转型的改革策略

湖南卫视作为传统电视台之一，也面临着电视开机率下降、收视率下降、传统电视节目互动性不强的威胁。因为湖南卫视拥有独到的眼光，互联网创新思维，与时俱进地创立了芒果TV。芒果TV的转变突破了传统电视台的发展困境，找到新出路，实现成功转型，为其他传统电视台的转型升级提供了经验。

2016年，中国在线视频市场规模为609亿元，同比增长56%。随着用户规模扩大，用户使用黏性增加，预计到2019年将达到千亿级，这也就意味着互联网视频市场的规模将继续持续扩大。如图13-3所示。

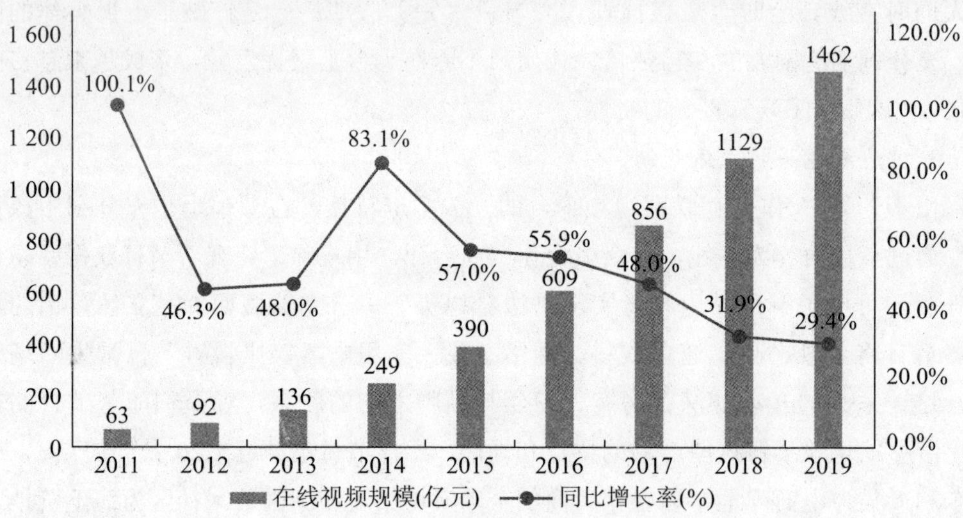

图 13-3　2011—2019年中国在线视频行业市场规模

资料来源：综合企业财报及专家访谈，根据艾瑞统计模型核算

（一）顺应发展趋势

1. 国家发展政策

融合转型已经在国家战略部署的规划当中，传统媒体与新媒体融合是大势所趋。当前大多数电视台在实际的发展过程中以电视台为中心，主要的工作目标和工作内容以促进传统媒体发展为主要方向，对新媒体的战略发展思考不足。传统媒体改变思想观念，意识到新媒体的重要性，成为需要迫切解决的问题。[①]传统电视媒

① 周行. 全媒体时代背景下地方电视媒体转型策略研究[J]. 当代电视，2014，(12):47-48.

体应该认识到发展趋势，制定战略，且战略必须具有前瞻性和计划性，并适时调整，通过把握市场及行业发展的趋势来调整发展方向、业务组合。

2. 注重互联网技术应用

随着互联网新兴技术的发展和运用，许多传统产业都开始运用大数据、云计算、移动互联网等。传统媒体必须与之相结合，才可实现转型。可以采用高新技术，建立数字化和信息化为依托的传统媒体，构建全业务数字网，使电视节目向着商业媒体服务商及综合信息提供商的方向转变。向着网络电视、电子商务领域发展，为传统媒体的发展开辟新的领域。[①]湖南卫视通过芒果TV实现了新媒体领域的转型，并且在内容上满足网友多样化、个性化需求，播出形式不断创新，实现了传统媒体向新媒体的转型。

3. 形成品牌意识

品牌是企业的经济价值和文化追求的表征，是企业形象、企业价值追求和企业无形资产的荟萃和凝聚。品牌既是一种文化积淀，也是一种需要把握的系统的知识。[②]传统电视台在向新媒体平台转型的过程中，成功的关键在于自身品牌的打造。

传统电视媒体在与新媒体融合的过程里，切忌盲目跟风随大流，在已经饱和的红海里面争得头破血流，应该结合自身特色进行转型战略的制定，注重品牌打造。尽管芒果TV在互联网视频行业属于后进者，但因为其具有丰富的内容资源的特性，对热门综艺节目的独播和自制能力，使其在三年内跻身国内视听行业的前五位，已经远远超出了一般省级卫视的影响规模。

首先，品牌积累是关键。传统电视台在向互联网转型的过程中，要考虑原先电视台的品牌积累。因为湖南卫视长期以来注重用户积累，以及在此基础上的文化品牌的沉淀，把自己和观众紧紧联系在一起。芒果独播战略的核心就是利用粉丝这种轻易扯不断、拉不开的特点，将散落在全网的内容停掉，放入自己专有的内容交互空间，构建自己的用户生态圈，快速成为网络视频市场有话语权的一方力量。[③]湖南卫视推出的芒果TV正式将自己已有的电视粉丝转移到自建的网络视频播出平台上，意义在于重塑媒体生态圈。在芒果TV独播战略实施之初，有人认为所谓独播战略是互联网时代的“闭关锁国”，但是事实上，湖南卫视反而通过独播战略完成了

① 韩锋. 媒介融合时代的电视媒体转型研究[J]. 新媒体研究，2017，(2):98-101.

② 陈少峰，张立波. 文化产业商业模式[M]. 北京：北京大学出版社，2011:55

③ 陈逸飞，金玉萍. 从芒果TV看传统电视媒体向新媒体转型融合的策略[J]. 决策与信息，2017，(2):105-112.

具有强大品牌影响力的传统平台的粉丝迁移。

其次，支持优质原创内容，满足用户个性化需求。进入全媒体时代，社会群体“多层分级”的极致表现使小众群体追求“个性化”并且讲究“定制化”，这也是现代社会发展的必然趋势，芒果TV播出除了湖南卫品牌栏目之外，自己生产大量的原创内容。用户进入芒果TV的界面，随处可以看到“独家独播字样”，芒果TV主打独播栏目，针对独播内容进行多个维度的划分，突出重点内容，让品牌独播栏目能够凸显出来。而未来，芒果TV也将提供上传优质自制节目内容的平台，进一步深化与受众的互动。

再次，打造组合品牌产品，充分利用内容资源，进行IP的深度开发。芒果TV除了继续保持娱乐化的特色品牌之外，还根据用户多样化的需求重新组合内容，推出组合品牌产品，发挥其娱乐优势，制作大量网络平台自制栏目，进一步深化娱乐栏目、幕后采访、独家专访的核心竞争内容，形成了差异化的组合品牌产品，为芒果品牌吸引更多的粉丝用户。

文化企业制定的战略绝对不是一成不变的，而要随着时间和社会等多方因素的变化做出相应的调整。芒果TV通过一年多时间实行独播战略，缩进版权，虽然损失了售卖版权的巨额收益，但是迅速培养起用户的观看习惯，这属于无形价值的积累。随后，在2016年的独播战略里，虽然再次分销《快乐大本营》《天天向上》等老牌综艺节目的互联网版权，但是对大部分用户来讲，芒果TV已经在他们心中树立品牌，养成观看习惯，其他商业网站的分流力度自然不如独播战略之前那样凶猛。

（二）互联网思维

互联网思维，注重“内容+平台+交互体验”的一体化打造。传统电视在朝着新媒体融合转型的过程中，要注重内容是文化企业最核心的部分；平台则作为内容展示的舞台，是重要的渠道，二者相辅相成；体验价值贯穿文化产品始终，是文化产品的灵魂，互联网视频平台的交互体验则为观众与内容和平台的一系列互动行为。与传统电视的节目与受众的关系不同，互联网将内容制造方与观众间的距离迅速缩小，观众可以随时随地与内容制造方进行互动，体验越来越成为互联网视频平台发展的重要一环。

1. 内容思维

媒介发展一直遵循“先技术平台，后节目内容”的发展规律，然而现在已经迅速发展的网络视频平台会促成更多的内容形式生成，目前致力于全新内容的开发，是抓住市场先机的法宝。而自制节目也不再停留在根据已有节目的周边开发，更多的个性化、定制化、符合互联网特点、迎合网民口味和习惯的节目应该成为市场的主角，这也是与传统电视的表达明显不同之处。

互联网文化企业要有竞争力就需要独家的产品资源，否则很难在互联网环境下生存下去，内容资源来自产品设计，而平台的成功取决于内容的独家化。[①]传统广电媒体要打造可持续发展的互联网视频平台，首先要注重内容的精彩与丰富程度。

(1) 内容自制

各家传统电视台在转战互联网视频平台时，想要进一步抢占市场，那就要不断强化自身优势，增强自制节目。芒果TV在自制节目方面，承袭了湖南卫视的综艺基因，继续主打综艺节目。但是单纯制作节目是不够的，在完善自制内容方面，还应该注重多种内容的补充，比如说遵循市场热点，选取热门题材，制作自制剧。独特的内容是独立运营的前提，大量独特内容的聚合，使芒果TV愈发具有独立的内容价值。这也是芒果TV在独播后时代，走向独特、迈向独立的重要布局。

(2) “一鱼多吃”

与传统电视制作不同的思维，“一鱼多吃”是对已有节目进行品牌栏目衍生栏目制作。由于传统电视媒体的播出限制，很多品牌栏目的相关衍生栏目都不能在电视台播出，但是互联网视频平台可以充分开发利用已有的节目IP，运用“一鱼多吃”的方法。芒果TV尝试基于热门综艺 IP 开发自制内容，例如《爸爸去哪儿》的衍生节目《听爸爸的话》《星妈的萌料》等。《大本营的后花园》探索王牌综艺《快乐大本营》后台发生的有趣故事，也是进一步挖掘王牌综艺的资源价值的一个可行的方法。

(3) 用户原创节目

UGC[②]模式是丰富和扩充内容的方法之一。充分发挥不同个体的创意，用户可以自己创作内容，通过平台分享给其他用户。用户不仅是视频的点击者、观看者，还是网络互动的参与制作者、导演者。芒果TV在这方面还在不断拓展中。

(4) 学习海外节目

如果创造的节目不够吸引人，自制能力缺乏，可以先学习借鉴海外优秀的节目，在此基础上进行创新。芒果TV为增加内容的多样性和新鲜度，买进大量外国高

---

① 陈少峰，张立波，王建平. 中国文化企业报告2016[M]. 北京：清华大学出版社，2016:3.

② UGC(User Generated Content)指用户原创内容，是伴随着以提倡个性化为主要特点的Web2.0概念而兴起的。

品质综艺节目版权，在借鉴过程中不断推陈出新。例如《明星大侦探》节目的创意源自韩国JTBC台的《犯罪现场》，芒果TV对其进行了本土化改造，在形式上充分创新，从节目设计上利用视频拖拽打造新型互动，突破线性观看。

2. 平台思维

新媒体的发展建立在技术融合的基础上，传统电视媒体需要充分利用科学技术优势，通过建立信息平台的形式，为与用户之间的互动提供有力的渠道。①平台是内容展示的舞台，是重要的渠道，传统电视在转型为互联网电视的时候，必然要打造属于自身的平台作为载体，平台应该做到覆盖多个终端。芒果TV作为一个互联网视频平台，为广大喜欢粉丝提供了一个观看节目的平台，在不断完善自身平台的同时，用技术加持内容，最终实现了“PC网络端口+互联网电视+移动终端”等多终端平台，形成全网覆盖的渠道。

3. 交互思维

观众与传统电视节目的互动方式，最常见的是观众通过手机给电视节目发送短信，短信内容通过精选的则在节目的下方进行滚动播出，这对于双方来说，反馈都具有局限性，且缺乏互动。随着人们越来越注重文化产品的交互体验，传统电视台在转型的过程中要注重交互思维的运用。

芒果TV采用了独特的线上线下联动模式。首先是直播互动模式。《完美假期》的网友互动弹幕总数六千余万条，缔造了独一无二的IP优势，将互动与节目完美融合。其次是文化产品的线下体验，线上购买。然后是注重粉丝管理，与粉丝互动，增强粉丝黏性。当互联网视频平台发展到一定阶段，必然会因为节目内容和自身品牌的影响力吸引粉丝，粉丝群体作为最热情积极的体验者，要促进平台的发展，必须充分注重粉丝经济。相比于在线视频整体用户，芒果TV用户在30岁以下年龄段的占比合计达到72.8%，高于行业整体水平，用户更偏年轻。芒果TV用户中的女性占比达到53%，高于在线视频整体中的女性比例近10个百分点。② 因此芒果TV十分注重对广大女性粉丝的管理，将CRM(用户关系管理)打通，通过打造线上和线下的粉丝社区，打造成一个新的粉丝聚集地，进一步提高节目热度和互动参与度，持续为平台注入活力。只有“内容+平台+交互体验”三方联动，全方位互动互通，将内容和技术产品开发，平台与用户交互融合，才能更好地形成一个新型媒介生态圈。

---

① 韩锋. 媒介融合时代的电视媒体转型研究[J]. 新媒体研究， 2017，(2):98-101.

② 数据来源：iUserTracker. 家庭办公版 2015.1，基于对40万名家庭及办公(不含公共上网地点)样本网络行为的长期监测数据获得。

在未来的发展中，芒果TV还将有更大的谋划和布局，以TV为内环、IT为外环、客厅为中心、移动为中枢的互联网电视OTT产品系和互联网视频MPP产品系为主体双核，带动OTT电视、视频网站、手机电视、IPTV、客户端APP、芒果大数据、网络云服务、终端设备等生态闭环业务的整体快速增长，成功建构起强大的“一云多屏+一云多景”视频运营体系，把芒果TV打造成为立足湖南、面向世界、引领全国、影响全球的新型主流网络媒体和新兴国际传播主体。[①]总之，芒果TV在激烈的竞争中不断推陈出新，以内容核心和独特手段，在发展中不断调整战略，在独播之路中走向独特，实现了更完善的布局。曾经被视为“搅局者”的芒果TV，俨然已成为我国传统广电媒体向互联网转型的推动者，是传统广电媒体的改革先锋。

(撰稿人：曾晨、张立波，中国海洋大学)

① 丁诚. 芒果TV 独步新媒体江湖[J]. 新湘评论， 2016(6):17-18.

第十四章 中华美食频道：充分发掘“IP+电商”价值

- 在“互联网+”的时代背景下，传统电视媒体面临生存抉择。中华美食频道创新商业模式，坚持“自制自播”，通过电视商务、电子商务、互联网广告等途径，成倍放大原创IP的内在经济价值。
- 以优质内容为轴心延长产业链，打造全媒体生态经济，形成跨行业、跨地区的文化产业集群，展现强盛的媒体生命力。
- 围绕“饮食文化传播与继承”高尚愿景，采用任人唯贤的升迁标准、上下层业务轮转的培养模式，运用个人与节目收益捆绑的激励手法，确保内部成员凝心聚力，维持基业长青。

移动互联网正重塑信息传播格局，蚕食电视等传统媒体的生存空间，颠覆人类传统的思想观念与行为模式。由于单向化、线性化、难保存等缺点，“电视为王”的浪潮即将退却，传统电视媒体承受巨大边缘化压力。非对抗性地借助互联网资源进行转型升级，不断增强互动性、娱乐性、易保存性，是电视媒体应对此困境的最有效的法则。

一、中华美食频道的转型发展

中华美食频道成立于2006年，是青岛广电中视文化有限公司旗下的有线电视付费频道。作为世界最大的中华美食视频制作与播放平台，其十余年的发展历程深刻地折射出电视媒体的转型之路。青岛广电中视文化有限公司于2001年成立，同年开拍旗舰栏目《满汉全席》。该栏目在CCTV-2财经频道的黄金时段播出，凭借独特的舞美设计、巧妙的环节设置、精良的后期制作、丰厚的饮食文化吸引大批观众。栏目组成员日渐壮大，成为中华美食频道运营团队的前身。

自开播以来，《满汉全席》录制数量近200场，影响力逐渐扩大。在该栏目基础上，栏目组筹划、承办了多届“全国电视烹饪大赛”，拍摄美食教学栏目《满汉全席之美食天下》和《满汉全席之美食娱乐城》，积累了良好口碑。子项目的增多、业务范围的扩展使《满汉全席》栏目组产生建立中华美食类专业频道的需求。2005年，数字付费电视频道——“中华美食频道”获得国家广电总局的申报批准；2006年，该频道正式成立；2007年，该频道成功落地香港、澳门、台湾等地；2008年，该频道播出的地域范围涵盖国内60多个城市，数字电视用户突破1 500万。[①]此后，该频道通过“中星六B”通信卫星将影响力扩大到亚洲多地乃至北美。目前，收视人数达1.34亿人次，国内400余座城市均在其覆盖面之下。

在每日不间断的放映时间内，频道播出近50档丰富多彩的美食节目。《行走的筷子》《丝绸之路上的美食》等龙头栏目在业界已产生广泛影响。频道深耕中华美食文化，旁及世界其他国家和地区的饮食习俗、历史地理等内容。在党和政府的大力支持下，频道被国家五部委评为“国家文化出口重点企业”，成为中华文化走出

① 赵庆丽. 论电视传媒的品牌运作[D]. 中国海洋大学， 2010.

去的优秀窗口。

二、以催化优质IP为轴心的商业模式

优秀的文化产业项目往往围绕一个优质IP向不同业态进行业务扩展，即“一意多用”，这成为文化产业链延伸与衍生品开发的最重要的形式。中华美食频道始终坚持将优质内容创作视为核心竞争力。人力资源部杜军先生曾述：“我们频道重点依靠较高的节目质量来提升收视率、增加好评，借助编导实力和拍摄效果来强化内容运作，从不使用话题炒作、明星炒作等方法。”在此理念的指引下，频道将“自制自播”作为内容供血源头，通过电视商务、电子商务、互联网广告等途径，成倍放大节目的内在经济价值，打造跨界融合的文化产业集群。

（一）自制自播

团队独立制作节目，在自有电视频道上播出，通过节目付费盈利是中华美食频道最主要的盈利模式。目前，频道的收费价格为每户每年60元。在长达十余年的经营过程中，频道制作了《世界名酒品鉴》《行走的筷子》《丝绸之路上的美食》《丹宝利面香园》《宝贝厨房》《美食致富经》《烘焙来了》《寻味大中华》《八辈子学吃》等50余档专业美食电视栏目，其中包括时长约6万分钟的高清节目。

制播分离是现代电视传媒运营的大势所趋。然而，作为青岛广电影视传媒集团旗下的有线电视付费频道，中华美食频道坚持以传统电视付费项目为核心，将自制自播作为众多业务板块的主要阵地。根本原因在于，其商业模式的主轴是优质电视节目内容，原创的节目产品成为其他业务板块的内容源泉。自制自播便于降低从外部引进内容而带来的高运营成本，提高产品集中度，防止规模不经济，扩展频道的盈利空间。

（二）出售、转让美食节目版权

中华美食频道自建立至今已生产约8万分钟的美食节目版权，其中有相当一部分用于出售、转让，以解决战线过长、规模不经济的问题。频道内设频道推广部、节目发行部，负责将栏目发行至全国各省市及海外合作电视台，并逐年扩大频道落地范围，遍布我国华北、东北、华东、中南、西南、西北地区。为实现“范围经济”，频道还常邀请各大出版社共同商讨选题事宜，在达成出版周边书籍的协议后

再决定开拍节目。在此逆向思维的指导下，频道与出版社合作开发旗下《养生馆》《千味坊》《满汉全席》《烘焙来了》《丝绸之路》等系列节目和相关书籍、光盘等，获得高额版权转让利润。其中，《满汉全席》系列图书开全国饮食类电视节目与图书出版跨界融合之先河，并在2007年的世界饮食类图书大奖赛中获得“2006年世界最佳电视图书奖”。

（三）美食电视商务

中华美食频道通过多种途径搭建起完善的专业美食电视商务平台，变收视资源为电商客户资源。

首先，频道将电视商务融入节目制作。《食物的秘密》《八辈子学吃》《健康新食代》等节目详细介绍多种美食的功效、吃法与相关文化习俗，在普及上述信息的基础上开通电视购物热线，为观众提供美食直销服务，并在频道内部专门设置呼叫中心。以《八辈子学吃》为例，节目组在制作“阳澄湖大闸蟹”专题时亲赴原产地收购特供大闸蟹，并在频道开通24小时全国订购热线，及时与上游的大闸蟹供应商进行利润分成，取得良好的市场效果。《烘焙来了》栏目也借助向观众普及烘焙知识的契机，直销烤箱、器具、原料等商品。在类似栏目中，频道杜绝哗众取宠的叫卖式宣传，重点传递良好的价值观与生活方式，倡导消费者理智地、自发地购买产品，提升频道电视商务的口碑和盈利的可持续性。

其次，频道致力于搭建“大众创业，万众创新”的电视商务中介平台。频道的《美食致富经》等栏目为自主创业的美食企业提供宣传其产品、技术和商业模式的信息集成窗口，并助其发布其加盟招商讯息，对接有意向的创业投资者。此外，频道还提供资金、宣传、技术培训等支持，实现频道、餐饮项目发起者、创业者、投资者四方的良好对接。

在国家广电总局明令禁止数字电视专业频道播放广告的境况下，频道所开发的电视商务节目借助美食文化价值观柔性植入的方式，贯通了观众的电视观看行为与实际消费行为，满足人们“可见即可买”的心理需求，及时弥补了由广告缺失造成的利润短板。

（四）互联网美食电商——高效运用整合营销手段

为了更加彻底地变现内容价值，中华美食频道组建一支专业的电子商务运营团队，进军互联网电商领域。其建立的“中华美食频道淘宝直营店”和“中华美食频道天猫旗舰店”两大网店，整合互联网与专业物流，销售美食、生活、学习、家居等领域的实用商品，并配有完善的售后服务体系。

众所周知，电视媒体等大众媒介具有强烈的公信力与心理结构操控力。频道在《食品的秘密》《八辈子学吃》等商务类电视栏目中植入产品软宣传，并在网店设立直销口径，使节目人气转化为消费者的网购热情。例如，《八辈子学吃》每集都要踏访中国某一地域，寻找当地最具特色的食材，探寻地道的烹饪方法和背后的历史文化意蕴。中宁枸杞、和田玉枣、清真羊肉、荣城海带等多种美食已成为节目主角，并及时上架网店，实现线上宣传资源与线下销售资源的深度整合。频道的《寻味大中华》节目亦循此法，已与中国台湾在地农经整合协会达成战略联盟，共同搭建台湾农鱼蓝海电网行销平台。栏目组还在原创视频中插入电商二维码，引导用户直接进入电商平台，实现电子商务与电视商务的联姻，符合“三网融合”之大势。

此外，频道打造立体多元的全媒体生态，以扩大网店影响力。频道设立新媒体发展部，使之全权负责新媒体运营工作。该部门在新浪微博、今日头条、微信公众平台等社交媒体运营频道的同名官方账号，凭借高质量内容吸引上百万粉丝群体；为适应“网生代”受众群体的碎片化信息交流习惯，频道还斥巨资将大量已生产的美食节目进行碎片化切割，形成10万余条方便新媒体平台播放的微视频，并借助个性推荐等技术手段宣发给不同客户群体。

在全媒体生态中，频道顺势植入电商软宣传。例如，频道的微信公众平台除提供节目精华、美食攻略、食谱大全、美食视频、美食直播等服务，还设置微商城板块，实现高效变现。

（五）互联网平台间的广告合作分成——升级版的“二次售卖”

无论对于传统电视媒体还是网络媒体，广告皆是其最主要的盈利渠道之一。中华美食频道达成与中国移动、中国电信、爱奇艺、腾讯视频之间的密切合作，合作的主要形式即通过网络关注度来置换广告，共同分成。此形式与传统电视媒体依靠收视率置换广告的盈利方法相近，却更为复杂。以频道与爱奇艺的合作为例。频道与爱奇艺签约后，将自制内容上传至爱奇艺中华美食频道主页，爱奇艺则将其获取的广告费用分割，交付中华美食频道。在此合作模式下，爱奇艺还为中华美食频道提供个性化商业方案、大数据共享、版权保护等多种服务。

频道不再将受众关注度单向出售给广告商，而是引入爱奇艺等中间商，优化了传统的“二次售卖”模式，达成更多元、更深层的合作。

（六）围绕优质IP开发衍生产品，延长产业链条

中华美食频道从原创电视节目中提炼知识产权，自主开发衍生产品，助推企业转型。在烹饪用品领域，青岛广电中视文化有限公司在国家商标总局注册了《满汉全席》160个单项商标，用于生产香油、酱油等调味品和年货礼盒；在书籍出版领域，频道曾以“丝绸之路上的美食”系列栏目为题材，与出版社合作发布《传奇丝绸之路 魅力特色美食》(中、英文)系列图书；在光碟盛行的年代，频道以《中华美食大讲堂》等多档美食节目为内容基础，发行《粒艺》《千味坊》《中国人餐桌上不可少的家常菜》等DVD光盘，也成为开发衍生品的成功见证。

文化企业增值的根本途径是产业链功能的有效发挥。中华美食频道以电视节目知识产权为主轴开发周边产品，有利于形成多元经营格局，带动企业整体转型升级。

三、高效灵活的管理模式提供稳定的内部支撑

中华美食频道在10余年的探索过程中形成富有创新性的管理模式，助推其顺利完成媒体转型。其在组织管理结构设计、人才培养与激励、企业文化培育等方面的诸多探索有较高借鉴价值。

（一）灵活的扁平化组织管理结构

科学的组织管理结构是保证基业长青的重要内生要素。在横向层次，中华美食频道囊括以下七大管理机构。节目制作部：主要负责节目的前期筹划、拍摄与后期处理。目前重点制作《消费大参考》《健康新食代》《烘焙来了》三档节目。节目发行部：主要负责对外发行频道产品，对接中国内地各省市、香港TVB以及马来西亚、泰国、北美等国家和地区的电台。此外，还负责对接爱奇艺、优酷等线上视频门户网站。频道推广部：主要负责联络国内省网和市网，为频道播出信号提供落脚点。新媒体发展部：主要负责运营频道下属互联网电子商务店面，对接网店的代理商家。商贸部：主要负责联络商家进行营销合作。澳柯玛、海尔、灯塔、胡姬花等都是商贸部曾经合作的对象。合作形式主要是营销分成及宣传包装(如为合作方制作企业形象宣传片等)。综合部：主要负责频道内部管理工作，如后勤、行政、人力资源管理等。财务部：负责处理内部财务。以上七大机构各司其职且相互平行，处于

频道总经理的直接管辖之下，形成典型的二级扁平化组织管理结构，体现出高度的职能化、部门化特征。

在纵向层次，频道常以具体工作项目为单位组成项目工作小组，自由组合或拆分。这使频道更为灵活地应对市场变化能力，使高层管理者灵活地掌控电视节目市场动态。此外，为避免上层意图与底层动态信息不对称而造成决策失误，频道的七大部门在空间上相互打通。最高决策者向最基层执行者之间、部门与部门之间的信息传递十分方便，有助于提升工作质量。

（二）开辟人才激励与人才培养新路径

中华美食频道一直将人力资源视为运营过程中最为重要的资源，形成一套完善的人才战略体系。

1. 人才激励：“产品经理人”与“任人唯贤”

中华美食频道商业模式成功的关键之处在于依靠生产精品内容来拉动版权转让、产品行销、衍生品开发等周边业务板块。因此，每个栏目的负责人(制片人或主编)作为内容生产的掌舵者，务必具备较高的工作热情和过硬的工作技能。为了对此类关键人才实施高效激励，频道采用“产品经理人”制度。

频道在节目制作部高层设置多位产品经理人，每位产品经理手中皆负责多个栏目的综合创收。其在年初接受上级创收任务，在年底依据创收目标的完成情况获得对应额度的奖金。在此机制下，“产品经理人”已不是传统意义上仅专注于内容制作环节的制片人或主编，不再单纯地从事“做片子——拿奖金”的一次性劳动，而更关心栏目在内容、版权转让、衍生品销售等方面的综合创收绩效。这种拉长劳动收入战线、将个人收益与产品收益捆绑的模式激励“产品经理人”充分发挥主观能动性，为频道带来更多产品利润，实现了更为持久和彻底的人才激励。

此外，频道注重“以事业凝聚人、以创新吸引人、以爱心团结人、以机制稳定人”，强调“任人唯贤”“唯才是用”，为频道不断注入强大的人才活力。例如，合作院校的某在读研究生凭借过硬的翻译技能，在频道的实习期内就被管理者列为重点培养对象和骨干力量，晋升潜力巨大。这种高速度、高比例的人事升迁使得学科背景和人生经历互异的人才可以享受公平的竞争环境，充分激发工作热情。

2. 人才培养：“个人梦”与“企业梦”

正如中华美食频道工作室标语“职场是实现梦想的地方”所言，员工的个人梦想与频道梦想紧密捆绑，管理者既鼓励员工拥有工作的魄力与激情，又要求员工具备过硬的能力，借此协同实现“个人梦”与“企业梦”。

“做公司的资本，不做公司的成本”，“不为失败找借口，只为成功找方法”，在最核心的工作空间，管理者也将以上标语和部门业绩图表清晰地展示，以随时起到提醒和督促的作用。笔者于中华美食频道现场调研过程中发现，频道内部工作人员行动迅速，各部门之间业务交接十分流畅，工作氛围严肃认真却不过于压抑，在紧张有序、活泼和谐之间达成平衡。

此外，频道常常轮转上下层之间的业务，实现更为全面的人才开发。在较为扁平的组织结构中，频道内为数不多的管理人员直接与频道消费者和校企合作方沟通接洽，亲身参与节目拍摄，直接面对市场，承担了频道基层执行者的职能；而基层执行者也被赋予充分的意见参与权，可以行使高层管理者的职能。在此轮转机制下，频道管理者和执行者之间的边界逐渐模糊，加之平级轮岗制的辅助作用，大量节目制作与管理协调技能兼备的人才在实战中迅速成长。

（三）紧扣中华美食，培育企业文化

中华美食频道总经理戴文海曾说：“中华美食频道在15年来只做了一件事，就是做美食。”即在“1米宽、10公里长”的细分领域内深耕内容，以中国气度和世界眼光，担当中华美食文化的继承者、传播者、倡导者。

1. 沟通中外饮食文化的使者

中华美食频道坚持内容为王，致力于把每一档节目、每一项活动都打造为展示、推广中外饮食文化的窗口。频道力求“合作对象全球化、内容制作全球化、节目传播全球化”。在“走出去”层面，2009年，频道亮相全美最大的中文宽带网络电视——麒麟电视，为北美华人提供全天不间断的美食节目；同年6月，频道与澳大利亚澳洲华人电视台生活类栏目《美食中华》合拍节目；2010年后，频道先后在美国和马来西亚落地。在“引进来”层面，频道与法国媒体合作拍摄大型美食文化纪录片《丝绸之路上的美食》，联合法国Gourmand Television远赴欧洲酒庄拍摄《世界名酒品鉴》，使中国观众领略西域美食和世界顶级名酒工艺的优雅气度。

此外，频道还持续深化与中国烹饪协会、中国饭店协会、中国台湾在地农经整合协会等餐饮协会的战略合作，先后组织、录制、播出了中国厨师节、第四届中餐创新技能大赛、“拍客饪我行”美食争霸赛、全球电视饮酒大赛、“美味中国行”全民烹饪比赛、中国国际美食节以及中国饭店金马奖颁奖盛典等赛事或节目，使得

多种地方性饮食文化在赛事中进行充分交流。在教育培训领域，本着“提高百姓生活水准、倡导受众情趣生活”的宗旨，频道自2003年起每年在青岛市内开办为期1个月的家庭厨艺培训班，聘请烹饪专家为广大学员讲授内容翔实的课程，将数十道营养丰富、精致美观的经典中外菜式呈现在老百姓餐桌之上，为中外美食的普及奉献力量。在宏大的饮食文化格局与独特的文化分析视角下，中华美食频道成为中外饮食文化交流的重要桥梁。

2. 倡导健康生活的贴心助手

中华美食频道紧扣电视媒体服务的本质——功能性，突出每档节目为观众提供的实用功能，并持续提升服务质量。以健康生活类美食节目为例，《健康新时代》节目专注于满足当代都市居民提高生活质量的特定需求，邀请餐饮专家、医疗专家、美食发烧友、百姓厨艺高手担任嘉宾，传达饮食与健康之间的关系，推广健康的生活理念和保健知识。《美味鲶鱼健康拉皮》《素肉好食材》《秋冬进补首选》《安神降压芹菜》等专题名称一目了然地呈现了节目内容，而节目本身更是直切要点，直观体现了功能本位的理念。在众多付费电视频道中，由于原创能力不足而使用拖沓重复的内容来延长播放时间的做法较为普遍。而频道历来强调“惜时如金”，争取在有限的时间内为受众提供尽可能丰富的实用内容。这有效迎合受众群体对提升健康水平的功能性需求，精准地确立节目的市场定位，提高了产品的性价比。

此外，为提升服务质量，频道完善与观众之间的双向沟通机制，使功能性服务建立在人性化服务的基础上。栏目组开通24小时电话专线，随时虚心聆听观众的建议，解答观众对频道直销产品的疑惑，并贴心为观众讲解养生知识，将专线打造为集成化、多功能的信息交流口径，提升受众黏性。根据观众所反馈的问题或意见，频道多次调整节目内容与播放时间，深受观众好评。较为前沿的大数据分析技术也被应用于此。频道管理层可通过青岛广电传媒集团总部获取精准的节目收视率等信息，从过亿的观众群体之中收集大数据，分析用户的消费习惯。数据库涉及观看时段、年龄结构、播放终端、节目评价、衍生品销量等诸多方面，便于及时调整运营状态。

3. 维系传统美食文脉的历史继承者

轰动一时的美食类纪录片《舌尖上的中国》将美食与文化、情感等元素融合，取得观众和业内专业人士的一致好评。事实上，在美食节目中深度关切民族情感与文化历史，《舌尖上的中国》并非先驱，中华美食频道早已对此进行有效探索。

早在2008年，频道就以纪录片形式制作了《丝绸之路上的美食Ⅰ——穿越塔克拉玛干》与《丝绸之路上的美食Ⅱ——西安至敦煌》两大专题，前者邀请来自中国、法国、马来西亚的三名美食节目主持人。他们分别代表世界三大烹饪流派——亚洲餐、西餐、穆斯林餐，驾车沿古丝绸之路穿越塔克拉玛干大沙漠，一路寻觅各种美食，带领观众领略古丝绸之路的丰厚历史文化底蕴；后者邀请来自中国香港、英国和阿根廷的三位烹饪明星，经兰州行至敦煌，在传统特色食物的探访过程中再现大唐盛世与波斯古国的风土人情。节目播出效果极佳，已获得中国广播电视协会系列节目一等奖等荣誉奖项，并发行至中央电视台纪录频道、陕西卫视、香港TVB等知名电视媒体。第三季“穿越地中海”正在筹备制作中。

与同类餐饮类节目相比，中华美食频道有意识地填充了传统食物背后的历史文化背景，避免节目的文化情感层次流于空幻，更潜移默化地增进了国内外受众群体之间的文化认同，继承与发扬了博大精深的中外饮食文化。

四、新时代面临的挑战

中华美食频道在媒体变革的步伐中紧跟时代潮流，演化出全新的商业模式、管理模式。然而，其面临的困难与挑战依然严峻，主要体现在以下三个层面。

（一）愈加严格的行业政策——整顿养生类节目

国家新闻出版广电总局在2014年9月下达通知，要求严格审查各电视台养生类节目，严禁以养生节目为窗口发布广告。此外，还规定演员和社会名人不得担任养生类节目主持，主持人必须取得播音员、主持人职业资质；主持中要有效控制节目进程，引导嘉宾围绕主题介绍相关知识等。该通知同时规定养生节目不得变相发布广告，“直接或间接宣传药品”等六类发布行为或“变相”发布广告行为皆属违规。中华美食频道在舍弃广告这一重要收入来源后，务必在全媒体生态中不断寻求其他可替代的合法来源，借以弥补广告收入亏空。此外，其在电视频道开通商务热线的营销方式也有可能与上述政策“擦边”，具有一定的风险。

（二）海外推广面临世界同类文化企业的强力竞争

世界范围内专注于制作美食节目的优秀频道亦不在少数。美国的Food Network和24 Kitchen等世界美食频道巨头的节目种类齐全，汇聚世界各类顶尖烹饪高手和制作团队，文化创造力极强。立足于继承与传播中华传统饮食文化的中华美食频道的国际影响力仅集中于东亚文化圈，目前难与西方饮食传媒巨头相抗衡。

此外，西方国家的饮食习惯和思想观念与中国差距较大，频道在节目输出过程中不可避免地遭受相当程度的“文化折扣”，使频道距持久占据欧美市场的宏伟目标仍有一段距离。

(三) 互联网新媒体对频道付费电视端的威胁

中国的付费电视频道自21世纪初就因观众长期形成的免费习惯而深受阻碍。虽然在“三网融合”背景下，青岛广电中视文化有限公司已经成为中国移动和中国电信的唯一美食PC运营商，但PC端、智能手机端等端口的同类媒介日新月异，“日食记”“活法”等免费美食类新媒体正得到更加广泛的大众青睐。

此外，中国网络视频用户规模不断扩大，使用电脑和手机的时间已超过观看电视的时间，使得电视在家庭中的地位更趋于边缘化。据中国互联网络信息中心(CNNIC)发布的第39次《中国互联网络发展状况统计报告》显示，截至2016年12月，中国网络视频用户规模达5.45亿，网络视频使用率(占网民总数)为74.5%；其中，手机网络视频用户规模接近5亿，手机网络视频使用率为71.9%。[①]如图14-1所示。国民已形成观看网络视频的稳定习惯，使得传统电视媒体处于绝对劣势的位置。因此，相对于播放更灵活、种类更多样且大多免费的互联网新媒体而言，中华美食频道的付费电视端明显缺乏发展后劲。

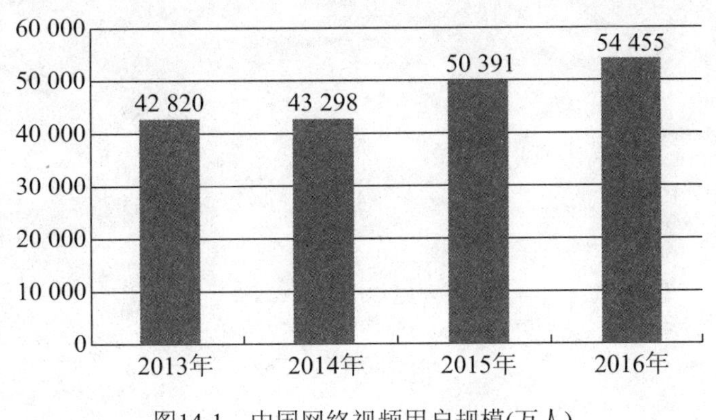

图14-1　中国网络视频用户规模(万人)

(撰稿人：冯一鸣，中国海洋大学)

① 参见中国互联网络信息中心第39次《中国互联网络发展状况统计报告》。